Arbeitsbuch für TEAM Politik 9/10

Realschule Niedersachsen

Herausgegeben von:
Wolfgang Mattes

Erarbeitet von:
Karin Herzig, Wolfgang Mattes,
Andreas Müller

Schöningh

www.schoeningh-schulbuch.de
Schöningh Verlag, Jühenplatz 1–3, 33098 Paderborn

Druck 5 4 3 2 1 / Jahr 2014 13 12 11 10
Die letzte Zahl bezeichnet das Jahr dieses Druckes.

Umschlaggestaltung: Franz-Josef Domke, Hannover
Fotos: Bildagentur-online (U 1 links), picture-alliance/dpa (U 1 rechts), picture-alliance/ZB (U 4)
Illustrationen: Reinhild Kassing, Kassel
Druck und Bindung: westermann druck GmbH, Braunschweig

ISBN 978-3-14-023623-2

Inhaltsverzeichnis

Kann der Titel TEAM Programm sein? 6

Europa: Von der Feindschaft zum Frieden 8

Wie können aus Feinden Freunde werden?

1. Europa früher: Was dürfen wir nicht vergessen, wenn wir an die Vergangenheit denken? 10
2. Wie haben sich die Beziehungen zwischen Deutschland und den Nachbarstaaten entwickelt? 16
3. Europa: Was ist das eigentlich? 20
4. Lehren aus der Vergangenheit – Europarat wacht über die Einhaltung der Menschenrechte in Europa 26

Die Europäische Union 30

Warum brauchen wir das vereinte Europa?

1. Wie erleben wir Europa im Alltag? 32
2. Die Europäische Union: Was ist das eigentlich? 36
3. Wie wird in Europa für Europa Politik gemacht? 44
4. Herausforderungen für die Zukunft der EU 50

Die Globalisierung und wir 62

Wie verändert sie unser Leben?

1. Wie erleben wir die Globalisierung im Alltag? 64
2. Was sind die Licht- und Schattenseiten der Globalisierung? 72
3. Was fordern die Globalisierungskritiker? 80

Folgen der Globalisierung 84

Wie können neue Herausforderungen bewältigt werden?

1. Die ganze Welt ein einziger Markt: Wie funktioniert die globalisierte Wirtschaft? 86
2. Sind wir auf dem Weg zu einer einheitlichen Weltkultur? 90
3. Migration im Zeitalter der Globalisierung 92

Herausforderungen für den Frieden 98

Welche Entwicklungen bedrohen den Weltfrieden?

1. Internationale Konflikte als Bedrohung für den Frieden: das Beispiel Afghanistan 100
2. Internationaler Terrorismus – die neue Bedrohung für den Frieden? 104
3. Der Klimawandel – eine Frage von Krieg und Frieden? 108

Friedenssicherung durch Organisationen 114

Was können Bundeswehr und internationale Organisationen für den Frieden tun?

1. Welchen Beitrag leistet die Bundeswehr zum Frieden? 116
2. Welchen Beitrag zur Friedenssicherung leisten UNO, NATO und OSZE? 120
3. Die Durchsetzung von Menschenrechten – ein Weg zu mehr Frieden? 130

Register für das Fachwörterlexikon 140
Bildquellen 141

Methodenkarten

Verzeichnis der Seiten

Nr.	Methode	Thema	Seite
1	Regeln für erfolgreiche Teamarbeit		7
2	Präsentation von Arbeitsergebnissen in Kurzvorträgen	Von der Feindschaft zur Freundschaft in Europa	15
3	Adressatenorientiertes Portfolio	Europa	37
4	Karikaturen interpretieren	Globalisierung	78
5	Konfliktanalyse	Afghanistan	103
6	Kurzvorträge beurteilen	UNO, NATO und OSZE	121
7	WebQuest	Menschenrechtsorganisationen	137

Topthemen

Verzeichnis der Seiten

Das Entscheidungsverfahren in der EU	45	Migration	94
Globalisierung	71	Ursachen von Kriegen	112
Politische Gestaltung der Globalisierung	82	Menschenrechte	134

Auch in diesem Band von TEAM findet ihr die euch bereits bekannten Elemente:

Topthemen zur Information

Methodenkarten zum Einüben von Fähigkeiten

Trainingsplätze zur Anwendung des Gelernten

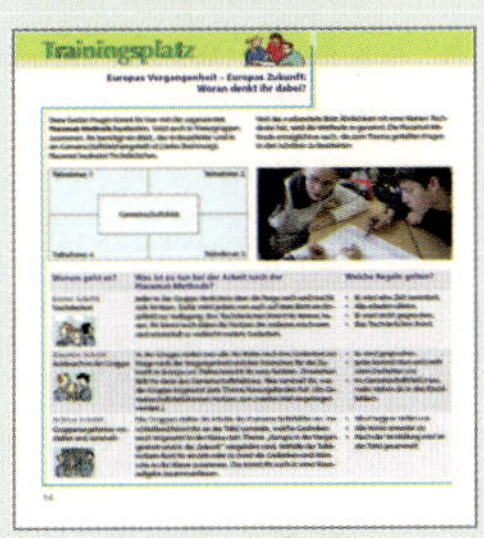

Memorystationen zum Üben und Wiederholen

Team kontrovers zur Diskussion

Fachwörterlexikon zum Sammeln von Fachbegriffen

Kann der Titel TEAM Programm sein?

Manchmal werden wir Autoren gefragt, warum wir dem Buch den Namen TEAM gegeben haben. Dann antworten wir:
TEAM steht für

T*otal* ***e****rfolgreich* ***a****rbeiten* ***m****iteinander!*

Das Foto hat uns sehr beeindruckt. Man sieht da Jugendliche, deren Aufgabe es ist, eine Wand zu überqueren. Sie hätten sagen können: „Soll doch jeder schauen, wie er drüberkommt." Sie gehen die Aufgabe offensichtlich anders an. Sie bilden ein Team, helfen sich gegenseitig und sorgen dafür, dass alle es schaffen. Sie haben verstanden: Im Team löst man diese Aufgabe besser als allein.
Mit dem Lernen in der Schule ist es ja auch manchmal so, als ob man vor Hindernissen steht, die überquert werden müssen. Manche davon schafft man alleine, aber bei vielen ist es besser, wenn ein Team da ist, das hilft.
Wir wünschen euch, dass auch ihr in eurer Klasse gute Teams bildet, dass ihr euch gegenseitig beim Lernen unterstützt und dass ihr möglichst niemanden hängen lasst.
Natürlich ist dazu auch der Einzelne gefordert. Schließlich muss man die Wand überqueren wollen. Und man muss auch bereit sein, sich dafür anzustrengen. Wenn alle diese Einstellung mitbringen, entsteht Teamgeist.
Wo es Teamgeist gibt, fühlen sich die meisten Menschen wohl. Ein weiterer Vorteil: Im Team lernt man Fähigkeiten, die auch außerhalb der Schule von Bedeutung sind. Das gilt zum Beispiel für die Arbeitswelt. Das ist auch wichtig für die Politik und die Demokratie. Teams haben wesentlich bessere Chancen, ihre Interessen durchzusetzen, als Einzelkämpfer.
In diesem Sinne ist der Titel auch Programm.
Wir wünschen euch Freude und Erfolg beim Lernen in einem guten Klassenteam.

Regeln für erfolgreiche Teamarbeit

Ihr kennt das vielleicht aus dem Fußball, Handball, Basket- oder Volleyball. Die individuellen Stärken und Begabungen der Mitspielerinnen und Mitspieler sind wichtig, aber sie machen noch keine erfolgreiche Mannschaft aus. Erst der Teamgeist ist es, der sie zum Erfolg führt. Beim Lernen in Teams, sowohl in der Klasse als auch während der Arbeit in Gruppen, ist es ähnlich. Alle sind anders, alle sind einzigartig, alle haben spezielle Begabungen, vielleicht auch Schwierigkeiten. Aber alle fühlen sich in der Regel wohler und lernen besser, wenn es in einer guten Atmosphäre geschieht. Teamfähigkeit ist eine wichtige Voraussetzung dazu. Teamfähigkeit zu lernen, ist ein Prozess, der Zeit in Anspruch nimmt. Das hat sich bei den Mannschaftssportlern herumgesprochen und bei allen anderen, die in der Schule, im Berufs- und im Privatleben in Teamarbeit eingebunden sind.

In guten Teams …

1. sind die Mitglieder vorbereitet, wenn die Teamarbeit beginnt. Notwendige vorbereitende Arbeiten haben sie gewissenhaft erledigt.
2. sind alle an der Arbeit beteiligt. Niemand wird ausgeschlossen.
3. engagieren sich alle für den gemeinsamen Erfolg und für ein gutes Ergebnis.
4. gibt es keine Faulpelze, weil diese den Fleißigen die Freude an der Arbeit verderben und weil nur diejenigen lernen, die sich aktiv an der Arbeit beteiligen.
5. werden Probleme gemeinsam gelöst. Um Hilfe bittet man, wenn man in der Gruppe keine Lösung finden kann.
6. hilft man sich gegenseitig. Fällt ein Mitglied zeitweise aus, übernehmen andere dessen Arbeit.
7. kommt man in der vereinbarten Zeit zu einem gewünschten Ergebnis.

1 Europa: Von der Feindschaft zum Frieden

Ein Friedhof für gefallene Soldaten in Frankreich und ein deutsch-französisches Freundschaftsfest in Berlin

Wie können aus Feinden Freunde werden?

Was geht euch durch den Kopf, wenn ihr an die Vergangenheit und an die Gegenwart in Europa denkt? Notiert dazu eure Gedanken und sammelt sie in der Klasse.

Worum geht es?

Europa früher: Der Deutsche Franz Poss wurde am 11. November 1918 in Hamburg geboren, an dem Tag, an dem der Erste Weltkrieg zu Ende ging. Franz litt Hunger in seinen ersten Lebensjahren. Lebensmittel waren knapp. Zu viel Kraft hatte der Krieg gekostet. Als Franz fünf Jahre alt war, zahlte seine Mutter 78 Millionen Reichsmark für ein Brot. Sein Vater verlor als Folge der Weltwirtschaftskrise 1932 seine Arbeit. Bei den Reichstagswahlen im gleichen Jahr gab er seine Stimme der NSDAP, weil er auf bessere Zeiten hoffte. 1940, ein Jahr nachdem Hitler seinen Vernichtungskrieg begonnen hatte, heiratete der Soldat Poss. Nur kurz dauerten die Ehejahre. Seine junge Frau kam bei einem Luftangriff auf Hamburg am 3. August 1943 ums Leben. Er selbst starb, siebenundzwanzigjährig, bei der Invasion der Amerikaner und Briten in der Normandie. Da sein Leichnam nicht identifiziert werden konnte, wurde er mit anderen unbekannten Soldaten in einem Massengrab irgendwo im Norden Frankreichs beigesetzt.
Europa heute: In Berlin und in Paris treffen sich deutsche und französische Jugendliche, um gemeinsam ihre Freundschaft zu feiern. In Polen wird ein Open-Air-Konzert organisiert, zu dem polnische und deutsche Bands eingeladen sind. Überall in Europa treffen sich junge Leute, verbringen gemeinsam ihre Freizeit, leben, lernen, arbeiten miteinander, heiraten. Der europäische Weg zum Frieden hat das möglich gemacht. Wie konnte aus Feinden Freunde werden? Wie wichtig ist die Einheit Europas? Ist Europa mehr als die Bezeichnung eines Kontinentes? Können wir aus der Vergangenheit für die Zukunft lernen? Das sind einige der Fragen, um die es hier geht.

Wenn ihr dieses Kapitel bearbeitet, könnt ihr …

- den Weg vom Krieg zum Frieden an den Beispielen der deutsch-französischen und der deutsch-polnischen Aussöhnung darstellen,
- den Prozess von der Stunde Null bis zum Beginn der europäischen Integration an einzelnen Etappen veranschaulichen,
- erklären, was Europa ist und was es nicht ist,
- vom Mythos der Europa auf dem Stier berichten.

1 Europa früher: Was dürfen wir nicht vergessen, wenn wir an die Vergangenheit denken?

In dieser Einheit erinnern wir in einem Rückblick an vergangene Zeiten, als Europa weit entfernt davon war, ein Kontinent des Friedens zu sein. Nach der Bearbeitung solltet ihr eure eigenen Antworten auf die Frage formulieren, was wir nicht vergessen sollten.

Vom Krieg zerstörtes Hannover im Jahr 1945

Ein Blick zurück in die Zeit um 1880

Drei Begriffe prägen das politische Selbstverständnis der europäischen Mächte und ihr Verhältnis zueinander von der Zeit um 1880 bis zu den Schrecknissen der beiden Weltkriege: *Nationalismus, Imperialismus* und *Sozialdarwinismus*.

Die europäischen Mächte huldigten einem übersteigerten Nationalgefühl, indem sie abwertend auf die anderen Nationen herabblickten. Die eigene Nation und das eigene Volk stellte man als allen anderen Völkern überlegen dar. Der Nationalismus steigerte sich zum Imperialismus. Damit ist das Streben der europäischen Nationalstaaten nach der Weltmachtstellung gemeint. Als Rechtfertigung der grausamen Politik diente die Theorie eines sozialen Darwinismus. Man übertrug dabei die Vererbungslehre des englischen Sozialforschers Charles Darwin auf menschliche Gesellschaften, indem man behauptete, die weiße Rasse sei allen anderen auf der Welt überlegen und habe das Recht, überall auf der Welt die Vormachtstellung zu übernehmen.

Das Europa der Nationalstaaten

Am Ende des 19. Jahrhunderts führte die Übersteigerung des Nationalgedankens zu Nationalismus und Imperialismus. Beeinflusst von den Gedanken des Sozialdarwinismus hielten viele Menschen ihr eigenes Volk für besser als andere und deshalb zur Herrschaft berufen. Daraus entwickelte sich ein Sendungsbewusstsein, das – unduldsam gegen andere – die eigene Lebensform verbreiten wollte. Mit dieser Auffassung war das Streben nach Macht verbunden. Die imperialistische Politik drängte ebenso aus wirtschaftlichem Interesse nach Erweiterung des eigenen Herrschaftsbereiches. Sie ergriff alle großen Staaten. Im Zuge dieser imperialistischen Politik wurde der größte Teil der Erde unter den europäischen Staaten, den USA und Japan aufgeteilt. Dadurch entstanden überall auf der Welt neue Reibungsflächen. Europäische Probleme waren nicht mehr allein entscheidend. Wirtschaftliche Fragen gewannen zunehmend Einfluss auf die Politik. Für den Drang nach wirtschaftlicher Ausdehnung – bei gleichzeitig betonter nationaler Ausgrenzung von anderen Staaten – gab es zwei Möglichkeiten zur Steigerung der industriellen Produktion: die Gewinnung neuer Rohstoffquellen und Absatzmärkte und die Aufrüstung.

(Aus: Erich Goerlitz, Joachim Immisch u. a.: Taschenhandbuch zur Geschichte, Schöningh Verlag, Neubearbeitung Paderborn 1999, S. 99)

Das gespaltene Europa

Nach 1945 wurde Europa in West und Ost geteilt. Der „Eiserne Vorhang" zog sich als unüberwindliche Grenze quer durch den Kontinent.

Der Kontinent Europa hat im Laufe seiner Geschichte mehr Kriegs- als Friedensjahre erlebt. Nahezu ohne Unterbrechung fanden Kriege in Europa statt und gingen Kriege von Europa aus. Im Ersten und im Zweiten Weltkrieg erlebte der Kontinent den Höhepunkt der Zerstörung. Das Jahr 1945 markiert einen entscheidenden Wendepunkt in der europäischen Geschichte. Von nun an beginnt die Zeit der westeuropäischen Integration. Ehemals verfeindete Staaten entwickeln in kurzer Zeit gut nachbarschaftliche, ja freundschaftliche Beziehungen zueinander. Die Veränderungen im Verhältnis zwischen Deutschland und Frankreich sind dafür ein überzeugendes Beispiel.
Parallel dazu wurde ab 1945 der Kontinent in zwei Teile gespalten. 44 Jahre lang zog sich in der Folgezeit ein Riss quer durch Europa und mitten durch Deutschland. Er trug den Namen „Eiserner Vorhang". Seine Grausamkeit zeigte sich am deutlichsten in der Mauer quer durch Berlin.

Auf dem Weg zur Einheit

Für die meisten Menschen überraschend kam die Überwindung der Spaltung im Schicksalsjahr 1989. Zuvor hatte in der damaligen Sowjetunion ein von Michail Gorbatschow ausgelöster Demokratisierungsprozess begonnen, der zur Überwindung der Teilung und zur Wiederherstellung der Einheit Deutschlands am 3. Oktober 1990 führte. Die Sowjetunion hat den Umwälzungsprozess in Europa nicht überlebt. Still und unspektakulär verabschiedete sich die einstige Führungsmacht im Jahr 1992 von der politischen Weltbühne. Durch den Zerfall der ehemaligen kommunistischen Staaten im Osten Europas musste die europäische Landkarte zu Beginn der 90er-Jahre neu geordnet werden. In der Zeit von 1991 bis 1993 stieg die Zahl der souveränen europäischen Staaten von 35 auf 52 an. Esten, Letten, Litauer, Weißrussen, Russen, Moldawier, Ukrainer, Slowenen und andere ehemals unter den Zwang des Kommunismus unterdrückte Völker hatten damit das Selbstbestimmungsrecht erreicht. Mit den Staaten stieg aber auch die Gefahr eines neu aufkeimenden Nationalismus in Europa.

1989: Überwindung der Teilung Deutschlands und der Spaltung Europas. In Berlin feiern die Menschen die neue Freiheit.

1. Wozu haben Nationalismus und Imperialismus in der Vergangenheit Europas geführt? Sammelt die Folgen.
2. Warum kann das Jahr 1945 als Wendepunkt der europäischen Geschichte bezeichnet werden?

Begriffe für euer Fachwörterlexikon

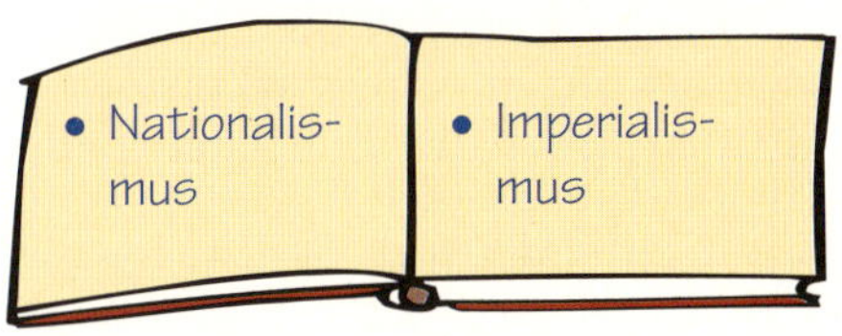

Was ist leidvoll an Europas Vergangenheit?

Die beiden Texte auf dieser Doppelseite geben einen Einblick in die leidvolle Vergangenheit, die Europa erlebt hat. Nach der Bearbeitung könnt ihr zusammentragen, was euch in besonderer Weise durch den Kopf geht, wenn ihr an frühere Zeiten in Europa denkt.

Der Krieg und die Sehnsucht nach Leben

Deutschunterricht trifft Politik

1929 erschien Erich Maria Remarques Roman „Im Westen nichts Neues". Darin schildert der Autor die Schrecknisse des Erstes Weltkrieges aus der Sicht des 19-jährigen Soldaten Paul Bäumer, der als kriegsbegeisterter Jugendlicher an die Front kommt. Dort erlebt er den Krieg in seiner zerstörerischen Brutalität und den Tod seiner Kameraden. Schon kurz nach dem Erscheinen waren die Leser übereinstimmend der Meinung, dass dieses Buch – wie kein anderes zuvor – die Grausamkeit des Krieges deutlich mache. Remarques Buch ist bis heute ein Welterfolg und wurde mehrfach verfilmt. Der kurze Ausschnitt beschreibt das Frontgeschehen in den Materialschlachten rund um die französische Stadt Verdun im Jahr 1918.

Bei einem Angriff fällt unser Kompanieführer Bertrinck. Er war einer dieser prachtvollen Frontoffiziere, die in jeder brenzligen Situation vorne sind. Seit zwei Jahren war er bei uns, ohne dass er verwundet wurde, da musste ja endlich etwas passieren. Wir sitzen in einem Loch und sind eingekreist. Mit den Pulverschwaden weht der Gestank von Öl und Petroleum herüber. Zwei Mann mit einem Flammenwerfer werden entdeckt, einer trägt auf dem Rücken den Kasten, der andere hat in den Händen den Schlauch, aus dem das Feuer spritzt. Wenn sie so nahe herankommen, dass sie uns erreichen, sind wir erledigt, denn zurück können wir gerade jetzt nicht.
Wir nehmen sie unter Feuer. Doch sie arbeiten sich näher heran, und es wird schlimm. Bertrinck liegt mit uns im Loch. Als er merkt, dass wir nicht treffen, weil wir bei dem scharfen Feuer zu sehr auf Deckung bedacht sein müssen, nimmt er ein Gewehr, kriecht aus dem Loch und zielt, liegend aufgestützt. Er schießt – im selben Moment schlägt eine Kugel bei ihm klatschend auf, er ist getroffen. Doch er bleibt liegen und zielt weiter – einmal setzt er ab und legt dann aufs Neue an; endlich kracht der Schuss, Bertrinck lässt das Gewehr fallen, sagt: „Gut", und rutscht zurück. Der hinterste der beiden Flammenwerfer ist verletzt, er fällt, der Schlauch rutscht dem anderen weg, das Feuer spritzt nach allen Seiten und der Mann brennt. Bertrinck hat einen Brustschuss. Nach einer Weile schmettert ihm ein Splitter das Kinn weg. Der gleiche Splitter hat noch die Kraft, Leer die Hüfte aufzureißen. Leer stöhnt und stemmt sich auf die Arme, er verblutet rasch, niemand kann ihm helfen. Wie ein leer laufender Schlauch sackt er nach ein paar Minuten zusammen. Was nützt es ihm nun, dass er in der Schule ein so guter Mathematiker war.
Die Monate rücken weiter. Dieser Sommer 1918 ist der blutigste und der schwerste. Die Tage stehen wie Engel in Gold und Blau unfassbar über dem Ring der Vernichtung. Jeder hier weiß, dass wir den Krieg verlieren. Es wird nicht viel darüber gesprochen, wir gehen zurück, wir werden nicht wieder angreifen können nach dieser großen Offensive, wir haben keine Leute und keine Munition mehr.
Doch der Feldzug geht weiter – das Sterben geht weiter – Sommer 1918 – Nie ist uns das Leben in seiner kargen Gestalt so begehrenswert erschienen wie jetzt; – der rote Klatschmohn auf den Wiesen unserer Quartiere, die glatten Käfer an den Grashalmen, die warmen Abende in den halb dunklen, kühlen Zimmern, die schwarzen geheimnisvollen Bäume der Dämmerung, die Sterne und das Fließen des Wassers, die Träume und der lange Schlaf – o Leben, Leben, Leben!

(Aus: Erich Maria Remarque: Im Westen nichts Neues, Verlag Kiepenheuer und Witsch, 10. Auflage, Köln 2004, S. 190 ff.)

Verletzter Soldat im Schützengraben bei Verdun 1918

Europa hat Furchtbares erlebt

In einer Rede vor dem Deutschen Bundestag anlässlich des 60. Jahrestages des Endes des Zweiten Weltkrieges erinnerte der damalige Bundespräsident Horst Köhler an die deutsche und die europäische Vergangenheit. Er fordert die Menschen auf, daraus die richtigen Lehren für die Zukunft zu ziehen. Der Bundespräsident begann seine Rede mit einem Rückblick auf den 8. Mai 1945. Es war der Tag, an dem der Zweite Weltkrieg endete und an dem Europa in Trümmern lag.

Am 8. Mai 1945 hatte die Wehrmacht bedingungslos kapituliert. Die Waffen schwiegen. Die meisten Deutschen waren erleichtert darüber. Zugleich waren sie wie betäubt von der Wucht der Niederlage und fragten sich bang, welches Schicksal sie nun erwartete.
Die Völker und die Menschen, die unter dem sogenannten „Dritten Reich" gelitten hatten, empfanden beim Untergang der Naziherrschaft Freude und Genugtuung. Aber Europa hatte Furchtbares erlebt, ehe dieser Sieg errungen war. Es war in einen Kontinent der Massengräber, der Todeslager und der Trümmer verwandelt. Millionen Soldaten aller Nationen waren gefallen. Auf Europas Straßen zogen Hunderttausende entwurzelter und verzweifelter Menschen, und in den so furchtbar zerstörten Städten wie Warschau, Caen und Kiew waren fast nur noch die Keller bewohnbar. [...]
Wir gedenken der sechs Millionen Juden, die mit teuflischer Energie ermordet wurden, oft nach Jahren öffentlich sichtbarer Entrechtung. Solange es Menschen gibt, wird dieses Grauen jedes fühlende Herz und jeden wachen Sinn bewegen. [...]
Deutschland ist heute aber nicht nur äußerlich ein anderes Land als vor sechzig Jahren. Unser Land hat sich von seinem Inneren her verändert, und das ist erst recht ein Grund zur Freude und Dankbarkeit. [...]
Europa ist heute geprägt von Freiheit, Demokratie und der Geltung der Menschenrechte. Die Bundesrepublik Deutschland hat sich von Anfang an – über alle Regierungswechsel hinweg – für diese Grundwerte und für die europäische Einigung eingesetzt. Deutschland ist heute – wohl erstmals in seiner Geschichte – rundum von Freunden und Partnern umgeben. Zwischen uns ist Krieg unmöglich geworden. [...]
Im vereinten Europa können wir nun endlich eine freie Gemeinschaft guter Nachbarn sein. Das kann uns auch helfen, gemeinsam die Geschichte und ihre oft bitteren Wahrheiten in den Blick zu nehmen.
Wir suchen aufrichtig die Freundschaft mit den Völkern Mittel- und Osteuropas und wollen gemeinsam mit ihnen das freie, friedliche Europa bauen. Die Freude der neuen Mitgliedstaaten an der Freiheit und ihre Aufbruchstimmung sind eine Bereicherung für die europäische Politik. [...]
Die nachrückenden Generationen in Deutschland wissen, dass bald keine Zeitzeugen von Krieg und Vernichtung mehr da sein werden. Sie nehmen den Auftrag an, die Erinnerung an das Geschehene wachzuhalten und weiterzugeben. Sie sind es, die künftig mit ihren Altersgenossen in der ganzen Welt dafür sorgen werden, dass sich solches Unrecht und Leid nicht wiederholt.

(Rede von Bundespräsident Horst Köhler bei der Gedenkveranstaltung im Plenarsaal des Deutschen Bundestages zum 60. Jahrestag des Endes des Zweiten Weltkrieges in Europa am 08. Mai. 2005, www.bundespraesident.de)

Was geht dir durch den Kopf, wenn du an Europas Vergangenheit denkst?

Diese Frage legten die Autoren dieses Buches 15- und 16-jährigen Schülerinnen und Schülern vor. Hier Ausschnitte aus den Antworten:

„In der Vergangenheit hat es viel Streit zwischen den Ländern in Europa gegeben und viele Kriege. Ich denke an die Menschen, die in den Kriegen ihr Leben verloren haben."
Rouven, 15 Jahre

„Früher konnte man nicht kreuz und quer durch Europa reisen so wie heute. Es gab überall Grenzen und die Menschen lebten eher getrennt voneinander."
Bedrija, 16 Jahre

„Mir fällt immer sofort die Nazizeit ein, wenn ich an die Vergangenheit denke. Wenn ich alte Aufnahmen von Adolf Hitler sehe, frage ich mich, wie es kam, dass die Menschen den so gut fanden."
Eugen, 16 Jahre

1. Der kurze Romanausschnitt schildert aus der Sicht des jungen Soldaten Paul Bäumer den Tod zweier Kriegskameraden in den Kriegsschlachten zwischen Deutschland und Frankreich im Ersten Weltkrieg. Versucht, euch in die Situation dieses Soldaten im Schützengraben hineinzuversetzen. Begeistert seid ihr in den Krieg gezogen und nun erlebt ihr tagaus, tagein das Sterben hautnah. Schreibt auf, was in dieser Situation in euren Gedanken und Gefühlen vorging.
2. Was hat Europa – nach Ansicht von Horst Köhler – Furchtbares erlebt?
3. Was hat sich seit dem Ende des Zweiten Weltkrieges in Deutschland und Europa zum Positiven verändert?

Trainingsplatz

Europas Vergangenheit – Europas Zukunft: Woran denkt ihr dabei?

Diese beiden Fragen könnt ihr hier mit der sogenannten **Placemat-Methode** bearbeiten. Setzt euch in Vierergruppen zusammen. Ihr benötigt ein Blatt, das in Einzelfelder und in ein Gemeinschaftsfeld eingeteilt ist (siehe Zeichnung). Placemat bedeutet Tischdeckchen.

Weil das vorbereitete Blatt Ähnlichkeit mit einer kleinen Tischdecke hat, wird die Methode so genannt. Die Placemat-Methode ermöglicht es euch, die zum Thema gestellten Fragen in drei Schritten zu bearbeiten.

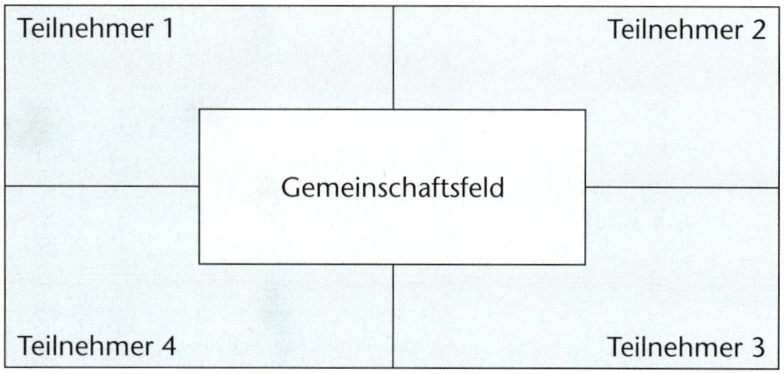

Worum geht es?	Was ist zu tun bei der Arbeit nach der Placemat-Methode?	Welche Regeln gelten?
Erster Schritt Nachdenken 	Jeder in der Gruppe denkt leise über die Frage nach und macht sich Notizen. Dafür steht jedem von euch auf dem Blatt ein Einzelfeld zur Verfügung. Das Tischdeckchen könnt ihr kreisen lassen. Ihr könnt euch dabei die Notizen der anderen anschauen und entwickelt so vielleicht weitere Gedanken.	• Es wird eine Zeit vereinbart. • Alle arbeiten alleine. • Es wird nicht gesprochen. • Das Tischdeckchen kreist.
Zweiter Schritt Austausch in der Gruppe 	In der Gruppe stellen nun alle der Reihe nach ihre Gedanken zur Frage nach der Vergangenheit und den Wünschen für die Zukunft in Europa vor. Dabei benutzt ihr eure Notizen. Zusammen füllt ihr dann das Gemeinschaftsfeld aus. Hier sammelt ihr, was die Gruppe insgesamt zum Thema herausgefunden hat. (Im Gemeinschaftsfeld können Notizen zum zweiten Mal eingetragen werden.)	• Es wird gesprochen. • Jeder kommt dran und stellt seine Gedanken vor. • Im Gemeinschaftsfeld muss mehr stehen als in den Einzelfeldern.
Dritter Schritt Gruppenergebnisse vorstellen und sammeln 	Die Gruppen stellen die Inhalte der Gemeinschaftsfelder vor. Anschließend könnt ihr an der Tafel sammeln, welche Gedanken euch insgesamt in der Klasse zum Thema „Europa in der Vergangenheit und in der Zukunft" eingefallen sind. Mithilfe der Tafelnotizen fasst ihr einzeln oder zu zweit die Gedanken und Wünsche in der Klasse zusammen. Das könnt ihr auch in einer Hausaufgabe zusammenfassen.	• Alle Gruppen stellen vor. • Alle hören einander zu. • Nach der Vorstellung wird an der Tafel gesammelt.

Methodenkarte 2

Präsentation von Arbeitsergebnissen in Kurzvorträgen

Thema: Von der Feindschaft zur Freundschaft in Europa

A Was sind die Voraussetzungen für eine gute Präsentation?

Eine Präsentation hat immer zum Ziel, die anderen über das zu informieren, was man sich selbst erarbeitet hat. Die wichtigste Voraussetzung für das Gelingen ist, dass die Präsentierenden gut vorbereitet sind. Die Zuhörenden merken sehr schnell, ob jemand von der Sache, über die gesprochen wird, etwas versteht. Darüber hinaus sollte der Vortrag gut verständlich sein, lebendig gestaltet und möglichst mit zusätzlichen Medien optisch unterstützt werden. Egal, ob ihr alleine oder im Team präsentiert, achtet stets auf die folgenden Regeln.

B 10 Regeln für eine gelungene Präsentation

Vor dem Beginn

1. Sorgt zu Beginn für Ruhe und Aufmerksamkeit.
2. Beginnt mit einer freundlichen Begrüßung.
3. Stellt das Thema eurer Präsentation vor.
4. Gebt einen kurzen Überblick über den Verlauf.

Während der Präsentation

5. Sprecht möglichst frei, laut, deutlich und nicht zu schnell.[1]
6. Haltet mit Blickkontakten die Verbindung zum Publikum.
7. Sorgt dafür, dass eure Visualisierung überall gut zu lesen und zu sehen ist.

Am Ende

8. Beendet eure Präsentation mit einem interessanten Schlusswort.
9. Überprüft durch Fragen an das Publikum, wie die Präsentation angekommen ist.
10. Lasst Fragen zu und erbittet ein Feedback.

Feedback

Zu jeder Präsentation sollte es eine Rückmeldung durch die Zuhörerschaft geben (= Feedback). Die folgenden Feedbackfragen helfen:

- Was war gut?
- Was kann man aus dieser Präsentation lernen?
- Was kann man bei der nächsten Präsentation noch besser machen?

Präsentationsthemen

Die folgende Einheit enthält zwei Beispiele über die Entwicklung in Europa, die sich zur Vorbereitung von Präsentationen eignen:

- Deutschland und Frankreich: Von der Feindschaft zur Freundschaft
- Deutschland und Polen: Können auch sie Freunde werden?

Die Beispiele können arbeitsteilig in Partner- oder Gruppenarbeit bearbeitet werden. Viele weitere Themen in diesem Buch eignen sich ebenfalls zur Vorbereitung und Durchführung von Präsentationen.

[1] Selbstverständlich könnt ihr während des Vortrags in eure Notizen schauen. Allerdings sollte ein Vortrag nicht von einem Blatt abgelesen werden.

2 Wie haben sich die Beziehungen zwischen Deutschland und den Nachbarstaaten entwickelt?

Kein anderes Land hat so viele Nachbarstaaten wir Deutschland – nämlich neun (Belgien, Dänemark, Frankreich, Luxemburg, Niederlande, Schweiz, Österreich, Polen, Tschechien). Zwei davon werden hier vorgestellt, um die Entwicklung der nachbarschaftlichen Beziehungen seit dem Ende des Zweiten Weltkrieges beispielhaft aufzuzeigen.

Junge Deutsche und Franzosen bei gemeinsamer Bergwanderung

Beispiel 1: Deutschland und Frankreich

So könnt ihr einen Kurzvortrag gliedern:

1. Stationen der wechselvollen Geschichte nennen, die Deutschland und Frankreich verbindet,
2. eine Folie von der Fotoseite anfertigen und mithilfe der Fotos den Weg der Versöhnung aufzeigen (Fotos genau beschreiben),
3. weitere Informationen über Frankreich besorgen und das Land vorstellen (Internet, Lexika).

Eine wechselvolle, tausendjährige Geschichte verbindet die Deutschen mit ihrem Nachbarland. Deutschland und Frankreich entstanden aus einem gemeinsamen Territorium, dem Frankenreich Karls des Großen, das von 800 bis 843 bestand. Erst nach dem Zerfall dieses Reiches bildeten sich Gebiete mit deutlich unterschiedenem Sprach- und Lebensraum heraus: im Westen ein überwiegend romanischer, im Osten ein vorwiegend germanischer. Deshalb urteilt der Historiker Karl Ferdinand Werner: „Wenn jemals in der Weltgeschichte, so kann man in diesem Fall von zwei großen Nachbarnationen sagen, sie seien ihrer Herkunft nach ‚Geschwister'." Die folgenden Jahrhunderte waren meist von friedlicher Nachbarschaft, von fruchtbarem kulturellem Austausch und von Kooperation, aber auch von Gegensätzen bestimmt. Vor allem im 19. und 20. Jahrhundert waren die Beziehungen oft durch Feindseligkeit, Konfrontation und drei mörderische Kriege – den deutsch-französischen Krieg 1870/71, den Ersten und Zweiten Weltkrieg – gekennzeichnet. Nach 1945 vollzog sich ein grundlegender Wandel. Es hat eine historisch einmalige und beispielhafte Bedeutung, wie zwei einstmals verfeindete Völker sich aussöhnen und zu einer engen politischen, wirtschaftlichen und kulturellen Partnerschaft in Europa finden konnten. „Die Vereinigung der europäischen Nationen erfordert, dass der jahrhundertealte Gegensatz zwischen Frankreich und Deutschland ausgelöscht wird", verlangte der französische Außenminister Robert Schumann 1950. Daraus entstand 1952 die Europäische Gemeinschaft für Kohle und Stahl (EGKS) als Vorläuferin der 1957 gegründeten EWG, der heutigen Europäischen Union.
Seit jenen Gründungstagen haben Frankreich und Deutschland, auch im Wissen um die Vergangenheit und ihre besondere Verantwortung, allmählich eine vertrauensvolle und erfolgreiche Zusammenarbeit im Rahmen der europäischen Einigung entwickelt. Heute ist Frankreich unser wichtigstes Partnerland in Europa. Dies gilt für die intensiven wirtschaftlichen Beziehungen, für die enge politische Zusammenarbeit, aber auch für die kulturellen und gesellschaftlichen Kontakte: Nirgendwo gibt es ein derart dichtes Netz an Partnerschaften zwischen Gemeinden und Städten, Schulen und Hochschulen, Vereinen und Verbänden wie zwischen Frankreich und Deutschland, nirgendwo sonst umfasst dieses Netz viele Tausende von Menschen, die diese Partnerschaft tagtäglich mit Leben erfüllen. [...]

(Aus: Henrik Uterwedde: Frankreich, Informationen zur politischen Bildung Nr. 285/2004, Bundeszentrale für politische Bildung, Bonn 2004, S. 4)

Fotos erzählen vom Wandel einer Beziehung

1

Juni 1916:
Vor der französischen Stadt Verdun kämpfen Deutsche und Franzosen um jeden Meter Boden.

2

Juni 1940:
Deutsche Soldaten marschieren über die Champs-Élysées. Noch nicht ein Jahr nach Beginn des Zweiten Weltkrieges wird Paris von deutschen Einheiten besetzt.

3

September 1944:
Nach der Befreiung Frankreichs wird eine kahl geschorene Französin bestraft, weil sie ein Verhältnis mit einem deutschen Soldaten hatte.

4

7. August 1950:
Europabegeisterte junge Leute treffen sich an der deutsch-französischen Grenze und verbrennen die Grenzpfähle. Sie fordern Frieden zwischen den Völkern und ein vereintes Europa.

5

1954:
Junge Deutsche und Franzosen treffen sich zur gemeinsamen Pflege eines französischen Soldatenfriedhofs. Das 1963 gegründete deutsch-französische Jugendwerk bringt immer mehr junge Leute aus beiden Ländern zusammen.

6

September 1984:
Der französische Staatspräsident François Mitterand und der deutsche Bundeskanzler Helmut Kohl reichen sich an den Gräbern von Verdun zum Zeichen der Freundschaft die Hand. „Beide Völker haben unwiderruflich den Weg des Friedens und der freundschaftlichen Zusammenarbeit eingeschlagen“, hieß es damals in einer gemeinsamen Erklärung.

Beispiel 2: Deutschland und Polen: Können auch sie Freunde werden?

Seit der deutschen Wiedervereinigung sind Polen und Deutsche Nachbarn mit einer gemeinsamen Grenze. Wer die Frage nach den nachbarschaftlichen Beziehungen in der Zukunft stellt, sollte zunächst den Blick in die Vergangenheit richten. So kann deutlich werden, was die Beziehungen in der jüngsten Vergangenheit belastet hat.

So könnt ihr einen Kurzvortrag gliedern:

1. Gründe nennen, warum das Verhältnis zwischen Polen und Deutschland besonders belastet ist,
2. berichten, was Wissenschaftler über das Verhältnis zwischen deutschen und polnischen Jugendlichen herausgefunden haben,
3. weitere Informationen über die Situation im Zweiten Weltkrieg und über die Zeit der Vertreibung besorgen und das Land Polen vorstellen (Geschichtsbücher, Lexika, Internet),
4. in der Gruppe darüber sprechen, ob und wie Deutsche und Polen in Zukunft befreundete Nationen werden können, und das Ergebnis der Diskussion vorstellen.

Warum hat die jüngste Vergangenheit das Verhältnis so sehr belastet?

Das Foto zeigt einen der dunkelsten Punkte in der deutsch-polnischen Geschichte. 1943 treiben Nationalsozialisten Juden aus dem Warschauer Getto zum Abtransport in ein Konzentrationslager, wo sie in den Gaskammern den Tod finden werden. Welche Gefühle zeigen die Gesichter der Opfer und der Besatzer?

Zum 60. Jahrestag des Angriffs von Hitler auf Polen am Beginn des Zweiten Weltkrieges veröffentlichte die deutsche Presseagentur die folgende Zusammenfassung:

Polnisches Leid im Zweiten Weltkrieg

Mit dem deutschen Angriff auf Polen am 1. September 1939 begann der Zweite Weltkrieg. Die deutschen Truppen überrannten Polen in einem „Blitzkrieg“ in nur wenigen Wochen. Die letzten polnischen Soldaten ergaben sich am 6. Oktober. Das Leiden der Besatzungszeit begann. Ab Ende Oktober 1939 wurde die polnische Bevölkerung von Haus und Hof vertrieben. Viele Intellektuelle wurden von der Sicherheitspolizei ermordet. Die „Polenerlasse“ degradierten die Polen zu einem Volk der „Rechtlosen“. In polnischen Städten wie Lodz und Warschau lebte die jüdische Bevölkerung zusammengedrängt in Gettos unter katastrophalen Bedingungen. Hunderttausende wurden in Konzentrationslagern getötet. Insgesamt kamen mindestens sechs Millionen Polen zwischen 1939 und 1945 ums Leben. [...] Für die Nationalsozialisten waren die Polen „Untermenschen“, nur als Sklavenarbeiter geeignet. [...] Hunderttausende von Polen wurden während des Krieges zur Zwangsarbeit nach Deutschland verschleppt. Vor allem die jüdische Bevölkerung Polens, die in Warschau und anderen Städten ein Drittel der Einwohner stellte, fiel der deutschen Besatzung zum Opfer. [...] In der Zeit nach dem Zweiten Weltkrieg gingen die Vorbehalte gegen die Deutschen nur langsam zurück. Doch nach einer 1999 veröffentlichten Umfrage halten inzwischen fast 73 Prozent der Polen eine Aussöhnung für möglich.

(Nach einer dpa-Meldung vom 28./29. August 1999 anlässlich des 60. Jahrestages seit Beginn des Zweiten Weltkrieges)

Flucht und Vertreibung der Deutschen

Die heutigen geografischen Grenzen Polens sind ein Ergebnis des Zweiten Weltkrieges. Am Ende des Krieges hatten die Siegermächte beschlossen, das

polnische Staatsgebiet nach Westen zu verschieben. Damit übernahm Polen Gebiete, in denen bis dahin fast neun Millionen Deutsche lebten. Hinzu kamen noch circa eine Million Deutsche, die sich seit der Zeit des Mittelalters in polnischem Gebiet angesiedelt hatten. Der Hass der polnischen Bevölkerung schlug nun auf die deutsche Bevölkerung im neuen und alten Staatsgebiet zurück. Die Siegermächte hatten auf der Konferenz von Potsdam im Sommer 1945 beschlossen, dass die Deutschen aus den Gebieten ausgesiedelt werden sollten, und zwar „in ordnungsgemäßer und humaner Art und Weise“ (Artikel 13 der Potsdamer Beschlüsse). Die Wirklichkeit sah allerdings ganz anders aus. 4,3 Millionen Deutsche waren bereits Anfang 1945 vor der heranrückenden sowjetischen Armee geflüchtet. Weitere 6 Millionen wurden nun aus Polen vertrieben.
Der in den Jahren der deutschen Besatzung aufgestaute Hass der polnischen Bevölkerung richtete sich gegen alle im neuen polnischen Staatsgebiet zurückgebliebenen Deutschen, die Ziel von Ausschreitungen und Diskriminierungen wurden. Manche wurden noch von der Roten Armee als Zwangsarbeiter in die Sowjetunion verschleppt, andere in den Jahren 1945/46 in polnische Arbeitslager verbracht, die bis 1949/50 bestanden. Die Sterberate in diesen Lagern war, besonders unter Alten, Kranken und Kindern, sehr hoch. Die genaue Zahl der Todesopfer ist nicht zu ermitteln, da die polnischen Behörden keine entsprechenden Unterlagen führen. Die Gesamtzahl der bei den Verfolgungsmaßnahmen im Lande, auf der Flucht und im Zuge der Vertreibungen Umgekommenen wird auf etwa 1,6 Millionen Menschen geschätzt.

(Aus: Joachim Rogall: Die Deutschen in Polen, in: Informationen zur politischen Bildung Nr. 267/2000: Aussiedler, Bundeszentrale für politische Bildung, Bonn 2000, S. 6)

Jugendliche in Deutschland und Polen: optimistischer Blick in die Zukunft?

Die Klischees – vom pedantischen Deutschen und vom kriminellen Polen – verblassen. Besonders bei Jugendlichen. Diese Erfahrungen machten in den vergangenen zwei Jahren Wissenschaftler der Universität Mainz und Warschau/Warszawa.
Sie haben das Verhältnis zwischen Jugendlichen in Polen und in Deutschland untersucht. Mehr als 3000 junge Leute zwischen 15 und 24 Jahren wurden befragt.
Jeder zweite Jugendliche in Deutschland und mehr als 80 Prozent der jungen Polen teilen die Meinung, sie hätten viele gemeinsame Interessen. Auch, dass es keine aktuellen Konflikte zwischen Deutschland und Polen mehr gibt, glaubt die Mehrheit der Befragten auf beiden Seiten – in Polen über 80 Prozent, in Deutschland fast 70 Prozent. „Bemerkenswert“, meint Bernadette Jonda, die den deutschen Teil der Studie leitet, „weil vor zehn Jahren nur jeder Zweite diese Meinung vertrat.“
Vor gut zehn Jahren fand jeder fünfte westdeutsche und jeder sechs ostdeutsche Jugendliche die Polen sympathisch, heute finden dies rund 35 Prozent. Lediglich 11 Prozent der in Deutschland Befragten finden Polen unsympathisch. Vor rund zehn Jahren waren es 24 Prozent in Westdeutschland und sogar mehr als 47 Prozent in Ostdeutschland. […]

Jugendliche in Polen: Wie viele gemeinsame Interessen gibt es zwischen ihnen und deutschen Jugendlichen?

Die Sympathie zeigt sich jedoch in der Praxis eher selten: Einem Großteil der Jugendlichen hier wie dort fehlt es an praktischen Erfahrungen – auf beiden Seiten waren knapp drei Viertel der Befragten überhaupt noch nicht im Nachbarland. […]

(Aus: fluter: Mehr Europa – das Beispiel Polen, verf. von Tim Farin und Geert Meyenburg, Nr. 4/2002, Bundeszentrale für politische Bildung, Bonn 2002, S. 12)

3 Europa: Was ist das eigentlich?

Was antwortest du spontan, wenn man dich fragt: „Was ist Europa?" Wahrscheinlich wirst du sagen, dass es ein Kontinent ist. Also ist Europa zunächst eine geografische Bezeichnung. Ein Blick auf die Karte zeigt allerdings, dass hier die Probleme schon anfangen. Es ist gar nicht so einfach, festzulegen, wo Europa im Osten endet. Mit der Frage „Was ist Europa?" haben nicht nur Geografen Schwierigkeiten. Auch Geschichtsforscherinnen und -forscher und nicht zuletzt die Politikwissenschaftler haben damit ihre Schwierigkeiten (zum Beispiel bei der Frage, ob auch ein Land in die Europäische Union aufgenommen werden kann, dass nur zum Teil dem Kontinent Europa zuzuordnen ist).
In dieser Einheit werdet ihr erfahren, wie vielfältig Europa gesehen wird und wie wichtig es ist, dass man auf die Frage im Titel eine differenzierende Erklärung abgeben kann.

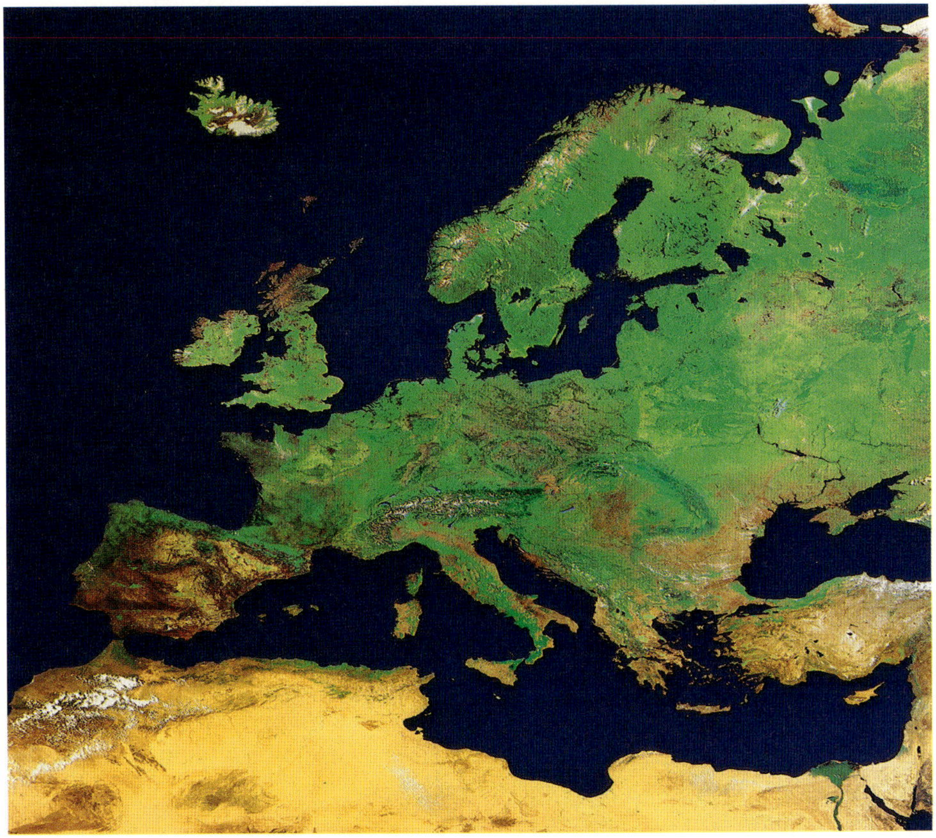

Einheit in Vielfalt

■ Tipp: Zahlenmethode
Für das Lesen des folgenden Textes eignet sich die Anwendung der Zahlenmethode. Während jemand, der sich auf das Vorlesen vorbereitet hat, den Text wirkungsvoll vorliest, hören alle anderen zu und notieren dabei alle darin vorkommenden Zahlen und ihre Bedeutung auf einem Blatt. Nach dem Vorlesen wählt ihr dann aus den notierten Zahlen diejenigen aus, die ihr für besonders bedeutsam haltet. Mit der Zahlenmethode prägt man sich nummerische Informationen aus Sachtexten besonders gut ein.

Europa ist nach Australien der zweitkleinste Kontinent und gerade einmal 10 Millionen Quadratkilometer groß. Neben Russland mit seinen 17 Millionen Quadratkilometern wirkt es winzig. Und doch leben in Europa 730 Millionen Menschen – ziemlich viele auf einer vergleichsweise kleinen Fläche. In den flächenmäßig fast ebenso großen USA sind nicht einmal halb so viele Menschen beheimatet, nämlich 300 Millionen.
Europa besteht aus 47 Ländern. Jedes dieser Länder hat seine eigenen Traditionen, Gepflogenheiten, seine eigene Fußballnationalmannschaft, überall wird unterschiedlich gekocht und gefeiert. Europa spricht über hundert verschiedene Sprachen, mehr als es Länder hat. Und häufig beherbergen diese Länder auch noch kleine Volksgruppen, wie beispielsweise Deutschland die Sorben oder Spanien die Basken. Diese Minderheiten haben meist eine andere Geschichte, eine andere Kultur oder religiöse Überzeugung als die Mehrheit und oft pflegen sie auch noch ihre eigene Sprache.
Diese Vielfalt auf engem Raum macht Europa einzigartig. Aber Vielfalt kann

auch Spannungen erzeugen. Das Verhältnis zwischen den europäischen Staaten war jahrhundertelang von gewaltsamen Auseinandersetzungen gekennzeichnet. Spanier, Engländer, Franzosen, Österreicher, Polen und Deutsche haben immer wieder Kriege gegeneinander geführt.
Europa hat aus einer blutigen Geschichte gelernt. Am Ende des Zweiten Weltkrieges lag die europäische Welt in Trümmern. Die Menschen hungerten, ihre Familien waren auseinandergerissen, ihre Häuser lagen in Schutt und Asche. Millionen waren umgekommen, weitere Millionen wurden vermisst. Europa lag am Boden. Die alte Ordnung zerbrach, ein neues Europa wurde geboren. 1946 hielt der ehemalige englische Premierminister Winston Churchill in Zürich eine berühmte Rede, in der er ausgerechnet die tief miteinander verfeindeten Deutschen und Franzosen zur Gründung der „Vereinigten Staaten von Europa“ aufrief. Und was keiner für möglich gehalten hatte: Das Wunder geschah.
1957 schlossen sich sechs Länder (Frankreich, Italien, Belgien, Niederlande, Luxemburg und die Bundesrepublik Deutschland) zur europäischen Wirtschaftsgemeinschaft (EWG) zusammen. Der Anfang zu einem Miteinander war gemacht. Bald traten weitere Länder dieser Gemeinschaft bei, aus der sich die heutige Europäische Union entwickelte.
Seit 2007 besteht die EU aus 27 Mitgliedstaaten. Weitere, wie beispielsweise Kroatien, die Ukraine oder die Türkei, möchten ihr beitreten.
Die Europäer waren lange Spielmacher im Weltgeschehen. Sie verfügten über mehr Geld, mehr Macht, mehr Wissen und Können als andere. Heute wachsen andere Länder und Nationen an Zahl und Wirtschaftskraft, wie beispielsweise die Chinesen, die Inder, die Lateinamerikaner, und wollen ihren Anteil am Wohlstand haben. Hat Europa also in der Welt ausgespielt?
Die Europäer stehen also vor großen Herausforderungen: Welchen Weg können wir in der Zukunft einschlagen, wenn wir immer weniger Junge und immer mehr Alte haben? Wie können wir unseren Wohlstand erhalten, ohne uns gegen andere abzuschotten, die als Einwanderer zu uns kommen und daran teilhaben wollen? Wie können wir die Integration von immer mehr Menschen aus anderen Kulturen in die europäischen Gesellschaften gewährleisten, besonders wenn diese die Gleichberechtigung von Mann und Frau nicht respektieren? Auch die nächsten Generationen werden Antworten auf solche Fragen finden müssen. Ohne ein Wissen um Europa, seine vielfältige Kultur, ohne ein Engagement für ein Miteinander, statt einem Gegeneinander wird das nicht möglich sein.

Altes und neues Europa

Jahrhundertelang waren die Völker Europas untereinander verfeindet. Das „alte Europa“ war durch ein ständiges Gegeneinander geprägt – und stand mehrfach am Rande des Untergangs. Aus solchen Erfahrungen haben die Europäer gelernt. Das „neue“ Europa, ein geeinter Kontinent, zeichnet sich durch ein Bekenntnis zum Miteinander aus. Mehr als die Hälfte der europäischen Staaten hat sich mittlerweile zur Europäischen Union zusammengeschlossen, weil sie gemeinsame Werte und Vorstellungen haben – zum Beispiel von den Menschenrechten – und weil sie davon überzeugt sind, Probleme und Aufgaben besser lösen zu können. Aber es war ein blutiger und steiniger Weg, bis es zu dieser Vereinigung kam.

(Aus: Ingke Brodersen, Rüdiger Dammann: Das neue Europa, Ravensburger Buchverlag, Ravensburg 2007, S. 6f.)

Kulturelle Gemeinsamkeiten der Europäer

Das Wort Kultur stammt aus der lateinischen Sprache (= cultura) und bezeichnet alles das, was die Menschen im Laufe ihrer Geschichte selbst gestaltet haben.
Europa wird oft als gemeinsamer Kulturraum definiert. Darunter verstehen wir, dass es in Europa – trotz aller Vielfalt und Verschiedenartigkeit zwischen den Völkern und Staaten – eine Übereinstimmung in wichtigen geistigen, politischen, künstlerischen und religiösen Grundhaltungen gibt, die in der Vergangenheit entwickelt wurden. Dazu gehören die Idee der Demokratie, welche die Europäer bei den alten Griechen gelernt haben, die gemeinsame Tradition im Christentum, europäische Entwicklungen in der Kunst, der Architektur, der Wissenschaft, der Philosophie, der Technik.

1. Welche fünf Zahlenangaben über Europa haltet ihr für so bedeutsam, dass man sie sich einprägen sollte?
2. „Einheit in Vielfalt“: Erkläre, was das bedeutet.
3. Was ist gemeint, wenn von einer gemeinsamen europäischen Kultur die Rede ist?
4. ■ **Tipp:** Das Textmaterial kann mithilfe einer Mindmap visualisiert werden. Dazu bieten sich als Hauptstränge wichtige Zahlen über Europa/Einheit in Vielfalt/altes Europa/neues Europa/Herausforderungen und kulturelle Gemeinsamkeiten an.

Warum sind immer eine junge Frau und ein Stier im Spiel, wenn es um Europa geht?

Europa beginnt mit dem Namen einer Prinzessin

In nahezu jeder Karikatur, die sich mit einem europäischen Thema befasst, ist ein Stier zu sehen. Um diese Symbolik zu verstehen, müssen wir an die Ursprünge des Namens Europa zurückgehen und uns mit einer alten Sage beschäftigen. Lest diese Seite und erzählt die Geschichte „Wie der Kontinent zu seinem Namen kam".

Fern von Griechenland, in Phönikien, wo König Agenor über die Städte Tyros und Sidon herrschte, wuchs die wunderschöne Europa heran. Niemand, so sagten die Leute, war der Jungfrau an Schönheit gleich, und im Lande ringsum rühmte man die liebreiche Art, mit der sie jedermann begegnete. Wenn sie mit den Gespielinnen am Strand einher wandelte oder blumenbekränzt den Reigentanz der Mädchen anführte – stets war sie die Schönste, der sich alle willig unterordneten. Eines Tages schritt Europa wieder zum Spiel aus dem Palast des Vaters …

So beginnt die antike Sage der Königstochter Europa. Göttervater Zeus hatte sich in das Mädchen verliebt und er wendete einen Trick an, um sie für sich zu gewinnen. In der Gestalt eines weißen Stieres landete Zeus am Strand Phönikiens und entführte die schöne Prinzessin auf die Mittelmeerinsel Kreta. Dort nahm er seine Göttergestalt wieder an, vermählte sich mit Europa und zeugte im Laufe der Zeit drei Söhne mit ihr. Europas Sohn Minos begründete auf Kreta eine der ersten blühenden Hochkulturen in Europa. Von diesem Ort im Mittelmeer ausgehend, nahm die kulturelle Entwicklung in Europa ihren Ausgang. Die alte Sage berichtet so von der Entstehung der abendländischen Kultur und der Namensgebung für den Kontinent Europa.

(Die Sage von der Prinzessin Europa kann man zu Ende lesen in: Gustav Schwab, Richard Carstensen: Griechische Sagen: Die schönsten Sagen des klassischen Altertums, dtv junior, 17. Aufl., München 1993, S. 23ff.)

Zwei Karikaturen zur Auswahl

Eine der beiden Karikaturen beschreibt eine aktuelle Entwicklung in Europa, die andere weist auf Probleme hin, die es immer wieder gibt, wenn viele verschiedene Teilnehmer auf die Suche nach einem gemeinsamen Weg gehen.

Wohin will Europa?

Europa bekommt Nachwuchs

1. Bereitet euch darauf vor, die Sage von der Prinzessin Europa zu erzählen, und tragt sie der Klasse vor.
2. Wählt eine der beiden Karikaturen aus und versucht, sie mithilfe der „Drei-Fragen-Methode" zu erklären (siehe dazu die Methodenkarte auf der Seite 78).

Europa: ein Begriff im Wandel der Zeit ...

Seit der Antike haben die Menschen mit dem Begriff „Europa“ ganz unterschiedliche Dinge verbunden. Die Begriffsbedeutung hat sich ständig verändert und lange Zeit nicht dem entsprochen, was wir heute bei dem Begriff „Europa“ empfinden. Auf dieser Seite haben wir einige Stationen zusammengetragen, die den Begriffswandel im Lauf der Zeit deutlich machen. In dem Trainingsplatz auf der rechten Seite könnt ihr dann selbst entscheiden, was Europa ist und was nicht.

1 Am Anfang steht der Mythos: Europa auf dem Stier. Wahrscheinlich hörten griechische Kinder schon vor dreitausend Jahren diese Geschichte von ihren Eltern. Zahlreiche Deutungen versuchten, den Sinn dieser Erzählung zu ergründen, keine ist eindeutig. Immerhin: Europa ist der Name einer Prinzessin, die mit einem Gott vermählt wurde.

2 Man nimmt an, dass das Wort Europa aus der Sprache des Volkes der Phöniker stammt, die an der kleinasiatischen Küste lebten. „Ereb“, das Dunkle, nannten sie das Land im Westen, über dem die Sonne unterging.

3 Zu Beginn der Neuzeit prägt ein Papst den Europabegriff neu. Um 1500 bezeichnet Pius II. Europa als das Gebiet, zu dem auch der Osten, Polen, Böhmen, Ungarn, die Balkanstaaten, auch Russland gehören. Dieser Europabegriff wendet sich gegen einen Gegner, nämlich gegen die anstürmenden Türken. Mit europäisch wird nun der christliche Kulturkreis bezeichnet, der sich gegen die Gefahr von außen verteidigen muss.

4 Im 17. Jahrhundert entsteht in Europa eine geistige Bewegung, die den Namen Aufklärung trägt. Die Aufklärer fordern, dass der Mensch seinen Verstand nutzen müsse, um sich aus den Fesseln der Unmündigkeit zu befreien. In der Aufklärung beginnt man, Europa als einen Raum zu sehen, der von einer gemeinsamen Kultur geprägt ist. Die Wissenschaft, die Kunst und das Denken insgesamt kennen für sie keine nationalen Grenzen. „Es gibt heutzutage keine Franzosen, keine Deutschen, keine Spanier, selbst keine Engländer mehr, es gibt nur noch Europäer.“ Diesen Satz schrieb der französische Aufklärer und Philosoph Voltaire bereits im Jahre 1772. Der preußische König Friedrich II. empfing den Franzosen als seinen Freund.

5 Das 19. Jahrhundert wird von den Historikerinnen und Historikern als das Zeitalter der Nationalstaaten und des Kolonialismus bezeichnet. Die großen Mächte versuchen, neue Imperien in Übersee, vor allem in Afrika und Asien zu schaffen. Sie gründen Kolonien, indem sie außereuropäische Gebiete zu ihrem Besitz erklären. In dieser Epoche wird die Welt europäisiert. Europa wird nun für viele Außenstehende zu einem Begriff, der Überheblichkeit, Rassismus und Unterdrückung der kolonialisierten Völker in den Ländern Afrikas und Asiens beinhaltet.

6 1945 liegt Europa in Trümmern. Überall herrschen Not und Elend. Schon im Ersten Weltkrieg hat es vielfältige Pläne gegeben, die europäischen Staaten in ein friedliches Bündnis von Staaten zu überführen. Nun, vor dem Hintergrund totaler Zerstörung, können sie allmählich Wirklichkeit werden. Unter dem Begriff Europa verstehen nun viele Visionäre eine Gemeinschaft von Staaten, vereint in Frieden, Freiheit und sozialer Gerechtigkeit, unterschieden in ihrer kulturellen Vielfalt und Besonderheit.

1. Welche Definitionen des Begriffes „Europa“ empfindest du als positiv oder als negativ, als noch aktuell oder nicht mehr aktuell?

■ **Tipp:** Befragt eure Eltern, Verwandte, Freunde und Bekannte, was sie mit dem Begriff „Europa“ verbinden.

10-mal Europa
Wir ermitteln falsche und richtige Behauptungen

Euer Auftrag:
Ihr ermittelt aus der Liste die richtigen und die eindeutig falschen Aussagen über Europa.
Ihr begründet, warum die ermittelten unzutreffenden Aussagen falsch sind.

So könnt ihr vorgehen:
- Bearbeitet zunächst den Fragebogen in Einzelarbeit
- Bildet dann Partnerschaften, in denen ihr eure Ergebnisse vergleicht.
- Formuliert gemeinsam die Begründungen für die Wahl der Falschaussagen.
- Stellt eure Ergebnisse in der Klasse vor.

1.	Geschichtlich gesehen, ist Europa ein Kontinent mit vielen kulturellen Gemeinsamkeiten. Die Wiege der europäischen Kultur stand einst in Griechenland, weil hier vor etwa 2 500 Jahren die Demokratie erfunden wurde.	
2.	Geografisch gesehen, ist Europa ein Kontinent, der sich genauso klar abgrenzen lässt wie Afrika, Amerika, Asien und Australien.	?
3.	Religiös gesehen, ist Europa mit einem Anteil von 90 Prozent Christen das Zentrum der Christenheit in der Welt und gilt daher auch als christliches Abendland.	
4.	Wirtschaftlich gesehen, spielt Europa keine führende Rolle in der Welt.	
5.	Was die Größe betrifft, ist Europa mit einer Fläche von 10 000 Quadratkilometern der zweitkleinste unter den Kontinenten.	?
6.	Als Wertegemeinschaft gesehen, ist Europa ein Kontinent, in dem die Freiheit des Einzelnen, die Gleichberechtigung und die Bewahrung der Menschenrechte und des Friedens von zentraler Bedeutung sind.	
7.	Militärisch gesehen, hat sich das alte Europa in seiner langen Geschichte eher durch Kriege hervorgetan als durch Epochen des Friedens.	?
8.	Politisch gesehen, hat die Zusammenarbeit zwischen den europäischen Staaten seit dem Ende des Zweiten Weltkrieges immer weiter abgenommen.	
9.	Von den sozialen Lebensverhältnissen her gesehen, genießen die Menschen in Europa vergleichsweise ein höheres Maß an Sicherheit als diejenigen in anderen Teilen der Erde. Allerdings gibt es auch große soziale Unterschiede.	?
10.	Aus der Sicht von Jugendlichen gesehen, gehören Freiheit, Frieden und offene Grenzen in Europa zu den wichtigsten politischen Zielen überhaupt.	

4 Lehren aus der Vergangenheit – Europarat wacht über die Einhaltung der Menschenrechte in Europa

Das Konkurrenzdenken zwischen den Nationalstaaten hat den Menschen in Europa in der Vergangenheit große Not beschert. Höhepunkte des Elends bildeten die beiden Weltkriege zwischen 1914 bis 1918 und 1939 bis 1945. Unendliches Leid führte zu der Einsicht: Nie mehr darf es Krieg zwischen den Staaten Europas geben. Nie mehr dürfen die Menschenrechte mit Füßen getreten werden.
Vor diesem Hintergrund wurde am 5. Mai 1949 in Straßburg der Europarat ins Leben gerufen. Er ist eine Organisation europäischer Staaten und hat sich zum Ziel gesetzt, Abkommen und Verträge zwischen den Mitgliedstaaten zu vereinbaren, welche dem Schutz der Menschenrechte und der Weiterentwicklung der Demokratie dienen. Bei seiner Gründung hatte er 10 Mitgliedstaaten. Am 13. Juli 1950 trat die Bundesrepublik Deutschland bei. Mittlerweile (Stand 2010) gehören ihm 47 Mitgliedstaaten an. Das sind fast alle europäischen Staaten, auch solche, die nur zum Teil in Europa liegen wie z. B. Russland und die Türkei. (Es fehlen der Vatikan, Liechtenstein, Guernsey, Insel Man und Jersey).
Eines der wichtigsten vom Europarat beschlossenen Abkommen ist die Europäische Konvention zum Schutz der Menschenrechte. Alle Artikel dieser Menschenrechtskonvention haben in den Mitgliedstaaten Gesetzeskraft. Verstöße werden vor dem Europäischen Gerichtshof in Straßburg verhandelt. Alle Mitgliedstaaten sind dazu verpflichtet, die Menschenrechtskonvention als Gesetz anzuerkennen und die Urteile des Gerichtshofes zu akzeptieren. Im Jahr 2009 feierte der Europarat sein 60-jähriges Bestehen.
Zu beachten: Der Europarat darf nicht mit der Europäischen Union verwechselt werden. Die Organisation existiert unabhängig von der EU.
Das Ministerkomitee ist das Entscheidungsorgan des Europarates. Es setzt sich aus den Außenministern der einzelnen Mitgliedstaaten oder deren ständigen Vertreterinnen und Vertretern in Straßburg zusammen. Es trifft die endgültigen Beschlüsse über alle Vertragstexte.
Das Generalsekretariat leitet und koordiniert die Tagesgeschäfte des Europa-

2009: Der Europarat feiert sein 60-jähriges Bestehen

„Der Europarat wurde vor 60 Jahren mit der Absicht gegründet, die Einheit seiner Mitgliedstaaten zu fördern. Sein Kernziel ist der Schutz und die Förderung der Menschenrechte, der Demokratie und Rechtsstaatlichkeit. Das kommende Jahr 2009 ist eine Gelegenheit, diesen Jahrestag zu feiern und einen Blick in die Zukunft zu werfen sowie auf die Herausforderungen, die sie bereithält.
Wir sind stolz, dass diese Organisation, der 47 Mitgliedstaaten angehören, seit sechs Jahrzehnten die Menschenrechte und Grundfreiheiten verteidigt und fördert. Die herausragendste Errungenschaft ist die Europäische Konvention der Menschenrechte, zusammen mit ihrem einzigartigen Kontrollmechanismus, dem Europäischen Gerichtshof für Menschenrechte, der die Grundrechte und -freiheiten von 800 Millionen Europäern garantiert und dieses Jahr sein 50-jähriges Bestehen feiert.
Der Europarat hat bedeutende Beiträge zu den demokratischen Prozessen in ganz Europa geleistet, nicht zuletzt durch das Festsetzen von Normen, seine Rolle als Berater in Verfassungsfragen und die Beobachtung von Wahlen.
Er hat die Rechtsstaatlichkeit mit über 200 Verträgen, die in Zusammenarbeit mit seinen Mitgliedstaaten ausgearbeitet wurden, verteidigt und entwickelt sowie durch die Unterstützung einer unabhängigen und wirksamen Justiz in den Mitgliedstaaten und seine Bemühungen zur Bekämpfung von Phänomenen wie Korruption, organisierte Kriminalität und Geldwäsche. Die Organisation reagiert fortwährend auf neue Herausforderungen.
Zu Beginn dieses Jahres, in dem wir sein 60-jähriges Bestehen feiern, wollen wir die wesentliche Rolle hervorheben, die der Europarat auch in der Zukunft spielen wird, da die Werte und Grundsätze, zu deren Schutz und Förderung er gegründet wurde, in unserer Region noch immer nicht als vollständig garantiert erachtet werden können. Wir hoffen, dass 2009 bedeutende Entwicklungen für diese Werte in Europa und darüber hinaus bringen wird, und wir vertrauen vollkommen auf die Stärke des Europarates, der dank seiner Werte und Fähigkeiten einen entscheidenden Beitrag dazu leisten wird."

Aus der Pressemitteilung 938 (2008) des Europarates, Pressestelle, gefunden unter www.coe.int/press (= Offizielle Homepage des Europarates)

rates mit seinen rund 1 800 internationalen Beamten. Der Generalsekretär wird von der Parlamentarischen Versammlung für fünf Jahre gewählt. Die Parlamentarische Versammlung ist ein beratendes Organ, das sich aus 315 Mitgliedern und ebenso vielen Stellvertreterinnen und Stellvertretern der nationalen Parlamente der Mitgliedsländer zusammensetzt.

Was kann der Europarat konkret zur Wahrung der Menschenrechte tun?

Hier stellen wir einige Beispiele vor, die euch einen konkreten Einblick in die Arbeit des Europarates geben. Mithilfe dieser Beispiele und der weiteren Informationen in den Texten und im Schaubild könnt ihr die Arbeit des Europarates strukturiert präsentieren.

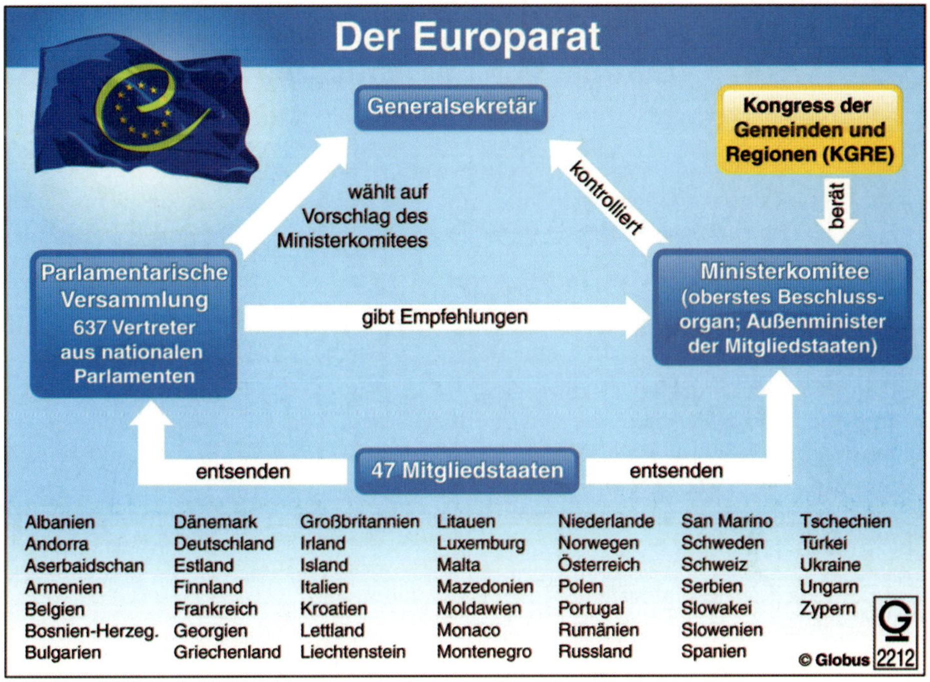

1 Im Jahr 2007 kritisierte der Menschenrechtskommissar des Europarates die bayerische Staatsregierung wegen einer Unterkunft für Asylanten in München. Der schwedische Kommissar mit Namen Thomas Hammerberg hatte die Unterkunft besucht und in seinem Bericht festgestellt, die Anlage bestünde aus baufälligen Containern, in denen sich auf Flächen von knapp 12 Quadratmetern vier bis sechs Personen aufhalten müssten. Der Menschenrechtskommissar forderte die verantwortlichen Behörden dazu auf, nach alternativen Möglichkeiten für die Unterbringung von Asylbewerbern zu suchen. Er sah durch die Art der unwürdigen Unterbringung die Menschenrechte der Betroffenen gefährdet.

2 2006 nahm die Parlamentarische Versammlung des Europarates den Frauenhandel ins Visier. Anlass dazu war die zu dieser Zeit in Deutschland stattfindende Fußballweltmeisterschaft. Der Europarat befürchtete, dass im Zuge dieser Großveranstaltung Tausende von Frauen und Mädchen aus Osteuropa gegen ihren Willen verschleppt werden könnten, um dann zur Prostitution gezwungen zu werden. Der Europarat schätzt die Zahl von Frauen, die illegal verschleppt werden, auf etwa 100 000 pro Jahr. Er forderte die Mitgliedstaaten dazu auf, schärfere Gesetze zur Bekämpfung des Frauenhandels zu verabschieden.

Mithilfe der folgenden Fragen könnt ihr die Arbeit des Europarates vorstellen. Als Visualisierungshilfe bietet sich die Gestaltung einer Mindmap an.

1. Warum wurde der Europarat gegründet?
2. Was sind seine wichtigsten Aufgaben?
3. Aus welchen Einrichtungen und Mitgliedstaaten setzt er sich zusammen?
4. Was tut er konkret zur Wahrung der Menschenrechte?

Begriffe für euer Fachwörterlexikon

Memorystationen

Europa: Von der Feindschaft zum Frieden

Station 1 Europa früher

Thesen und Erklärungen einander zuordnen

Die Thesen A bis D wurden den Texten des ersten Unterkapitels entnommen. Die Erklärungen 1 bis 4 müssen den Thesen zugeordnet werden.
Wenn ihr die Aufgabe partnerschaftlich erledigt, kann jeder Partner zwei Thesen plus Erklärungen schriftlich notieren.

A	Der Nationalsozialismus steigerte sich zum Imperialismus.
B	Als Rechtfertigung der grausamen Politik diente die Theorie des sozialen Darwinismus.
C	Der Kontinent Europa hat im Lauf seiner Geschichte mehr Kriegs- als Friedensjahre erlebt.
D	44 Jahre lang zog sich ein Riss quer durch Europa und mitten durch Deutschland.

1	Damit ist gemeint, dass in der Vergangenheit nahezu immer in Europa Krieg herrschte. Es gab z. B. einen 100-jährigen und einen 30-jährigen Krieg. Es gab Kriege ab 1870, 1914, 1939 und viele andere mehr.
2	Mit diesem Satz ist das Streben der europäischen Nationalstaaten nach der Weltmachtstellung im 19. Jahrhundert gemeint.
3	1945 wurde Europa in einen Ostblock und in einen Westblock geteilt. Als sichtbares Zeichen zog sich bis 1989 eine Grenzanlage quer durch Europa und mitten durch Deutschland, die als „Eiserner Vorhang" bezeichnet wird.
4	Man übertrug dabei die Vererbungslehre des englischen Sozialforschers Charles Darwin auf menschliche Gesellschaften und behauptete, die weiße Rasse sei allen anderen auf der Welt überlegen.

Station 2 Beziehungen zwischen Deutschland und den Nachbarstaaten

Geschichtliche Ereignisse im Spiegel von Karikaturen

1

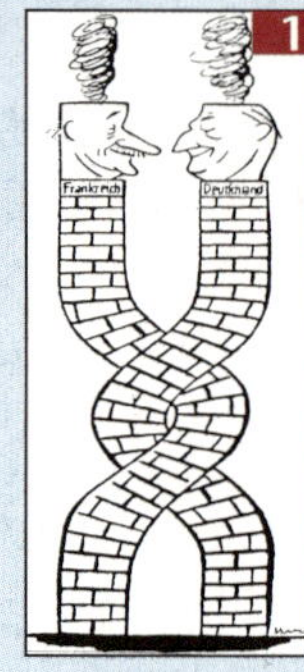

Karikatur 1 stammt aus dem Jahr 1950 und beschreibt den Aussöhnungsprozess zwischen Deutschland und Frankreich. Die beiden Köpfe stellen den damaligen französischen Staatspräsidenten Charles de Gaulle und den deutschen Bundeskanzler Konrad Adenauer dar.
Karikatur 2 aus dem Jahr 1990 beschreibt den schwierigen Prozess der Aussöhnung zwischen Deutschland und Polen.

- Wähle eine der beiden Karikaturen aus.
- Beschreibe, warum das Verhältnis zwischen den beiden Staaten in der Vergangenheit schwer belastet war.
- Verwende in deiner Beschreibung die Informationen in den beiden Kästen.

2

Deutschland – Frankreich	Deutschland – Polen
• Verbitterung • Drei schreckliche Kriege • Endlich Freunde	• 1. September 1939 • Vernichtung der polnischen Juden • Flucht und Vertreibung

Station 3 Europa: Was ist das eigentlich?

Kläre die Symbolik auf.

Viele Jugendliche wissen nicht, warum in Karikaturen über Europa häufig ein Stier und eine junge Frau zu sehen sind. Kläre sie auf, indem du eine alte Sage mit eigenen Worten erzählst.
Vielleicht findest du auch heraus, mit welchem Ereignis aus der jüngsten europäischen Geschichte sich der Karikaturist auseinandersetzt.

Station 4 Lehren aus der Vergangenheit: Gründung des Europarates

Außenansicht – Innenansicht

Das Foto zeigt das Äußere des Gebäudes des Europarates in Straßburg.
Was aber passiert im Inneren dieses Gebäudes?
Du als Expertin bzw. Experte kannst es den Leuten erklären, die unwissend vor dem Gebäude stehen. In deiner Erklärung solltest auf die folgenden Stichpunkte eingehen.

Zahl der Mitgliedstaaten – Aufgaben des Europarates – Ministerkomitee – Parlamentarische Versammlung – Generalsekretär

Die Europäische Union

2

Warum brauchen wir das vereinte Europa?

Das Foto zeigt Jugendliche in der lettischen Hauptstadt Riga. Sie freuen sich, dass ihr Land in die EU aufgenommen wurde. Haben sie Grund zur Freude? Wie ist eure Meinung: Haltet ihr die Vereinigung der europäischen Staaten in der Europäischen Union für eine wichtige Sache oder eher nicht? Tauscht dazu eure Ansichten aus.

Worum geht es?

Das hätte sich Marie nicht träumen lassen, dass ihr Leben einmal von einem Stapel Papier namens „Richtlinie 2005/36/EG" bestimmt würde. Marie ist 26 Jahre alt und kommt aus Utrecht in den Niederlanden. Bei einem Besuch in Deutschland hat sie sich in Fabian verliebt. Fabian wohnt und arbeitet in Passau. Marie würde gerne zu ihm ziehen und jetzt kommt die Richtlinie ins Spiel. Sie regelt nämlich die gegenseitige Anerkennung von Berufsabschlüssen. Der Stapel Papier macht es möglich, dass Maries Studium von „Geneeskunde" – auf Deutsch Humanmedizin – in den Niederlanden auch von einer deutschen Klinik anerkannt werden kann. Auf den Weg gebracht hat die Idee die Europäische Kommission in Brüssel im Jahr 2000. Bis zur Entscheidung war ein langer Weg mit vielen Diskussionen und Abstimmungen notwendig. Aber das interessiert Marie jetzt nicht so besonders. Sie hat die Koffer gepackt und freut sich auf Fabian und auf ihre Arbeitsstelle als Ärztin in Bayern.
Hätte man euren Großeltern diese Geschichte vor 60 Jahren erzählt, wäre sicher ungläubiges Staunen die Reaktion gewesen. Bis zum Ende des Zweiten Weltkrieges war Europa ein Kontinent der Feindschaften und der Kriege. Die Europäer haben es geschafft, in einer sehr kurzen Zeitspanne die Feindschaften in Freundschaften umzuformen. Mit der Europäischen Union schufen sie ein Bündnis, in dem alle Mitglieder friedlich und partnerschaftlich zusammenleben können.
Trotzdem: Nicht alle Menschen sind begeistert, wenn sie an die europäische Politik denken. Viele stellen kritische Fragen:
Greift die Europäische Union zu stark in die Angelegenheiten der Mitgliedstaaten ein?
Ist sie demokratisch genug organisiert?
Macht es Sinn, noch weitere Mitglieder aufzunehmen?
Urteilsfähigkeit ist gefordert, wenn man an Europa und die Zukunft denkt. Dazu sollte man auch wissen, wie die EU funktioniert und was sie leistet.

Wenn ihr dieses Kapitel bearbeitet, könnt ihr …

- beschreiben, wie die EU in unseren Alltag hineinwirkt,
- wichtige Merkmale der EU in Kurzvorträgen vorstellen,
- die Institutionen der EU erklären und darstellen, wie in der EU Entscheidungen getroffen werden,
- das Pro und Kontra der Aufnahme weiterer Mitgliedstaaten am Beispiel der Türkei diskutieren.

1 Wie erleben wir Europa im Alltag?

Hier lernt ihr Herrn Kleinschmidt kennen. Er ist einer von denen, die denken, dass sie mit Europa und der Europäischen Union nichts zu tun haben. Wenn ihr den Text gelesen habt, könnt ihr erklären, warum das nicht stimmt.

Wenn Herr Kleinschmidt morgens das Licht anknipst, denkt er nicht an Europa, aber Europa kümmert sich um ihn. Eine Energiesparlampe erleuchtet ihm den Weg ins Bad, weil die EU das für alle Mitgliedstaaten ab 2009 so beschlossen hat. Im Bad scheint Europa weit weg zu sein. Aber das Wasser, mit dem er sich die Zähne putzt, muss der von der EU vorgeschriebenen „Qualität von Wasser für den menschlichen Gebrauch" entsprechen. So legt es die EU-Richtlinie fest, die seit dem 1. Januar 2003 in Deutschland Gesetz ist.
Daran denkt Herr Kleinschmidt beim Duschen natürlich nicht, auch nicht daran, was mit dem Wasser geschieht, das in den Abfluss läuft. Eine EU-Richtlinie über die Behandlung kommunalen Abwassers schreibt vor, dass die Gemeinde, in der Herr Kleinschmidt lebt, an eine Kläranlage auf dem neuesten Stand der Technik angeschlossen sein muss.
Herr Kleinschmidt mag Cornflakes und Joghurt zum Frühstück. Würde er sich die Mühe machen, das Kleingedruckte auf den Verpackungen zu lesen, käme er direkt mit Europa in Kontakt. E-Stoffe müssen mit einer Nummer versehen auf den Packungen vermerkt sein. Das sind Konservierungs- und Beimischungsstoffe, die nicht typisch für ein Lebensmittel sind. Herr Kleinschmidt weiß nicht, dass das „E" in den 305 kennzeichnungspflichtigen Zusatzstoffen für „Europa" steht. Dafür wissen es die Australier und die Neuseeländer. Die haben nämlich die einheitlichen Kennzeichnungen für ihre Länder übernommen. Auch die Kennzeichnungszahl auf Herrn Kleinschmidts Frühstücksei ist das Ergebnis eines europaweiten Beschlusses und verrät den Kennern, ob das Huhn ein Freilandhuhn war, das es gelegt hat.
Orangensaft aus Portugal, Butter aus Österreich, Tomaten aus Spanien und Salami aus Tschechien gehören für Herrn Kleinschmidt zum selbstverständlichen täglichen Warenangebot. Da es den europäischen Binnenmarkt gibt, gibt es keine Handelshemmnisse und keine zeitlichen Verzögerungen an den Grenzen. So dauert es oft weniger als 24 Stunden, bis Waren aus allen Ländern der Union hier frisch angeboten werden können. Der unkomplizierte Warenverkehr wirkt sich auch auf die Preise aus. Wenn Herr Kleinschmidt Obst und Gemüse im Wert von 6 Euro einkauft, so müsste er – nach Berechnungen der Europäischen Kommission – im Nicht-EU-Land Schweiz für die gleiche Menge bis zu zehn Euro bezahlen, für Fleisch sogar das Doppelte. Dass Herr Kleinschmidts neuer Kühlschrank eine Garantiezeit von zwei Jahren hat und dass dieser keine giftigen Stoffe an die Umwelt abgeben darf, hat auch die Europäische Union beschlossen. Steigt Herr Kleinschmidt in sein Auto ein, wird's ebenfalls europäisch. Europäisches Recht zwingt alle Automobilhersteller zum Katalysatoreinbau. Sollte Herr Kleinschmidt doch einmal ins europäische Ausland fahren, kann er sein neues Auto überall da kaufen und nach Hause mitnehmen, wo es am billigsten ist. Der Automobilhersteller muss sein Altauto kostenfrei zurücknehmen und recyceln. Aus dem Ausland nach Hause telefonieren kann er auch günstiger als in früheren Zeiten. Seit 1. Juli 2009 ist nämlich eine EU-Verordnung in Kraft, welche die Mobiltelefonanbieter zwingt, Handy- und SMS-Gebühren um bis zu 60 Prozent zu reduzieren.

1. Fasst zusammen, welche europäischen Regelungen in den Alltag von Herrn Kleinschmidt eingreifen.
2. Bewertet die Äußerungen der Comicfigur, indem ihr sie mit den Textaussagen vergleicht.

Wo Europa zu bestimmen hat – eine Auswahl

Die Europäische Union kann gesetzliche Bestimmungen erlassen, die in allen Mitgliedstaaten Gültigkeit haben. Über 50 Prozent aller Regeln, an die wir uns halten müssen, werden auf europäischer Ebene beschlossen. Tendenz steigend. Nicht immer sind alle Leute begeistert von dem, was in Brüssel festgelegt wird. Ihr findet hier eine kleine Auswahl neuerer Regelungen.
Beurteilt selbst, ob ihr sie für wichtig und vernünftig haltet oder eher nicht. Das könnt ihr tun, indem ihr Noten verteilt und eure Noten begründet.

Leitern

„Leitern müssen so gebaut werden, dass die Arbeitnehmer jederzeit sicher stehen und sich sicher festhalten können. Auch müssen sie so konstruiert sein, dass die Leitersprossen auch bei Belastungen in horizontaler Lage verbleiben." So legt es die neue EU-Arbeitsschutzrichtlinie verbindlich fest. Kritiker halten diese Regelung für ein besonders komisches Beispiel übertriebener Regelungswut der europäischen Politiker. Die Befürworter weisen darauf hin, dass jedes Jahr 1 000 Menschen in Europa beim Sturz von einer Leiter sterben.

Deine Bewertung: 1 2 3 4 5 6 ?

Garantie

Wer einen neuen iPod kauft, muss damit rechnen, dass dieser irgendwann kaputtgeht. Seit 2002 müssen die Händler europaweit allerdings zwei Jahre Garantie gewähren. Das gilt auch für alle anderen Gebrauchsartikel. Früher galten Garantiezeiten meist nur für ein Jahr. Die neue Regelung freut viele Verbraucher, begeistert aber die Hersteller nicht.

Deine Bewertung: 1 2 3 4 5 6 ?

Autohandel

Autohändler in Europa, die bisher nur eine Automarke im Angebot hatten, dürfen in Zukunft mehrere Marken nebeneinander verkaufen. Das soll die Konkurrenz erhöhen und Vorteile für die Kunden bringen. Kritiker befürchten, dass kleinere Händler damit überfordert sein werden.

Deine Bewertung: 1 2 3 4 5 6 ?

Mülltonnen

Damit die Müllmänner sich nicht den Rücken kaputtmachen, müssen schwere Tonnen in allen Ländern der EU Rollen haben – so sagt es die Richtlinie 90/269/EWG über die „Manuelle Handhabung von Lasten". Sie hatte z. B. zur Folge, dass allein im Landkreis Augsburg 60 000 Behälter durch größere mit Rollen ausgetauscht werden mussten. Was die Müllmänner begrüßten, lehnten manche Bürger ab. Die neuen Mülltonnen passten nicht mehr in die alten Unterstellhäuschen.

Deine Bewertung: 1 2 3 4 5 6 ?

TV-Werbung

Mehr als zwölf Minuten Werbung pro Stunde sind laut Brüsseler TV-Richtlinie verboten. Weil RTL, Sat. 1 und Pro Sieben 2002 diese Grenzen überschritten haben, startete die EU im Oktober 2002 ein Verfahren gegen diese Privatsender. Was die Beschuldigten für eine übertrieben kleinliche Regelung halten, sehen die Kläger als eine wichtige Maßnahme zum Schutz der Fernsehzuschauer, besonders der Kinder und der Jugendlichen an.

Deine Bewertung: 1 2 3 4 5 6 ?

Wir schätzen die Vor- und Nachteile der EU ein

A Vorteile für den Arbeitsmarkt

Im Jahr 1957 nahm die europäische Einigung Formen an: Damals gründeten sechs Staaten die Europäische Wirtschaftsgemeinschaft (EWG), Vorläufer der heutigen Europäischen Union (EU). Ihr Ziel war, die wirtschaftliche Zusammenarbeit zu stärken und damit den Frieden in Europa dauerhaft zu sichern – mit Erfolg!
Jeder EU-Bürger kann sich in jedem Mitgliedsland frei bewegen, in mittlerweile 16 EU-Staaten mit dem Euro bezahlen und viele europäische Grenzen ohne Zollkontrollen passieren. Für Arbeitslose, die in ihrem Heimatland keinen passenden Job finden, bietet der europäische Arbeitsmarkt neue Chancen. Alle EU-Bürger dürfen grundsätzlich in jedem Mitgliedstaat arbeiten, das nennt sich im EU-Fachchinesisch „Freizügigkeit der Arbeitnehmer". Schüler und Auszubildende können einen Teil ihrer Ausbildung in einem anderen EU-Land absolvieren.

(Aus: Europäische Union – Eine starke Gemeinschaft, www.sozialpolitik.com, letzter Zugriff 25.10.2009)

B Vorteile für den Frieden und die Freiheit

Günter Verheugen war von 1999 bis Ende 2009 deutscher EU-Kommissar in Brüssel. Der SPD-Politiker bearbeitete das Themenfeld „Industrie und Unternehmen". In einem Interview äußerte er sich zu den Leistungen und den Ängsten in Europa.

Ich glaube, die wachsende Skepsis in einer ganzen Reihe von Mitgliedsländern, besonders auch in Deutschland, hängt eher damit zusammen, dass viele Menschen Zukunftsangst haben. Das ist eher eine Folge der ökonomischen Globalisierung und ich verstehe, dass es für viele Menschen schwer ist, hier zu unterscheiden: Was ist ökonomische Globalisierung, was ist europäische Integration? Die Botschaft ist aber ganz einfach die: Die europäische Integration ist das stärkste und wirkungsvollste Mittel, das wir haben, um in einer völlig neuen Dimension der wirtschaftlichen Globalisierung unsere Arbeitsplätze zu verteidigen. Der europäische Binnenmarkt, um nur ein Beispiel zu nennen, schafft mehr Wachstum, er schafft mehr Arbeitsplätze; je größer der Binnenmarkt ist, desto größer die Chancen. Und Deutschland als das wirtschaftlich stärkste und bevölkerungsmäßig größte Land in der EU hat den größten Vorteil.
Wenn man im vergangenen Jahrhundert gefragt hat, was die wichtigste Begründung für Europa ist, war die Antwort ganz klar: Friedenssicherung. Wenn wir jetzt danach gefragt werden, müssen wir drei Dinge nennen: Erstens bleibt es natürlich bei der Friedenssicherung, zweitens Selbstbehauptung in einem immer schärfer werdenden Wettbewerb und drittens Verteidigung unserer politischen Unabhängigkeit und unserer Freiheit angesichts einer Welt, die sich auch politisch völlig neu formiert.

(Aus: Günter Verheugen: Europa ist und bleibt das größte Friedensobjekt der Geschichte, www.inform-online.org, letzter Zugriff 25.10.2009)

Was die Europäische Union für Jugendliche bedeutet

Frage: „Ich werde dir jetzt ein paar Aussagen darüber vorlesen, was die Europäische Union für Menschen bedeutet. Bitte sage mir zu jeder dieser Aussagen, ob die Europäische Union dies für dich persönlich bedeutet oder nicht."

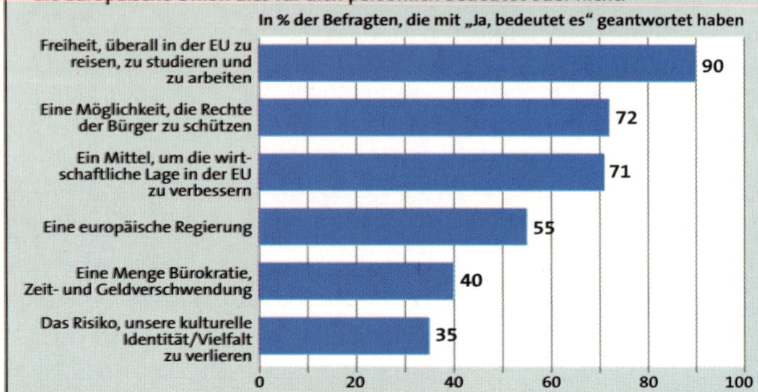

nach: European Commission (Hrsg.): Flash Eurobarometer 202. Young Europeans. A survey among young people aged between 15–30 in the European Union. Analytical Report. Februar 2007.

C Skepsis gegenüber der Bürokratie

So nah und doch so fern – auch nach 52 Jahren EU fällt es den meisten Deutschen noch schwer, sich mit dem gewaltigen Politikapparat in Brüssel anzufreunden. Europa, ja, aber bitte mit weniger Einmischung in nationale Angelegenheiten, lautet der Tenor. Undurchsichtige Entscheidungswege, gescheiterte Reformen und eine angeblich überbordende Bürokratie haben den Staatenverbund aus inzwischen 27 Mitgliedern über die Jahre nicht beliebter gemacht bei seinen Bürgern.

(Aus: Christina Otten: Das Mysterium EU, in: Focus Online, Artikel vom 02.06.2009, www.focus.de, letzter Zugriff 25.10.2009)

1. Welche Vorteile und welche Gründe für die Skepsis gegenüber der EU werden in den Texten genannt?
2. Worin seht ihr die Vorteile der Gemeinschaft? Worin bestehen möglicherweise die Nachteile? Macht euch hierzu einige Notizen und tauscht euch untereinander aus.

Trainingsplatz

Wir bereinigen Fehlurteile über die EU

Euer Auftrag:

Häufig beruht die Skepsis gegenüber Europa auf mangelnder Information. Ihr könnt Abhilfe leisten, indem ihr einige der am häufigsten geäußerten Negativmeinungen auf ihren Wahrheitsgehalt überprüft.
Bereitet euch auf ein Rollenspiel vor. Einer der Teilnehmer übernimmt die Rolle einer Person, die sich ablehnend gegenüber der EU äußert. Die Partnerin oder der Partner versucht, in einem gespielten Dialog die Fehlurteile zu korrigieren. Zur Bearbeitung empfehlen wir Partnerarbeit.

So könnt ihr vorgehen:

1. Ordnet den Meinungen die passenden Informationen zu.
2. Prägt euch die Informationen ein, sodass ihr sie mündlich verwenden könnt.
3. Übt den Dialog mit wechselnden Rollen zweimal ein.
4. Stellt euer Rollenspiel der Klasse vor.

■ **Tipp:** Ihr könnt das Rollenspiel ausweiten, indem ihr die Meinungen von Herrn Kleinschmidt (S. 32) einbaut.

„Die Europapolitiker haben nichts Besseres zu tun, als per Gesetz festzulegen, wie krumm eine Salatgurke oder eine Banane sein darf."

„Die deutschen Steuerzahler sind der Zahlmeister Europas. Viel Geld fließt in die Kassen der EU, für das wir nichts zurückbekommen."

„In der EU sind Unmengen von Bürokraten beschäftigt, die sich in gut bezahlten Jobs überlegen, wie sie die Menschen ärgern können."

„Die Erweiterung der EU führt hierzulande zu Arbeitslosigkeit und Lohndumping, weil billige Arbeitskräfte aus dem Ausland herkommen und die Einheimischen verdrängen."

Als größtes und wirtschaftlich stärkstes Land leistet Deutschland zunächst einen größeren Beitrag zur EU als die kleineren Mitgliedstaaten. 2009 betrug der Anteil am EU-Haushalt von 133 Milliarden etwa 22 Milliarden Euro. Davon fließen 15 Milliarden Euro wieder an Deutschland zurück, zum Beispiel als Fördermittel für strukturschwache Regionen oder für die Landwirtschaft. Darüber hinaus profitiert Deutschland als Exportnation am meisten vom europäischen Binnenmarkt. Fast zwei Drittel der deutschen Exporte gehen in andere EU-Staaten.

(Aus: Christian Otten: Das Mysterium EU, www.focus.de, letzter Zugriff 25.10.2009)

Je größer Europa wird, desto mehr haben die Menschen in den „alten" Mitgliedstaaten Angst vor Lohndumping und der Verlagerung von Arbeitsplätzen in die neuen EU-Länder, ohne zu sehen, dass meist das Gegenteil der Fall ist. Weil das Wohlstandsgefälle sinkt, bleiben die Arbeitskräfte lieber im eigenen Land als vorher. Für die „alten" Mitgliedsländer eröffnen sich neue Märkte, die Jobs schaffen.

Viele Menschen arbeiten für die EU. Das kann auch gar nicht anders sein, wenn man bedenkt, dass die EU 27 Länder mit insgesamt über 450 Millionen Einwohnern umfasst. Gemessen an dieser Zahl und an den ständig erweiterten Zuständigkeiten sind aber die rund 20 000 Beamten, die für die Europäische Union arbeiten, geradezu eine Kleinigkeit. Jede deutsche Großstadt beschäftigt einen viel größeren Beamtenapparat.

(Aus: Ingke Brodersen, Rüdiger Dammann: Das neue Europa, Ravensburger Buchverlag, Ravensburg 2007, S. 92)

Es gab einmal eine Verordnung, die den Krümmungsgrad von Gurken und Bananen festlegte. Das entsprach dem Wunsch der Supermarktketten und Erzeugerverbände. Einheitlich geformtes Obst und Gemüse lässt sich leichter in genormten Kisten stapeln. Doch seit dem 1. Juli 2009 ist die Gurkenkrümmungsnorm Geschichte. Auch für 26 andere Obst- und Gemüsesorten gibt es keine gesetzlichen Vermarktungsnormen mehr. Der Spott über eine unsinnige EU-Regel geht ins Leere.

(„Das Ende einer Legende", aus den EU-Nachrichten Nr. 23 vom 2.7.2009 © Europäische Kommission, 2009)

2 Die Europäische Union: Was ist das eigentlich?

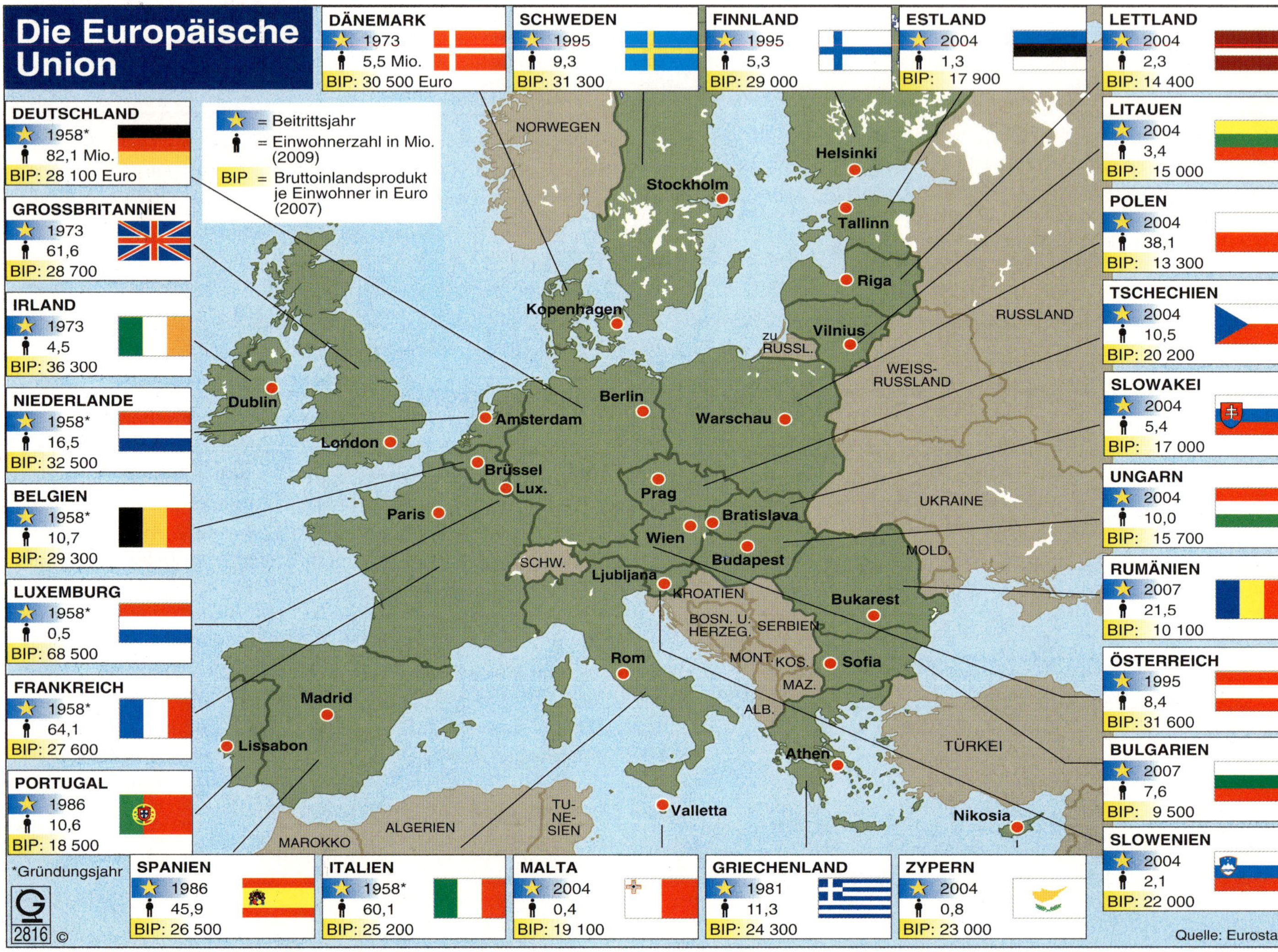

■ Tipp: Arbeitsteiliges Lernen an Stationen

Auf den folgenden Seiten werden in vier Teilthemen grundlegende Informationen zum Gesamtthema Europäische Union vorgestellt. Ihr könnt zum Beispiel vereinbaren, dass jede und jeder von euch mindestens eine oder zwei der Stationen A, B, C, D als Pflichtstationen bearbeitet und eventuell die freiwillige Station E.

Jeder von euch sollte zumindest zu einer Station einen Kurzvortrag vorbereiten. In gemeinsamen Präsentationen können mehrere Stationen in Teams vorgestellt werden. Mit den Internetadressen in der Lernstation E könnt ihr euch zu allen Themenbereichen weitere Informationen beschaffen.
Besondere Freude hat vielen Schülerinnen und Schülern die Bearbeitung des Themas Europa mithilfe der **Portfolio-Methode** gemacht. Beachtet dazu die Methodenkarte Nummer 3 auf der nächsten Seite.

Adressatenorientiertes Portfolio | Thema: Europa

A Was ist das?

Vielleicht hast du es schon einmal gemerkt. Man lernt sehr gut, indem man etwas einer anderen Person erklärt. Genau darum geht es bei der Erstellung einer adressatenorientierten Portfoliomappe. Das Kapitel Europa lässt sich bearbeiten, indem du eine Mappe zum Thema erstellst. Diese Mappe widmest du einer Person oder einer Gruppe von Personen, die du kennst, z. B. den Eltern, Verwandten oder Freunden.

Der Begriff Portfolio wurde aus den lateinischen Wörtern *folion* (= Blatt) und *portare* (= tragen) zusammengesetzt. Ursprünglich verstand man darunter eine Mappe aus Arbeiten, mit denen sich Künstler und Architekten im Mittelalter um Aufträge bewarben. Diese Grundidee gilt auch heute noch. Du erstellst damit deine ganz persönliche Mappe, in der du deine Überlegungen und Aktivitäten zu einem ausgewählten Thema auf möglichst ansprechende Art und Weise dokumentierst.

Drei besondere Vorteile hat ein Portfolio zum Thema Europa:
Du kannst
- über einen längeren Zeitraum selbstständig arbeiten,
- deine Mappe nach deinen individuellen Vorstellungen gestalten,
- selbst auf die Suche nach Materialien gehen, die du in dein Portfolio aufnehmen wirst.

B Themen für ein Europa-Portfolio

Zur Auswahl stehen alle Themen, die in diesem Kapitel behandelt werden, z. B.:
- Wie erleben wir die EU im Alltag?
- Was ist die EU?
- Was ist der europäische Binnenmarkt, die europäische Währungsunion?
- Wie wird in der EU Politik gemacht?
- Was sind die Neuerungen im Vertrag von Lissabon?

Einigt euch in der Klasse auf eine bestimmte Anzahl von Pflichtthemen. Darüber hinaus könnt ihr eigene Wahlthemen in euer Portfolio aufnehmen, z. B. indem ihr von einer Reise in ein Land der EU erzählt, eine Collage erstellt oder eine Zeichnung anfertigt.

Als Beispiel für ein adressatenorientiertes Portfolio drucken wir hier das Vorwort der 16-jährigen Liana F. aus einer zehnten Realschulklasse zu ihrem Europa-Portfolio ab.

> Lieber Papa,
> ich hoffe, es geht dir gut in Russland und dass du dich genauso freust wie ich, dass wir uns so bald wiedersehen. Was mich aber absolut unzufrieden macht, ist, dass du niemals so wie Mama teilhaben kannst an meinen schulischen Erfolgen. Im Moment arbeite ich an einem Projekt für unseren Politikunterricht, welches sich Portfolio nennt. Es ist eine neue und moderne Art des Lernens, und das Tolle: Ich kann es mit einem Brief an dich verbinden. In Russland lebst du ein ganz anderes Leben als ich hier in Deutschland … als ich hier in Europa … in der Europäischen Union. Ich möchte dir mit diesem Portfolio zeigen, wie die Europäische Union aufgebaut ist, wie sie funktioniert und welche Aufgaben in ihren Bereich gehören. Ich habe ein Inhaltsverzeichnis für dich vorbereitet, damit du sehen kannst, wie ich das Portfolio aufgebaut habe, und damit du eine gute Übersicht über alle Themen hast. Ich wünsche dir Spaß beim Erkunden und Entdecken der Europäischen Union.

A Was sind die Gemeinsamkeiten in der Europäischen Union?

Die Europäische Union (EU) ist eine in der Welt einmalige Konstruktion: Sie ist ein Zusammenschluss demokratischer europäischer Staaten, die sich die Wahrung des Friedens und das Streben nach Wohlstand als oberstes Ziel gesetzt haben. Sie ist kein Staat, der an die Stelle bestehender Staaten tritt. Sie ist aber auch mehr als andere internationale Organisationen. Die Union ist ein bewegliches Gebilde, ihre Geschichte ist von Prozessen der Vertiefung und Erweiterung gekennzeichnet. Seit der Gründung der ersten europäischen Gemeinschaft 1951 haben sich Strukturen, Aufgaben und Mitgliederzahl kontinuierlich verändert.

Die EU-Flagge zeigt einen Kreis aus zwölf Sternen vor nachtblauem Himmel. Die Flagge symbolisiert die Zusammengehörigkeit der Völker Europas. Die Zahl steht nicht für die Zahl der Mitgliedstaaten, sondern als Zeichen für Harmonie und Einheit.

Gemeinsame Organe, gemeinsame Rechte

Die Mitgliedstaaten der EU haben gemeinsame Organe und Institutionen geschaffen. Teile ihrer einzelstaatlichen Souveränität haben sie diesen Organen übertragen, damit in bestimmten Angelegenheiten von gemeinsamem Interesse auf europäischer Ebene demokratische Entscheidungen getroffen werden können. Zentrale Grundlage des Verhältnisses zwischen den Bürgerinnen und Bürgern der Union und ihren Organen sind die Grund- und Bürgerrechte. Seit 1993 gibt es die Unionsbürgerschaft, die die Staatsbürgerschaft der Mitgliedstaaten ergänzt und eine Reihe von grenzüberschreitenden Rechten garantiert. [...]

Das Grundprinzip der Subsidiarität

Die Europäische Union basiert auf dem Grundsatz der Subsidiarität: Subsidiarität ist ein politisches und gesellschaftliches Prinzip, nachdem Aufgaben und Entscheidungen auf die niedrigstmögliche administrative und politische Ebene verlagert werden sollen. [...] Gesetze und Regeln dürfen nur dann auf europäischer Ebene erlassen werden, wenn die damit verbundenen Ziele nicht von den Mitgliedstaaten allein in ausreichendem Maße erreicht werden können und ein gemeinsames Handeln nachweislich bessere Ergebnisse verspricht.

Aufgabenverteilung und Kooperation nach Maß

Alle Aufgaben und Verfahren der EU sind in Verträgen festgelegt, die von den Mitgliedstaaten freiwillig und demokratisch vereinbart wurden. Aus den Verträgen leitet sich ab, in welchen Politikfeldern die Organe der Gemeinschaft allein tätig werden können, in welchen die Gemeinschaft und die Regierungen der Mitgliedstaaten gemeinsam zuständig sind und in welchen die Staaten nach wie vor für sich allein Politik machen oder nur auf Regierungsebene zusammenarbeiten:
In einigen Bereichen (wie z. B. Agrarpolitik, Außenhandel, Zollpolitik) sind die Organe der EU ganz oder weitgehend allein zuständig. Sie erlassen Gesetze, die in allen Mitgliedstaaten gelten. Die Mitgliedstaaten können allein nicht mehr tätig werden.
In anderen Politikbereichen (wie z. B. Umwelt, Verbraucherschutz, Entwicklungspolitik) liegt die Zuständigkeit zu Teilen bei der Union, zu Teilen bei den Mitgliedstaaten. [...]
In einigen Politikbereichen (wie Wirtschaftspolitik und Beschäftigungspolitik) handeln die Mitgliedstaaten in der Regel allein für sich, stimmen sich aber gegenseitig ab, koordinieren also ihre Politik untereinander. [...]
In der Außenpolitik sowie in einigen Bereichen der Innen- und Rechtspolitik, bei denen die EU-Staaten ihre Hoheitsrechte nicht teilen möchten, arbeiten primär die Regierungen der Mitgliedstaaten zusammen. Die Gemeinschaftsorgane Parlament und Kommission haben eine weniger bedeutende Rolle.

(Aus: Informationsbüro des Europäischen Parlaments für Deutschland (Hg.): Die Europäische Union, www.europarl.de, letzter Zugriff 25.10.2009)

Begriffe für euer Fachwörterlexikon

So kannst du deine Ergebnisse präsentieren:

1. Erkläre, was die EU ist und welches Ziel sie sich gesteckt hat.
2. Was bedeutet der Begriff Subsidiarität? Finde eine anschauliche Erklärung.
3. Erläutere, für welche Politikbereiche die EU allein zuständig ist, für welche zum Teil und für welche die Zuständigkeit weitgehend bei den nationalen Parlamenten verbleibt.

B Was waren wichtige Etappen auf dem Weg zur EU?

Sehnsucht nach Frieden

Nach dem Ende des Zweiten Weltkrieges 1945 gab es überall in Europa eine große Sehnsucht nach Frieden. Es entstand eine „Europabewegung“, die den friedlichen Zusammenschluss der Völker Europas forderte. Kurz nach Kriegsende legte der französische Außenminister Robert Schuman einen Plan vor, der die Europäer in einem Bündnis zusammenschließen sollte. Die Idee war, dass Nationen, die in einem Bündnis zusammenarbeiten, nicht mehr aufeinander schießen werden. 1951 gründeten Frankreich, Italien, Belgien, Luxemburg, die Niederlande und die Bundesrepublik Deutschland die *Europäische Gemeinschaft für Kohle und Stahl (EGKS)*. Schon sechs Jahre nach Kriegsende war damit ein erster Schritt zur Einigung Europas vollbracht.

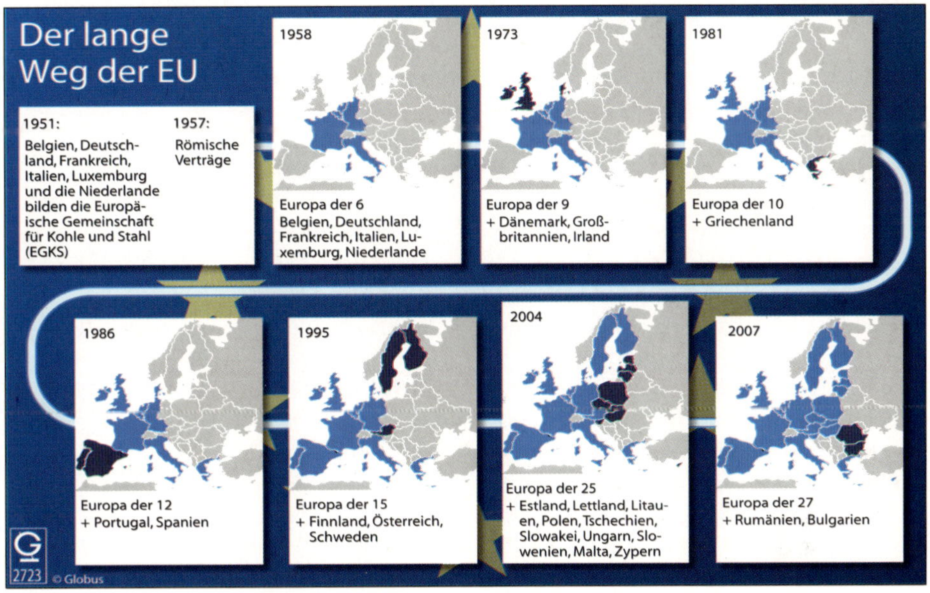

Von der EWG 1957 …

Das Gründungsdatum der *Europäischen Gemeinschaft* ist der 25. März 1957. Mit der Unterzeichnung der „Römischen Verträge“ schlossen sich sechs Gründernationen in der Hauptstadt Italiens zur Europäischen Wirtschaftsgemeinschaft zusammen (EWG). Von der Gründung an erlebte das Europa der sechs einen starken wirtschaftlichen Aufschwung und wurde zunehmend für weitere Staaten attraktiv. Zwischen 1973 und 1995 traten weitere neun Staaten der Gemeinschaft bei.

… zur EU 1993

1991 beschlossen die Staats- und Regierungschefs der EG in Maastricht die Einrichtung des europäischen Binnenmarktes und die Einführung einer gemeinsamen europäischen Währung. Der Binnenmarkt begann am 1. November 1993.
Im allgemeinen Sprachgebrauch wurde die Abkürzung EG durch EU ersetzt. Die neue Bezeichnung *Europäische Union* drückt aus, dass die ehemalige Gemeinschaft nun zu einer „Vereinigung“ mit vertraglich festgelegten politischen Zielen geworden ist.
Am 1. Januar 2002 wurde der Euro als Bargeld eingeführt. 2004 vollzog die EU ihre größte Erweiterung, indem sie zehn neue Mitgliedstaaten aufnahm. 2007 erweiterten Bulgarien und Rumänien die EU auf 27 Mitgliedstaaten.

Rückschläge

Im Prozess der Einigung Europas hat es immer wieder Rückschläge gegeben. Hauptgrund dafür ist der ständige Konflikt zwischen Einzelinteressen und Gemeinschaftsinteresse. Immer wieder kommt es vor, dass Mitgliedstaaten ihre eigenen Interessen wichtiger sind als die Interessen der Gemeinschaft.
Als Symptom einer europäischen Krise gilt auch die Ablehnung der Europäischen Verfassung im Jahr 2005 durch die Mehrheit der Teilnehmer an den Volksabstimmungen in Frankreich und den Niederlanden. Nach vielen Auseinandersetzungen trat Ende 2009 anstelle einer Verfassung der Vertrag über die Europäische Union in Kraft.

So kannst du deine Ergebnisse präsentieren:

1. Gib einen Überblick über die wichtigsten Ereignisse auf dem Weg zur heutigen EU.
2. Wähle von den Daten drei aus, die dir als besonders wichtig erscheinen, und begründe, warum.
3. In einem Prozess der Entwicklung und Veränderung, wie ihn der europäische Einigungsprozess darstellt, gibt es immer auch Rückschläge, Krisen und Enttäuschungen. Suche nach einer Erklärung, warum das so ist.

C Was ist der europäische Binnenmarkt?

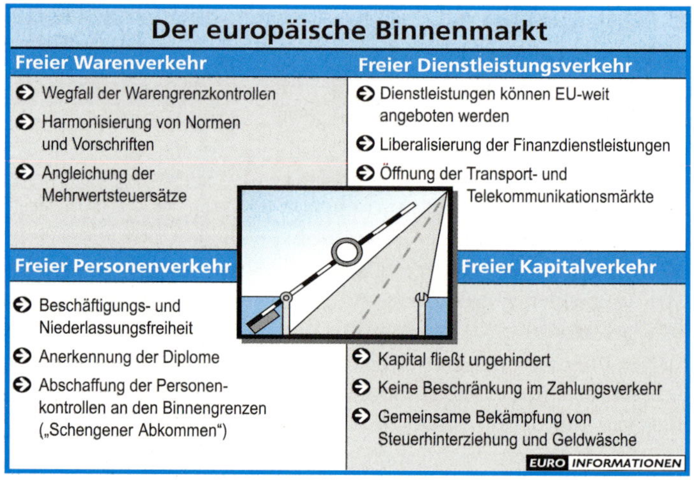

Ein grenzenloser Raum für 491 Millionen Europäer – der Binnenmarkt ist Europas ehrgeizigstes Projekt und gleichzeitig das Kernstück der wirtschaftlichen Integration der 27 Mitgliedstaaten. [...] Der freie Verkehr von Waren, Personen, Dienstleistungen und Kapital zwischen den Mitgliedstaaten bildet die Basis des Binnenmarktes. Waren, die in einem EU-Land nach dort gültigem Recht hergestellt und verkauft werden dürfen, können überall im Binnenmarkt angeboten werden; berufliche Befähigungsnachweise werden heute überall im Binnenmarkt anerkannt.
Der europäische Binnenmarkt existiert offiziell seit 1993. Das Warenangebot ist seitdem bunter und vielfältiger geworden, Wettbewerb und das Ende nationaler Monopole haben die Preise vieler Güter und Dienstleistungen gesenkt, beispielsweise bei Telekommunikation, Energie oder Flugreisen.
Auch die Möglichkeit für Studierende, innerhalb der EU ohne aufenthaltsrechtliche Probleme den Studienort wechseln zu können, ist dem Binnenmarkt zu verdanken.
Ein wesentliches Prinzip des Binnenmarktes ist, dass alle EU-Bürger innerhalb der gesamten EU wie Inländer behandelt werden müssen; jede Diskriminierung aus Gründen der Staatsangehörigkeit ist also EU-weit verboten.
[...]
Jeder Unionsbürger muss als Arbeitssuchender, Hauskäufer oder Unternehmer in jedem Staat des Binnenmarktes behandelt werden, als sei er ein Einheimischer.
Dass der europäische Binnenmarkt kein Markt „um jeden Preis" ist, beweist das hohe Niveau im Verbraucher- und Umweltschutz in der EU, denn grenzenlos bedeutet keineswegs, den Raum dem freien Markt zu überlassen: Vielmehr sind die europäischen Institutionen bei der Gesetzgebung vertraglich dazu verpflichtet, ein hohes Schutzniveau in den Bereichen Gesundheit, Sicherheit, Umweltschutz und Verbraucherschutz zu gewährleisten. So hat die EU beispielsweise Richtlinien erlassen zur Etikettierung von gentechnisch veränderten Lebensmitteln („Novel Food"), zur Sicherheit kosmetischer Mittel, zum Schutz der Verbraucher vor irreführender Werbung oder bei Haustürgeschäften, zur Sicherheit von Spielzeug und zur allgemeinen Produktsicherheit. Seit August 2005 müssen im ganzen Binnenmarkt elektrische und elektronische Geräte kostenlos von den Herstellern zurückgenommen und entsorgt werden, seit dem 1. Januar 2007 auch alle Personenwagen (sogenannte Altautoregelung).

(Aus: Informationsbüro des Europäischen Parlaments für Deutschland (Hg.): Europa ohne Grenzen: Binnenmarkt und Verbraucherschutz, www.europarl.de, letzter Zugriff 28.10.09)

Verschärfter Wettbewerb

Eine Marktöffnung, wie sie durch den europäischen Binnenmarkt geschaffen wurde, hat natürlich zur Folge, dass der Wettbewerb und die Konkurrenzsituation zunehmen. So gibt es bei den Unternehmen Gewinner und Verlierer. Nicht wettbewerbsfähige Firmen bleiben auf der Strecke. Auch gibt es eine spürbare Tendenz zu einer verstärkten Unternehmenskonzentration in Europa. Wenn Arbeitssuchende überall in der EU tätig werden können, nimmt auch die Konkurrenz an den Arbeitsmärkten zu.

Begriffe für euer Fachwörterlexikon

So kannst du deine Ergebnisse präsentieren:

1. Erkläre, was ein Binnenmarkt ist, und erläutere die vier Freiheiten mithilfe des Schaubildes.
2. Was sind wichtige Regelungen für die Menschen in der EU, die bisher im Rahmen des Binnenmarktes in Kraft gesetzt wurden?
3. Bietet der europäische Binnenmarkt mehr Chancen als Risiken? Nimm dazu Stellung und sprich mit deinen Mitschülerinnen und Mitschülern darüber.

D Wie funktioniert die Europäische Währungsunion?

Eine Währungsunion ist der freiwillige Zusammenschluss mehrerer Staaten mit dem Ziel, ihre unterschiedlichen Währungen abzuschaffen und einen gemeinsamen Währungsraum zu bilden. Zu einer Währungsunion gehört die Bereitschaft der Teilnehmerstaaten zum Verzicht auf ihre eigene, von den übrigen Staaten isolierte Währungspolitik. Sie übergeben dieses ehemals nationale Recht an die Gemeinschaft.
In der EU begann die Währungsunion nach einer langen Vorbereitungszeit mit der Umstellung der nationalen Währungen auf den Euro am 1. Januar 1999. Als Bargeld kam der Euro am 1. Januar 2002 in Umlauf.
Nicht alle Mitgliedstaaten gehören automatisch der Währungsunion an. Der Grund dafür sind die strengen Kriterien, die über die Qualifikation eines Landes für die Eurozone entscheiden. Man nennt sie **Konvergenzkriterien** (Konvergenz bedeutet Übereinstimmung).
Nach diesen Kriterien muss in einem Land, das der Eurozone beitreten will,

- relative Preisstabilität herrschen,
- die Zinsen müssen stabil sein,
- die Staatsverschuldung darf bestimmte Grenzen nicht überschreiten,
- der Wechselkurs der Währung gegenüber anderen EU-Währungen muss über einen Beobachtungszeitraum von zwei Jahren stabil geblieben sein.

In den osteuropäischen Mitgliedstaaten gilt der Beitritt zur Eurozone als attraktives Ziel. Anders sieht es in den EU-Mitgliedstaaten Großbritannien, Dänemark und Schweden aus. Hier sind es in erster Linie innenpolitische Widerstände, die bisher einen Beitritt verhindert haben. In allen drei Staaten sprechen sich in Umfragen immer noch Mehrheiten gegen die Einführung einer europäischen Währung aus.

Disziplin und „blaue Briefe“

Eurostaaten müssen strikte Haushaltsdisziplin wahren. Das haben die Staats- und Regierungschefs in einem sogenannten Stabilitätspakt vereinbart. Danach muss die öffentliche Hand zum Beispiel eine übermäßige Neuverschuldung vermeiden. Die Grenze liegt bei 3 Prozent des Bruttoinlandsproduktes. Das heißt, dass die jährliche Neuverschuldung zur Finanzierung des Staatshaushaltes nicht höher sein darf als 3 Prozent des gesamten Wertes der im gleichen Jahr im Land produzierten Güter und Dienstleistungen. Hält ein Land den Stabilitätspakt nicht ein, droht zunächst eine Verwarnung in Form eines „blauen Briefes“ und dann eine Geldstrafe (siehe Schaubild).

Die Europäische Zentralbank – Hüterin des Euro

Die Europäische Zentralbank mit Sitz in Frankfurt am Main ist seit dem 1. Juni 1998 für die Geldpolitik der Euro-Mitgliedstaaten verantwortlich. Die Hauptaufgabe der EZB ist die Preisstabilität im Euro-Gebiet (Wahrung der Kaufkraft des Euro). Die EZB wird deshalb häufig als „Hüterin der Währung“ bezeichnet. Soweit es mit dem Ziel der Preisstabilität vereinbar ist, soll sie auch die allgemeine Wirtschaftspolitik der EU unterstützen. Nach der Definition der EZB ist Preisstabilität dann gegeben, wenn der Anstieg der Verbraucherpreise gegenüber dem Vorjahr unter 2% liegt. Um Preisstabilität zu erreichen, beobachtet die EZB die Preisentwicklung (Inflation) und kontrolliert die Geldmenge. […]
Der Maastrichter Vertrag garantiert die Unabhängigkeit der EZB, damit sie ihre geldpolitischen Entscheidungen ohne Rücksicht auf politische Einflussnahme fällen kann.

(Aus: Bruno Zandonella: Pocket Europa. EU-Begriffe und Länderdaten, Bundeszentrale für politische Bildung, Bonn 2005)

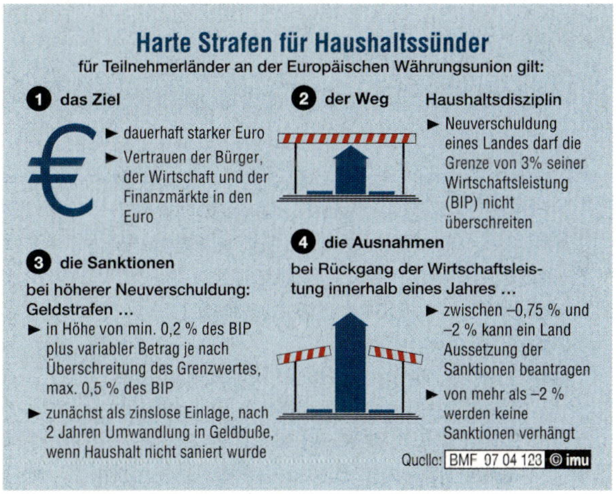

Begriffe für euer Fachwörterlexikon

So kannst du deine Ergebnisse präsentieren:

1. Erkläre, was man unter einer Währungsunion versteht und welche Aufgaben die Europäische Zentralbank hat.
2. Stelle dar, warum nicht alle Mitgliedstaaten der EU automatisch auch Mitglieder in der Währungsunion sind.
3. Warum müssen die Eurostaaten strikte Haushaltsdisziplin halten und was geschieht, wenn sie es nicht tun? Versuche eine Erklärung mithilfe des Schaubildes.

Zusatzstation E
Mein Land der Europäischen Union: Wir stellen ein Mitgliedsland der EU vor

27 Mitgliedstaaten hat die Europäische Union. Bald werden es vielleicht noch mehr sein. Da bietet es sich an, dass jede und jeder von euch sich zur Expertin oder zum Experten für einen der Mitgliedstaaten macht.

- Einzeln oder zu zweit könnt ihr euer Land auf verschiedene Arten präsentieren, z. B. mithilfe einer kleinen Wandzeitung, die in der Klasse aufgehängt wird. Auch solltet ihr in der Lage sein, euer Land in einem Kurzvortrag zu präsentieren.
- Für die Informationsbeschaffung bietet sich eine Internetrecherche an. Über die angegebenen Adressen findet ihr aktuelle Länderberichte zu allen Ländern der Europäischen Union. Ihr könnt aber auch Lexika und andere aktuelle Veröffentlichungen benutzen.
- Gliedert eure Länderpräsentation mithilfe der Übersicht.

Unter den folgenden Internetadressen findet ihr Länderberichte über alle Mitgliedstaaten der EU:
www.auswaertiges-amt.de
www.aktuell-lexikon.de
www.weltalmanach.de
www.europa.eu
Jeder Mitgliedstaat verfügt über eine eigene Homepage. Dort findet ihr auch Fotomaterial. Die Informationen sind aber oft nicht so klar strukturiert wie bei den Adressen oben.

Ich bin Expertin/Experte für das EU-Land: ...

A Allgemeines

1. Hauptstadt des Landes
2. Lage in Europa, Nachbarstaaten
3. Einwohnerzahl
4. Sprache(n), Religion(en)
5. Landesflagge
6. Angaben zur Geschichte des Landes
7. Besondere Sehenswürdigkeiten
8. Tourismus
9. Empfehlenswerte Besuchsziele

B Politik

10. Mitglied der EU, der Europäischen Währungsunion seit ...
11. Staatsform
12. Regierungschef(in)
13. Staatsoberhaupt
14. Parlament, Zahl der Parlamentssitze, Wahlen

C Wirtschaft

15. Pro-Kopf-Einkommen
16. Arbeitslosenquote
17. Inflationsrate
18. Wirtschaftswachstum in Prozent
19. Besondere Leistungen und Probleme

Allgemeines Informationsmaterial zu allen Themen der EU findet ihr unter den folgenden Internetadressen:

www.europa.eu
www.auswaertiges-amt.de
www.jugendfuereuropa.de
www.europarl.de
www.bpb.de
www.etwinning.de
www.europa-digital.de
www.eu-kommission.de

(Etwinning informiert über Schulpartnerschaften in Europa.)

Wir lösen gemeinsam ein Quiz über Europa

Die Lösung der folgenden Quizaufgaben wird euch leichtfallen, wenn ihr zu viert in Gruppen arbeitet. Von den Gruppenmitgliedern sollte jede und jeder mindestens eine der vier Pflichtstationen A, B, C oder D bearbeitet haben. Jedes der vier Gruppenmitglieder kann drei der zwölf Fragen übernehmen und dazu am Ende die richtigen Lösungen vortragen. Ihr habt das Quiz richtig gelöst, wenn A, B und C jeweils viermal vorkommen.

1. Welches der folgenden Länder ist nicht Mitglied der EU?
(A) Norwegen
(B) Finnland
(C) Schweden

2. Was ist die Europäische Union?
(A) Ein Gemeinschaftsstaat, der die ehemaligen Nationalstaaten abgelöst hat,
(B) ein Wirtschaftsbündnis, das verbesserte Handelsbeziehungen zum Ziel hat,
(C) ein Zusammenschluss selbstständiger europäischer Staaten.

3. Was symbolisiert die Flagge der EU?

(A) Die Anzahl der Mitgliedstaaten in der EU,
(B) das Zusammengehörigkeitsgefühl der Völker Europas,
(C) die Orte, an denen die europäischen Institutionen ihren Sitz haben.

4. Was bedeutet der Begriff Subsidiarität?
(A) Politische Entscheidungen in der EU müssen auf niedrigstmöglicher Ebene getroffen werden.
(B) Alle EU-Staaten sind in allen Politikbereichen zu gemeinschaftlichem Handeln verpflichtet.
(C) Die kleinen Staaten in der EU müssen sich den großen unterordnen.

5. Das Gründungsdatum der Europäischen Gemeinschaft ist der
(A) 13. Januar 1951,
(B) 25. März 1957,
(C) 17. Juni 1962.

6. Der Euro wurde in Form von Bargeld eingeführt ab dem 1. Januar
(A) 2000, (B) 2001, (C) 2002.

7. Ein Binnenmarkt ist ein
(A) Wirtschaftsgebiet ohne Grenzen für alles, was sich im wirtschaftlichen Geschehen von einem Ort zum anderen bewegt,
(B) ein Raum ohne Grenzen für alle Firmen, die gleiche oder ähnliche Produkte anbieten,
(C) ein Markt für Produkte, die mit Binnenschiffen transportiert werden.

8. Der europäische Binnenmarkt existiert seit
(A) 1991,
(B) 1993,
(C) 1995.

9. Ein wesentliches Prinzip des europäischen Binnenmarktes ist, dass alle EU-Bürger
(A) beim Kauf einer Ware eine gleich hohe Mehrwertsteuer bezahlen müssen,
(B) dass die Behörden der EU keinen Einfluss auf das Marktgeschehen nehmen,
(C) innerhalb der gesamten EU wie Inländer behandelt werden.

10. Der europäischen Währungsunion gehören
(A) diejenigen Staaten an, die Mitgliedschaft wollen und die Konvergenzkriterien erfüllen,
(B) automatisch alle Mitgliedstaaten an,
(C) nur Staaten der EU mit an, die mehr als eine Million Einwohner haben.

11. Unter dem europäischen Stabilitätspakt versteht man, dass
(A) in allen Mitgliedstaaten etwa gleiche Einkommensverhältnisse herrschen,
(B) die nationalen Regierungen keine neuen Schulden machen dürfen,
(C) alle Mitgliedstaaten der Währungsunion strikte Haushaltsdisziplin wahren müssen.

12. Die Europäische Zentralbank hat ihren Sitz in
(A) Paris,
(B) Frankfurt,
(C) Rom.

3 Wie wird in Europa für Europa Politik gemacht?

Drei Beispiele für die Arbeit der Abgeordneten im Europäischen Parlament

A Schutz für Kinder vor gefährlichem Spielzeug

Das EP hat die neue Richtlinie über die Sicherheit von Spielzeug verabschiedet. Die Richtlinie muss in zwei Jahren angewendet werden und sieht strengere Sicherheitsauflagen bei der Herstellung von Kinderspielzeug vor. Die Sicherheitsanforderungen betreffen etwa enthaltene chemische Stoffe, physikalische und mechanische Eigenschaften, Entzündbarkeit sowie elektrische Eigenschaften.
Die Richtlinie legt fest, welchen Sicherheitsanforderungen Spielzeug entsprechen muss, wenn es in der EU hergestellt und/oder verkauft werden soll. Sie gilt „für Produkte, die offensichtlich dazu bestimmt oder gestaltet sind, von Kindern unter 14 Jahren zum Spielen verwendet zu werden".

Abstimmung im EP am 18. Dezember 2008, Richtlinie angenommen mit 480 Stimmen, 73 Gegenstimmen, 40 Enthaltungen.

(Texte im Originalwortlaut der Veröffentlichung des Europäischen Parlaments (gekürzt), Quellen: Text A: Armin Czysz, www.eu-info.de, Texte B und C: www.europarl.eu; letzter Zugriff 02.11.2009)

B Autos sollen sicherer und umweltfreundlicher werden

Das EP hat eine neue Verordnung verabschiedet, mit der die Sicherheit und Umweltverträglichkeit von Autos verbessert werden soll. Vorgesehen sind u. a. die serienmäßige Einführung von Systemen zur Überwachung des Reifendrucks bei Pkw sowie erhöhte Anforderungen an das Reifendesign, etwa bei der Nasshaftung und beim Rollwiderstand. Als europaweite Serienausstattung wird die Einführung zusätzlicher Sicherheitssysteme bei Neuwagen, wie das Antiblockiersystem ESP, verbindlich vorgeschrieben.
„Diese Verordnung ist ein Beispiel dafür, dass man Umwelt- und Verbraucherschutz miteinander vereinbaren kann", kommentierte Andreas Schwab (CDU), Berichterstatter des Europäischen Parlaments. Die geplanten Verbesserungen gingen zugunsten der Umwelt, verursachten aber keine höheren Kosten.

Abstimmung im EP am 10. März 2009, 610 Abgeordnete stimmten für die Verordnung, 34 dagegen, 20 enthielten sich der Stimme.

Blick auf das im Jahr 2000 eröffnete Parlamentsgebäude des Europäischen Parlaments in Straßburg. Mit der Architektur des Rundgebäudes wollten die Architekten andeuten, dass die EU noch kein endgültig fertiges Gebilde ist.

C Tierschutz: Verbot von Robbenerzeugnissen

Der Handel mit Robbenerzeugnissen in der EU wird verboten. Robben werden innerhalb und auch außerhalb der EU gejagt, um aus ihnen eine große Bandbreite an Erzeugnissen zu gewinnen: Fleisch, Öl, Organe und Felle. Die daraus hergestellten Produkte, wie unter anderem Textilien aus verarbeiteten Robbenhäuten und -fellen sowie Omega-3-Kapseln, werden auch auf dem Gemeinschaftsmarkt gehandelt, wobei es für Verbraucher schwierig oder gar unmöglich ist, sie von ähnlichen, nicht von Robben stammenden Produkten zu unterscheiden.
Sofern gegen Vorschriften dieser Verordnung verstoßen wird, sollen Sanktionen verhängt werden, die wirksam, verhältnismäßig und abschreckend sind.

Abstimmung im EP am 5. Mai 2009, 550 Abgeordnete stimmten für die Verordnung, 49 dagegen, 41 enthielten sich der Stimme.

1. Notiert für die drei Beispiele: Aus welchen Gründen und mit welchen Zielen wurde das Europäische Parlament aktiv?
2. Bei den Entscheidungen für 27 Mitgliedstaaten muss man Kompromisse finden. Ein einzelnes Mitgliedsland hätte vielleicht noch strengere Regeln erlassen können. Was ist besser: ein weniger strenges Gesetz, das alle Mitgliedstaaten zu gemeinsamem Handeln zwingt, oder ein strenges Gesetz, das aber nur in einem einzelnen Mitgliedstaat gilt? Wägt die Vor- und Nachteile ab und diskutiert dann miteinander.

Das Entscheidungsverfahren in der EU

1. Erkläre den Unterschied zwischen einer Verordnung (europäisches Gesetz) und einer Richtlinie (europäisches Rahmengesetz).
2. Warum ist das Prinzip der doppelten Mehrheit notwendig und wie funktioniert es?

Arten von EU-Gesetzen

Die Mitgliedstaaten haben der Europäischen Union das Recht übertragen, in vielen Politikbereichen Entscheidungen zu treffen, die für alle Unionsbürger Gesetzeskraft haben. Dabei muss zwischen zwei Arten von EU-Gesetzen unterschieden werden, *Richtlinien* und *Verordnungen*. Verordnungen sind EU-Gesetze, die unmittelbar nach ihrer Verabschiedung in allen Mitgliedstaaten geltendes Recht sind. Sie gelten, ohne dass die nationalen Parlamente noch einen Beitrag dazu leisten müssen. Das kann zum Beispiel eine Verordnung über die Höchstgrenzen von Schadstoffen in Benzin oder dergleichen sein. Verordnungen stehen im Rang über den nationalen Gesetzen. Sie werden auch als *europäische Gesetze* bezeichnet. Richtlinien sind Gesetzesentscheidungen, die bestimmte Forderungen an die Mitgliedstaaten stellen. Sie sind nicht unmittelbar geltendes Recht, sondern müssen erst innerhalb einer vorgegebenen Frist von den nationalen Parlamenten der Mitgliedstaaten in ein Gesetz umgewandelt werden. Weil sie einen Rahmen bilden, in dem alle Mitgliedstaaten noch selbst gesetzgeberisch aktiv werden müssen, bezeichnet man sie als *europäische Rahmengesetze*.

Das Verfahren der doppelten Mehrheit

Bei der Gründung der Gemeinschaft 1957 bestand sie aus sechs Mitgliedstaaten. Damals wie heute wurden wichtige Entscheidungen im Ministerrat getroffen. Es galt das Prinzip der Einstimmigkeit. Mittlerweile ist die EU auf 27 Mitglieder angewachsen. Entscheidungen nach dem Prinzip der Einstimmigkeit sind daher unmöglich geworden. Also hat man im Zuge der Reform der EU das Mehrheitsprinzip im Ministerrat eingeführt. Damit war das Problem allerdings noch nicht gelöst. Sollten die Stimmen kleiner Länder wie Zypern, Luxemburg oder Malta das gleiche Gewicht haben wie die der bevölkerungsreichsten Länder Deutschland, Großbritannien, Frankreich und Italien? Dies erschien unmöglich zu sein. So einigte man sich nach vielen Diskussionen auf das *Prinzip der doppelten Mehrheit*. Es bedeutet: Mindestens 15 der zurzeit 27 Mitgliedstaaten müssen im Ministerrat einem Gesetz zustimmen, damit es in Kraft treten kann. Diese 15 Staaten müssen zusätzlich mindestens 65 Prozent der Bevölkerung der Union ausmachen. Damit verhindert man, dass die Stimmen kleiner Staaten mit geringer Bevölkerungszahl ein Übergewicht erhalten. Um das Verfahren praktikabel zu machen, hat man die Stimmen entsprechend der Bevölkerungszahl gewichtet. Die vier bevölkerungsreichsten Länder haben jeweils 29 Stimmen und das kleinste Land Malta hat 3. Nach dem Vertrag von Lissabon für die Europäische Union tritt das Prinzip der doppelten Mehrheit ab dem 1. November 2014 in Kraft.

Begriffe für euer Fachwörterlexikon

Stimmenverteilung im Ministerrat	
Deutschland, Großbritannien, Frankreich, Italien	29
Spanien, Polen	27
Rumänien	14
Niederlande	13
Griechenland, Tschechien, Belgien, Ungarn, Portugal	12
Schweden, Bulgarien, Österreich	10
Slowakei, Dänemark, Finnland, Litauen, Irland	7
Lettland, Slowenien, Estland, Zypern, Luxemburg	4
Malta	3

Der Konflikt zwischen nationalen und europäischen Interessen

Streit gibt es in der EU immer dann, wenn nationale Interessen einem gesamteuropäischen Vorhaben entgegenstehen. So war es auch bei der Verteilung der Stimmengewichte im Entscheidungsverfahren. Mehrere kleine EU-Staaten pochten auf ihre nationale Souveränität und wollten sich nicht mit einem Übergewicht der großen Länder in der EU abfinden. Alle Bereiche, für die die EU das Recht hat, Gesetze zu erlassen, sind mittlerweile vertraglich genau geregelt. Alle der Union nicht in Verträgen zugewiesenen Zuständigkeiten verbleiben bei den einzelnen Mitgliedstaaten.

Welche Aufgaben haben die europäischen Institutionen?

Die wichtigsten Institutionen sollte man kennen, um zu verstehen, wie die Europäische Union funktioniert. Sie sind hier mit Fotos und Texten vorgestellt. Es fehlt allerdings die Zuordnung des jeweiligen Textes zum passenden Bild.

Ordnet die Fotos den passenden Texten zu.

A

B

Neben den fünf hier abgebildeten Institutionen gibt es noch die Europäische Zentralbank und den Europäischen Rechnungshof.

C

D

E

1 Die **Europäische Kommission** hat das alleinige Recht, Vorschläge für neue europäische Gesetze zu machen (= Initiativrecht). Sie besteht aus 27 Kommissaren, die von den Regierungen der Mitgliedstaaten hierhin entsendet werden. Den Vorsitz führt der Kommissionspräsident, der auf Vorschlag der Staats- und Regierungschefs vom Europäischen Parlament für die Dauer von fünf Jahren gewählt wird. Das Foto zeigt den mit Übersetzerkabinen ausgestatteten festen Tagungsort in Brüssel.
Funktion im Gesetzgebungsverfahren: Wenn die Europäische Kommission einen Vorschlag für ein neues Gesetz ausgearbeitet hat, informiert sie das Europäische Parlament und den Ministerrat über ihr Vorhaben. Weiterhin sendet sie den nationalen Parlamenten der Mitgliedstaaten den Entwurf zu und wartet deren Stellungnahmen ab. Danach arbeitet sie die Änderungswünsche in den Entwurf ein.

2 Das **Europäische Parlament** wird alle fünf Jahre von den Bürgerinnen und Bürgern in der EU gewählt. Gemeinsam mit dem Rat entscheidet es (mit einigen Ausnahmen) über die europäischen Gesetze. Zukünftig wird es aus 750 Mitgliedern plus Parlamentspräsident bestehen. Die Anzahl der Sitze pro Land hängt von der Einwohnerzahl ab. Deutschland stehen 96 Sitze zu. Das Foto zeigt den Plenarsaal des Parlaments in Straßburg. Zusätzliche Arbeitsorte sind Brüssel und Luxemburg.
Der Vorschlag für ein neues Gesetz wird von der Kommission an das Parlament geleitet und dort beraten. Stimmt das Parlament mehrheitlich zu, wird es an den Rat weitergeleitet.

3 Der **Rat** (oft auch **Ministerrat** genannt) ist zusammen mit dem Europäischen Parlament der Gesetzgeber der EU. Je nach anstehendem Thema treffen sich hier die Fachministerinnen und -minister eines jeden EU-Landes zur Beratung und Beschlussfassung. Seine Besetzung wechselt also. Seit dem Inkrafttreten des Vertrages von Lissabon werden die Treffen der Außenminister von einer für die Außenpolitik der EU zuständigen Person geleitet. Sie trägt den Titel „Hoher Beauftragter für Außen- und Sicherheitspolitik" und wird für die Dauer von fünf Jahren von den Regierungschefs bestellt. Das Foto zeigt eine Sitzung des Ministerrates in der mit modernen Gemälden ausgestatteten Hofburg in Wien.
Wenn der Rat mit der Zustimmung des Europäischen Parlamentes zum neuen Gesetz einverstanden ist und ebenfalls zustimmt, ist das Gesetz angenommen. Können sich Parlament und Rat nicht einigen, wird ein Vermittlungsausschuss einberufen.

4 Alle Staats- und Regierungschefs der Mitgliedstaaten bilden zusammen den **Europäischen Rat**. Man trifft sich hier mindestens zweimal im Jahr zu sogenannten Gipfeltreffen. Die Sitzungen werden zukünftig von einem Präsidenten geleitet, der vom Rat für zweieinhalb Jahre gewählt wird. Im Europäischen Rat wird auf höchster Ebene über wichtige Zukunftsfragen der EU verhandelt. Das Foto entstand bei einem Gipfeltreffen 2009 in Brüssel.

5 In den **Europäischen Gerichtshof** entsendet jedes Mitgliedsland je eine Richterin bzw. einen Richter. Sie entscheiden bei europäischen Rechtsstreitigkeiten und überprüfen die Rechtmäßigkeit von Beschlüssen der anderen EU-Organe. Das Foto zeigt das Gericht bei einer Urteilsverkündung.

1. Der Gesetzgebungsprozess in der EU spielt sich in einem Dreieck zwischen Kommission, Parlament und Ministerrat ab. Erklärt, wer in diesem Prozess welche Aufgabe übernimmt.

■ **Tipp:** Auf der folgenden Doppelseite findet ihr eine Merkhilfe, mit der es euch leichtfallen wird, die Aufgaben der Institutionen der EU auseinanderzuhalten und langfristig zu speichern.

Wir vergleichen die EU mit einem Bus

Durchblick ist gefragt

In einem Buch mit dem Titel „Das neue Europa" finden wir folgenden Text:

Konferenzen, Verträge, Gremien, Gesetze – das klingt alles furchtbar abstrakt: Will man es genauer wissen und fragt, wie die EU praktisch funktioniert und womit sich die verschiedenen Organe konkret befassen, ist zunächst ein wenig Geduld gefordert. Um ein Beispiel zu geben: Auf Wunsch von Tierschutz- und Umweltverbänden erarbeitet die EU-Kommission eine Verordnung oder Richtlinie, die den Schutz wild lebender Tiere europaweit verbessern soll. Dieser Entwurf wird dann dem Ministerrat und dem Parlament vorgelegt. Dort wird er geprüft, man berät sich, diskutiert und verlangt in vielen Fällen Veränderungen. Erst, wenn Ministerrat und Parlament der Verordnung oder Richtlinie zustimmen, ist sie angenommen. Dann wird sie im „Amtsblatt der Europäischen Gemeinschaften" veröffentlicht und ist von da an gültig. Aber Moment! Kommission, Ministerrat, Parlament? Verordnung oder Richtlinie? Wie soll man sich damit zurechtfinden?

(Aus: Ingke Brodersen, Rüdiger Dammann: Das neue Europa, Ravensburger Buchverlag, Ravensburg 2007, S. 94)

Lernhilfe Bilder

Ihr werdet euch in Zukunft zurechtfinden und erklären können, welches die wichtigsten Aufgaben der verschiedenen EU-Organe sind. Dazu solltet ihr euch das folgende Bild einprägen und die abstrakt wirkenden Bezeichnungen für die Institutionen der EU mit konkreten Teilen des Bildes verbinden.
Um die Aufgaben und das Zusammenwirken der Kommission, des Ministerrates, des Parlaments, des Europäischen Rates und des Gerichtshofes besser zu verstehen, können wir uns die Europäische Union als einen Bus vorstellen, der, besetzt mit Vertreterinnen und Vertretern aus allen Ländern der EU, in Richtung vereintes Europa fährt.

Busfahrer | Motor | Fahrgäste | Wegweiser | Polizei

In jedem Bus muss es einen Motor geben. Er hat die Aufgabe, das Fahrzeug anzutreiben und zu beschleunigen. Diese Aufgabe übernimmt die Europäische Kommission, weil nur sie das *Initiativrecht* besitzt. Das ist das Recht, Gesetzesvorschläge zu machen. Der Vorschlag für ein europäisches Tierschutzgesetz kommt also – wie alle anderen europäischen Gesetzesvorschläge auch – aus der Europäischen Kommission. Sie besteht aus Kommissaren, die von den Mitgliedsländern für fünf Jahre entsendet werden, und dem Kommissionspräsidenten. Die Europäische Kommission entscheidet nicht, aber sie treibt den Bus wie ein Motor voran.

1. Merke: Der Motor der EU ist die Europäische Kommission.

In jedem Fahrzeug trifft die Fahrerin bzw. der Fahrer die wichtigen Entscheidungen. Diese Aufgabe übernimmt der Rat der Europäischen Union. Oft nennt man ihn Ministerrat, manchmal auch nur Rat. Dieses Gremium ist – neben dem Europäischen Parlament – das wichtigste gesetzgebende Organ der EU. Das heißt, zusammen mit dem Parlament beschließt der Rat die für das gesamte EU-Gebiet geltenden Gesetze, also auch das Gesetz zum europäischen Tierschutz. Der Rat besteht aus je einem Minister bzw. einer Ministerin aus den Mitgliedsländern. Je nach anstehender Entscheidung sind es immer die dafür zuständigen Fachminister, also mal die Landwirtschaftsminister, dann wieder die Umwelt- oder die Finanzminister.

2. Merke: Der Fahrer des Busses ist der Rat der Europäischen Union.

In einem Bus, der zu einem Ziel fährt, sind die Fahrgäste besonders wichtig. In unserem Bild übernimmt die Rolle der Fahrgäste das Europäische Parlament. Es repräsentiert mit seinen gewählten Abgeordneten die Bevölkerung der gesamten EU. Nach und nach wurden seine Rechte erweitert. Mittlerweile entscheidet es gleichberechtigt mit dem Rat über die europäischen Gesetze. So kann das europäische Tierschutzgesetz erst in Kraft treten, nachdem es mit Mehrheit im Parlament angenommen ist. Man kann sagen, Fahrer und Fahrgäste entscheiden gemeinsam, wohin die Reise geht. Die Fahrgäste im Bus haben noch weitere Rechte. Sie kontrollieren den Lauf des Motors und verwalten die Reisekasse. Das bedeutet konkret: Das Europäische Parlament besitzt das Haushaltsrecht und kontrolliert die Europäische Kommission. Mit einer Zweidrittelmehrheit kann es den Kommissionspräsidenten austauschen und hat von dieser Möglichkeit auch schon Gebrauch gemacht. Es kann dann sozusagen den wichtigsten Teil des Motors austauschen.

3. Merke: Die Fahrgäste im Bus sind die gewählten Mitglieder des Europäischen Parlaments.

In verschiedenen Städten finden vierteljährlich gemeinsame Treffen aller Staats- und Regierungschefs der EU statt. Hinzu kommen auch die Außenminister und der Präsident der Europäischen Kommission. Dieses Gremium hat den Namen Europäischer Rat. Seine Zusammenkünfte werden als europäische Gipfeltreffen bezeichnet. Die Staats- und Regierungschefs sind nicht direkt an der europäischen Gesetzgebung beteiligt. Sie geben aber die große Richtung an und legen die Ziele für die weitere Entwicklung der EU fest. Zum Beispiel hat man hier vor vielen Jahren die Einfuhr des Euro beschlossen und es wird auch hier darüber entschieden, ob neue Mitgliedstaaten in die EU aufgenommen werden oder nicht. Der Europäische Rat der Regierungschefs ist also der Wegweiser für die Fahrt des Busses in Richtung Europa.

4. Merke: Der Wegweiser nach Europa ist der Rat der Staats- und Regierungschefs.

Zuletzt fehlt noch eine Polizei, die aufpasst, dass auf dem Weg in das vereinte Europa die Regeln nicht verletzt werden. Diese Rolle übernimmt der Europäische Gerichtshof in Luxemburg. Er besteht aus je einer Richterin bzw. einem Richter pro Mitgliedsland, die von den jeweiligen Regierungen für sechs Jahre ernannt werden. Mit seinen Entscheidungen kann der Europäische Gerichtshof die Mitgliedsländer zur Einhaltung und zur einheitlichen Auslegung der europäischen Gesetze zwingen.

5. Merke: Die Rolle der Polizei übernimmt in unserem Bild der Europäische Gerichtshof.

1. Mithilfe des Bildvergleichs könnt ihr nun nach und nach die Rolle der fünf wichtigen EU-Institutionen vorstellen.

4 Herausforderungen für die Zukunft der EU

Ein noch stärkeres Zusammenwachsen wollte die EU mit der Verabschiedung einer gemeinsamen Verfassung beurkunden. Doch in Volksabstimmungen lehnte die Mehrheit der Franzosen und Niederländer den Entwurf ab. Als Ersatz wurde der Vertrag von Lissabon ausgearbeitet. Er trat am 1. Dezember 2009 in Kraft.

Welche Neuerungen bringt der Vertrag von Lissabon?

Charta gemeinsamer Grundrechte

Grundrechte waren bislang nicht Bestandteil der EU-Verträge. Das ändert sich mit dem Vertrag von Lissabon. Die Union erhält mit der EU-Charta der Grundrechte den modernsten Grundrechtekatalog der Welt. Durch die rechtsverbindliche Verankerung der Charta können die Bürgerinnen und Bürger beim Europäischen Gerichtshof klagen, wenn sie sich durch einen europäischen Rechtsakt in ihren Grundrechten verletzt fühlen.

Mitwirkung der Bürger

Künftig können Bürgerinnen und Bürger unmittelbar am europäischen Willensbildungsprozess mitwirken. Mit dem europäischen Volksbegehren wird zum ersten Mal ein Element der direkten Demokratie auf europäischer Ebene eingeführt. Mit einer Million Unterschriften […] kann die Europäische Kommission aufgefordert werden, einen Gesetzesvorschlag vorzulegen.

Stärkung des Europäischen Parlaments

Das Europäische Parlament erhält praktisch die volle Mitwirkung in der europäischen Gesetzgebung neben dem Rat. 95 % aller „EU-Gesetze" werden künftig gleichberechtigt vom Rat (den Ministern aller EU-Staaten und dem Europäischen Parlament) beschlossen. Zudem bekommt das Europäische Parlament zusätzliche politische Macht. Während es bisher an der Auswahl der Kommissare lediglich durch Anhörungen beteiligt war, wird künftig der Kommissionspräsident vom Europäischen Parlament gewählt (auf Vorschlag des Europäischen Rates). […]

Gemeinsamer Wertekatalog

Die Europäische Union zählt heute 27 Mitgliedstaaten und fast 500 Millionen Bürger. Sie vereint, in all ihrer Vielfalt, ein gemeinsamer fester Wertekatalog und ein unverwechselbares europäisches Lebensmodell. Der Reformvertrag fasst diese Werte, auf die sich die Europäische Union gründet, erstmals klar zusammen. Zu ihnen zählen vor allem: die Achtung der Menschenwürde, Freiheit, Demokratie, Rechtstaatlichkeit, Menschenrechte.

Gemeinsame Ziele

Der Reformvertrag nennt auch die gemeinsamen Ziele, die die Europäische Union verfolgt. Dazu zählen beispielsweise

- die Förderung von Frieden, Werten und Wohlergehen der Völker der Union;
- die nachhaltige Entwicklung Europas auf der Grundlage eines ausgewogenen Wirtschaftswachstums und von Preisstabilität;
- eine wettbewerbsfähige soziale Marktwirtschaft, die auf Vollbeschäftigung und sozialen Fortschritt abzielt;
- der Umweltschutz;
- die Förderung sozialer Gerechtigkeit;
- die Solidarität zwischen den Mitgliedstaaten;
- der Schutz und die Entwicklung des kulturellen Erbes Europas.

Ratspräsident und „EU-Außenminister"

Die Union erhält mit dem Reformvertrag ein Gesicht und eine Stimme. Ein neuer für zweieinhalb Jahre gewählter **Präsident** bereitet künftig die Tagungen des Europäischen Rates vor und leitet sie.
Künftig wird der **Hohe Vertreter (quasi ein „EU-Außenminister")** die gemeinsame Außen- und Sicherheitspolitik der EU nach außen vertreten.

(Aus: Dr. Gerhard Sabathil: Der Vertrag von Lissabon – Die EU-Reform 2008 im Überblick, hrsg. von der Vertretung der Europäischen Kommission in der Bundesrepublik Deutschland, Berlin 2008)

Am 20. November 2009 wurde der Belgier Hermann Van Rumpuy zum ersten Ratspräsidenten der EU gewählt und die Engländerin Catherine Ashton zur ersten EU-Außenministerin.

Warum ist die Erneuerung der EU umstritten?

Vote no! Am 12. Juni 2008 lehnten drei Millionen wahlberechtigte Iren den Vertrag von Lissabon in einer Volksabstimmung ab. Der Bus, der mit „Vote no" durch Dublin fuhr, hatte Erfolg. **Vote yes!** 16 Monate später konnte ein anderer Bus triumphieren. In einer zweiten Abstimmung am 2. Oktober 2009 stimmten die Iren der Erneuerung der EU zu. Der Vertrag konnte erst in Kraft treten, nachdem alle Mitgliedstaaten der EU zugestimmt hatten.

Darum sind Kritiker dagegen!

In der Ablehnung zeigt sich, dass ein Großteil der europäischen Bevölkerung unzufrieden mit dem Zustand der Union ist. Die Ursachen dieser Unzufriedenheit sind jedoch diffus [= unklar], wie sich in Analysen der Referenden zeigte. Drei wichtige Motive ließen sich feststellen: Ein erster Teil der Bevölkerung lehnte die wirtschaftsliberale Verfassung der EU ab (die allerdings gar nicht zur Abstimmung stand). Ein zweiter Teil wandte sich gegen die vermeintlich drohende Auflösung des Nationalstaates. Eine letzte Gruppe nutzte die Gelegenheit, die Unzufriedenheit mit der jeweils nationalen Regierung auszudrücken, die jeweils die Annahme des Verfassungsvertrages oder des Reformvertrages empfohlen hatte.

(Aus: Guido Thiemeyer: Die Europäische Union in der Verfassungskrise, in: Polis, Report der Vereinigung für politische Bildung, Westermann Verlag, Heft 1, Berlin 2009, S. 11)

Darum sind Befürworter für den Vertrag!

Heute genießen die Mitglieder der EU zahlreiche Vorteile. Die bestehenden Regeln waren jedoch für eine viel kleinere Gemeinschaft gemacht, die keine globalen Herausforderungen zu bewältigen hatte, wie dies heute mit Klimawandel, weltweiter Rezession oder internationaler Kriminalität der Fall ist. Die EU kann und will diese Probleme in den Griff bekommen, braucht dafür aber bessere Verfahren und Arbeitsabläufe. Der Lissabon-Vertrag zielt genau hierauf ab. Er macht die EU demokratischer, effizienter und transparenter. Er verleiht den Bürgerinnen und Bürgern sowie den Parlamenten ein größeres Mitspracherecht auf europäischer Ebene und er verschafft Europa mehr Gehör in der Welt – bei gleichzeitiger Wahrung der nationalen Interessen.

(Aus: Ihr Wegweiser durch den Lissabon-Vertrag, © Europäische Union, 1995–2010)

Argument – Gegenargument

Die EU wird mit diesem Vertrag immer noch nicht zu einer echten Demokratie. Dazu müsste das vom Volk gewählte Parlament das Recht haben, Gesetze vorzuschlagen und zu verabschieden.

Die demokratischen Mitbestimmungsrechte werden mit dem neuen Vertragswerk entscheidend vorangetrieben. Eine völlige Gleichstellung des Europäischen Parlaments mit den nationalen Parlamenten kann es (noch) nicht geben, weil sonst die Einzelstaaten ihre Selbstständigkeit verlören.

1. Fasst die Neuerungen des Vertrags zusammen und stellt sie auf anschauliche Weise dar, zum Beispiel in Form einer Mindmap.
2. Welche Neuerungen des Vertrags erscheinen euch besonders wichtig? Begründet eure Auswahl.
3. Wie steht ihr zu den Stimmen der Befürworter und Gegner des Vertrags von Lissabon? Diskutiert miteinander.

Diskussion und Entscheidung in der Klasse: Soll die Türkei in die EU aufgenommen werden?

A Die Situation

27 Staaten gehören mittlerweile der EU an. Damit ist der Erweiterungsprozess aber noch nicht abgeschlossen. Grundsätzlich kann jedes europäische Land die Mitgliedschaft beantragen. Und es gibt eine ganze Reihe von Beitrittskandidaten: Albanien, Bosnien und Herzegowina, Mazedonien, Montenegro, Serbien. Auch Island hat 2009 einen Aufnahmeantrag gestellt. Konkrete Beitrittsverhandlungen finden seit 2005 mit Kroatien und der Türkei statt. Während Expertinnen und Experten davon ausgehen, dass die Mitgliedschaft Kroatiens in Kürze bevorsteht, ist die Aufnahme der Türkei heftig umstritten. In- und außerhalb der EU hat ihre Aufnahme viele Befürworter, aber auch viele Gegner.
Ihr sollt euch selbst ein Urteil bilden und eine Entscheidung treffen. Dabei muss es nicht nur um die Frage gehen, ob das Land prinzipiell aufgenommen werden soll oder nicht, sondern auch, unter welchen Bedingungen und zu welchem Zeitpunkt. Betrachtet dazu die Argumente, die für und gegen die Aufnahme der Türkei verwendet werden.

- Ich bin für die möglichst schnelle Aufnahme der Türkei in die EU.
- Ich bin für die Aufnahme der Türkei zu einem späteren Zeitpunkt.
- Ich bin gegen die Aufnahme der Türkei.

B Die Voraussetzungen für die Aufnahme

Die Kopenhagener Beitrittskriterien: Der Europäische Rat von Kopenhagen vom 21. und 22. Juni 1993 hat mit Blick auf die Beitrittswünsche der mittel- und osteuropäischen Länder Voraussetzungen für eine EU-Mitgliedschaft formuliert, die für alle an einem Beitritt interessierten europäischen Staaten gelten:
„Als Voraussetzung für die Mitgliedschaft muss der Beitrittskandidat eine institutionelle Stabilität als Garantie für demokratische und rechtsstaatliche Ordnung, für die Wahrung der Menschenrechte sowie die Achtung und den Schutz von Minderheiten verwirklicht haben; sie erfordert ferner eine funktionsfähige Marktwirtschaft sowie die Fähigkeit, dem Wettbewerbsdruck und den Marktkräften innerhalb der Union standzuhalten. Die Mitgliedschaft setzt ferner voraus, dass die einzelnen Beitrittskandidaten die aus einer Mitgliedschaft erwachsenden Verpflichtungen übernehmen und sich auch die Ziele der politischen Union sowie der Wirtschafts- und Währungsunion zu eigen machen können.“
(Aus: www.eu-info.de, letzter Zugriff 3.11.2009)

Jeder europäische Staat, der die im Vertrag von Lissabon formulierten Werte achtet und sich für ihre Förderung einsetzt, kann Mitglied der EU werden.

Nach dem Beginn der Beitrittsverhandlungen wurden vor der größten Moschee Istanbuls die Flaggen der Türkei und der EU gehisst.

Vertrag über die Europäische Union

Artikel 2
Die Werte, auf die sich die Union gründet, sind die Achtung der Menschenwürde, Freiheit, Demokratie, Gleichheit, Rechtsstaatlichkeit und die Wahrung der Menschenrechte einschließlich der Rechte der Personen, die Minderheiten angehören. Diese Werte sind allen Mitgliedstaaten in einer Gesellschaft gemeinsam, die sich durch Pluralismus, Nichtdiskriminierung, Toleranz, Gerechtigkeit, Solidarität und die Gleichheit von Frauen und Männern auszeichnet.

Artikel 3
(1) Ziel der Union ist es, den Frieden, ihre Werte und das Wohlergehen ihrer Völker zu fördern.

1. Sammelt alle Voraussetzungen für die Aufnahme neuer Mitgliedstaaten in die EU.

Positionen zum Aufnahmeantrag

A Darum soll die Türkei (noch) nicht Mitglied der EU werden

Führende Politikerinnen und Politiker der CDU und CSU haben geäußert, dass eine Aufnahme der Türkei zum jetzigen Zeitpunkt die Leistungsfähigkeit der EU überfordern würde, vor allem auch finanziell. Genannt wird auch, dass die kulturellen Unterschiede zu groß seien. 99,8 Prozent aller Türken bekennen sich zum Islam und die Türkei gehört geografisch nur zu einem winzigen Teil zu Europa.
Die große Mehrheit der Abgeordneten des Europäischen Parlaments sieht ohne tief greifende Reformen in der Türkei eine Aufnahme des Landes in die EU als „zurzeit nicht vorstellbar" an.
Die christlichen Kirchen weisen darauf hin, dass für sie das Recht der freien Religionsausübung in der muslimischen Türkei bisher nur auf dem Papier bestünde.

Weitere Stimmen:
„Die Türkei war nicht Europa, ist es nicht und wird es nicht sein, weder geografisch, noch historisch, noch kulturell. In der Türkei wird immer noch gefoltert und selbst schwerste Menschenrechtsverletzungen sind an der Tagesordnung. Was ist denn das für eine Gesellschaft, deren eine Hälfte, die weibliche, so gut wie keine Rechte hat? Wo Väter ihre Töchter töten, weil sie, selbst nach einer Vergewaltigung, angeblich die Familienehre verletzt haben?"
Ralph Giordano, Schriftsteller

„In Deutschland leben seit Jahrzehnten Millionen Türkinnen und Türken. […] Längst sind wir mehr als Nachbarn. Immer öfter sind wir miteinander befreundet oder gar verheiratet. Trotzdem bin ich gegen einen Beitritt der Türkei zum jetzigen Zeitpunkt. Denn die zwischen Tradition und Moderne, zwischen Demokratie und Gottesstaat zerrissene Türkei muss sich zunächst einmal selber klarmachen, wohin sie tendiert … Darum: Nein zum Beitritt – und Ja zur Freundschaft."
Alice Schwarzer, Journalistin

B Darum soll die Türkei Mitglied der EU werden

Politikerinnen und Politiker der SPD und der Grünen begrüßen den Beitritt der Türkei und drücken ihre Hoffnung aus, dass die Verhandlungen zu einem erfolgreichen Abschluss kommen werden. Der Beitritt werde die Demokratie in der Türkei festlegen und dabei helfen, die notwendigen Reformen mit Kraft voranzutreiben. Mit der Türkei als Mitglied habe die EU ein höheres Gewicht in der Weltpolitik. Ein islamisches Land, das sich zur Demokratie bekennt, sei ein stabilisierender Faktor in der Welt und könne sehr gut zur internationalen Friedenssicherung beitragen.

Weitere Stimmen:
„Der EU-Beitritt einer sich reformierenden und weiter demokratisierenden Türkei ist auch wichtig, um die Kluft zwischen ‚dem Westen' und der ‚muslimischen Welt' zu überwinden. Den Parolen islamischer Terroristen von einem islamfeindlichen Westen kann so entgegengewirkt werden. Dies bringt mehr Sicherheit in und für Europa. Eine fest in der EU verankerte Türkei ist gleichzeitig ein wichtiger Stabilitätsfaktor für die gesamte Nah-Mittelost-Region."
Claudia Roth, Bundestagsabgeordnete von Bündnis 90/Die Grünen

„Die USA unterstützen nachdrücklich die Bemühungen der Türkei, Mitglied in der EU zu werden. Die Türkei ist mehr als nur mit einer Brücke über den Bosporus mit Europa verbunden. Die Türkei teilt mit Europa seit Jahrhunderten eine gemeinsame Geschichte, Kultur und Wirtschaft. Europa wird mit der Vielfältigkeit der Völker, Religionen und Traditionen nur gewinnen, nicht verlieren."
Allerdings müsse auch die Türkei politische Reformen vorantreiben und Anstrengungen im rechtsstaatlichen Bereich unternehmen.
US-Präsident Obama in einer Rede im April 2009 vor dem türkischen Parlament in Ankara

Sollen die Europäer Armutsflüchtlinge aus Afrika aufnehmen oder abweisen?

Gelobtes Land Europa

Für viele Menschen in Afrika gilt Europa als das Paradies. Hier leben die Menschen in Frieden, haben ein Dach über dem Kopf und müssen keinen Hunger leiden. Tausende riskieren ihr Leben, um nach Europa zu gelangen. Meist wählen sie den Fluchtweg über das Meer. Doch auf dem Meer lauert der Tod.

- Darf man Notleidende abweisen?
- Muss Europa seine Grenzen verschließen?

Das sind schwierige Fragen, auf die in der EU noch nach Antworten gesucht werden muss.

A Der Fall

Ausgelaugt und abgemagert: So wirkten die etwa 30 Passagiere, die die italienische Küstenwache nachts bei stürmischer See in einem Boot vor Sizilien entdeckte. Einige schienen so erschöpft zu sein, dass nicht einmal das grelle Scheinwerferlicht oder die lauten Rufe der Beamten sie aus dem Schlaf holen konnten.
Erst Seite an Seite mit dem seeuntüchtigen Boot entdeckten die Italiener, dass die vermeintlich völlig übermüdeten Schwarzen in Wahrheit Tote waren: 13 Leichen saßen in dem Boot, das vor der italienischen Ferieninsel Lampedusa gestrandet war. 70 weitere Tote, so berichteten die wenigen Überlebenden, hätten sie schon weiter draußen auf dem Meer über Bord geworfen. Nur 15 der fast hundert „Boatpeople“, die sich im afrikanischen Libyen in die Hand von Schlepperbanden begeben hatten, überlebten die Überfahrt.

B Die Flüchtlingszahlen

18 Millionen Afrikaner sind auf dem Weg nach Europa, schätzen die Vereinten Nationen, manche sind bis zu zehn Jahre unterwegs. Sie kommen aus Mali, Kamerun oder Ghana, sind vor dem Bürgerkrieg im Kongo, vor der Hungersnot im Sudan oder vor dem Chaos in Nigeria geflüchtet; sie haben monatelang den Sahelgürtel durchwandert oder die Wüste Sahara, bis sie endlich in den Hafenstädten Tunesiens oder Marokkos nach Schleppern suchen können, die sie gegen Dollar oder Prostitutionsdienste über das Meer nach Europa zu bringen versprechen. Seit einiger Zeit sind die Kanarischen Inseln das bevorzugte Ziel; sie liegen vor der afrikanischen Küste, gehören aber zu Spanien, das unter den Afrikanern als das „toleranteste Land der Welt“ gegenüber Ausländern gilt. 500 bis 600 illegale Immigranten landen täglich, beobachtet von den Urlaubern, auf den kanarischen Inseln. […]

C Die Grenzsicherung der EU

Mit dem Schengener Abkommen wurden 1985 die Binnengrenzen zwischen den EU-Staaten aufgehoben, zugleich entstand eine neue Außengrenze der EU, die im Süden an Afrika, im Osten an die Ukraine und Russland, im Südosten an die Türkei und die Balkanstaaten grenzt. Langfristig soll sie durch eine europäische Grenzpolizei gesichert werden. Bis es so weit ist, will man die nationalen Grenzschützer an den Außengrenzen der EU mit hochempfindlichen Bewegungsmeldern, Infrarotsuchgeräten, Hightech-Abwehrgeräten und vernetzten Datensystemen schlagkräftiger machen.
Bis zu zwei Millionen Menschen drängen jedes Jahr illegal in die Europäische Union ein. Die Schlepper raten den Flüchtlingen, ihre Personalpapiere vor der Reise zu vernichten, damit sie nicht identifizierbar sind.

(Nach: Ingke Brodersen, Rüdiger Dammann: Das neue Europa, Ravensburger Buchverlag, Ravensburg 2007, S. 120 ff. – vom Autor aktualisiert)

D Umstrittene Maßnahmen

Von den insgesamt 67 000 Menschen, die 2008 das Mittelmeer überquerten, um illegal nach Europa einzureisen, kamen alleine 37 000 (2007 waren es noch 19 000) nach Italien. Die rechte Regierung will kein „multi-ethnisches" Italien und betrachtet die Immigranten als „Bedrohung der öffentlichen Sicherheit". Vergangenen Juli verabschiedete das Parlament ein Gesetz, das Immigration zu einem kriminellen Delikt macht und mit Geldstrafen bis zu 10 000 Euro bestraft werden kann. Wer Immigranten Unterkunft gewährt, kann bis zu drei Jahren ins Gefängnis gehen. […]
Die EU will offensichtlich alle Immigrationsrouten nach Europa schließen. Diese Politik der Prävention scheint der Minimalkonsensus unter den Mitgliedstaaten zu sein. 2008 beschloss das EU-Parlament zwar eine Verlängerung der möglichen Internierung von illegalen Immigranten auf maximal 18 Monate, aber zu einem umfassenden, gemeinsamen Maßnahmenkatalog in Sachen Migration ist es noch ein weiter Weg.

(Aus: Alfred Hackensberger: Odyssee ins gelobte Land, in: Das Parlament, Ausgabe 32/33 vom 02.08.2009)

E Das Ziel

In der Europäischen Union sollen die Regeln im Umgang mit Asylsuchenden vereinheitlicht werden. Die sogenannte „Asyl-Lotterie", bei der die Flüchtlinge in verschiedenen Mitgliedstaaten auf höchst unterschiedliche Verfahren träfen, solle beendet werden, erklärte die EU-Kommission in Brüssel.

(Aus: Nachricht der Deutschen Welle, www.dw-world.de vom 21.10.2009, letzter Zugriff 2.11.2009)

Was tun? Drei Beiträge zur Diskussion

Die EU muss ihre Außengrenzen fest verschließen
Selbst wenn sie es wollte, die EU kann nicht alle Armutsflüchtlinge aus Afrika aufnehmen. Das überfordert angesichts der großen Zahl der Flüchtenden die Kraft der Regierungen und die Kraft der Menschen in der EU. Die Außengrenzen zur EU müssen geschlossen und von einer zahlenmäßig starken europäischen Polizei bewacht werden. Die lebensgefährlichen Fluchten aus Afrika werden dann zurückgehen. Das nützt auch den Afrikanern, weil es die Länder dort schwächt, wenn immer mehr junge Menschen ihre Heimat verlassen.

Die EU muss notleidende Menschen aufnehmen
Die EU sollte großzügig verfahren und Menschen, die versichern, sich an die Gesetze halten zu wollen, die Chance eines Aufenthaltsrechtes bieten. Die Flüchtlinge könnten zum Beispiel in den großen landwirtschaftlichen Betrieben im Süden Europas Arbeit finden. Das wäre zugleich die sinnvollste Form von Entwicklungshilfe für Afrika. Arbeitende Immigranten überweisen in der Regel einen großen Teil ihres Verdienstes an ihre Familien in der Heimat. Sie leisten so einen effektiven Beitrag zur länderübergreifenden Armutsbekämpfung.

Die EU muss die Armut in Afrika bekämpfen
Die EU kann nur solchen Menschen eine Aufnahme gewähren, denen in ihrer Heimat politische Verfolgung, Folter oder gar der Tod droht. Politisch verfolgt ist aber nur ein geringer Teil der Immigranten aus Afrika. Die meisten kommen, weil sie arm sind. Armut kann die EU bekämpfen, indem sie ihre Entwicklungshilfeleistungen aufstockt. Wenn sie ihre Anstrengungen zur Bekämpfung der Armut in Afrika weiter erhöht, wird sie dafür sorgen, dass Menschen aus Afrika es in Zukunft nicht mehr nötig haben, aus ihrer Heimat zu flüchten.

1. Aus welchen Gründen verlassen Menschen ihre Heimatländer in Afrika?
2. Welcher der Vorschläge zum Umgang mit den Flüchtlingen ist eurer Ansicht nach der sinnvollste? Unterscheidet in eurem Gespräch zwischen der Perspektive der Europäer und der Afrikaner.

Ein Blick in die Zukunft – Europa in der globalisierten Welt

Herausforderungen

Es ist offensichtlich, dass die Volkswirtschaften der europäischen Staaten vor großen Herausforderungen stehen. Die entstehen zum einen durch die Globalisierung, d. h. die Ausweitung der Marktwirtschaft auf große Teile der Welt. Güter, Kapital, Ideen und Informationen wechseln sehr schnell über die Grenzen, sie sind überall verfügbar – und schaffen eine weltweite Konkurrenz. Das hat für uns unmittelbare Konsequenzen: Für ein Unternehmen in Frankreich ist nicht mehr allein entscheidend, was die Mitbewerber im eigenen Land oder jenseits des Rheins in Deutschland anbieten. Es muss sich auch daran orientieren, was zu welchem Preis in China, in den USA oder in Indien hergestellt wird, und es muss mit diesem Preis mithalten können – entweder indem es seine Produkte genauso billig anbietet oder indem es Waren herstellt, die zwar teurer, dafür aber auch besser sind. Auf der anderen Seite verändern sich unsere Lebensbedingungen aus Gründen, die mit der Globalisierung nichts zu tun haben. Die Bürger werden älter und die Gesellschaften überaltern.

Die EU – „work in progress"

Die Europäische Union ist nach dem Zweiten Weltkrieg aus dem Motiv heraus gegründet worden, die jahrhundertelange Feindschaft zwischen den europäischen Staaten durch Freundschaft und Zusammenarbeit zu ersetzen. Über 50 Jahre später kann man sagen, dass dieses Ziel erreicht worden ist. Zwar gibt es immer noch gegenseitige Vorurteile, aber keiner bedroht den anderen mit Krieg. Die Meinungsunterschiede werden im Konferenzraum ausgetragen und im Allgemeinen mit einem Kompromiss beigelegt, mit dem alle beteiligten Staaten gut leben können. Europa steht heute vor neuen Herausforderungen – von der Abwehr des Klimawandels über die Mitgestaltung der Globalisierung bis zur Bekämpfung des internationalen Terrorismus. Es ist völlig klar, dass kein einzelner Staat in Europa diese Aufgaben allein lösen kann. Aber zusammen sind wir fast eine halbe Milliarde Menschen mit einer starken Wirtschaft im Rücken und einer guten Bildung im Kopf. Gemeinsam können wir etwas ausrichten. Es wird immer diskutiert und gestritten, wie die EU sich weiterentwickeln soll. Dabei gibt es keine Patentlösung, und die Vorstellungen in den verschiedenen Mitgliedstaaten sind ganz unterschiedlich.
Die EU ist also ein „work in progress", sie ist eine Institution, die sich verändert. Damit sie sich in die Richtung entwickelt, die wir, die Bürger Europas, für richtig halten, müssen wir uns einmischen. Der erste Schritt ist die Teilnahme an den Wahlen zum Europäischen Parlament. Je höher die Wahlbeteiligung ist, desto stärker können die Bürger auf Mitsprache pochen. Wenn wir nicht wollen, dass andere für uns entscheiden, müssen wir es selbst tun. Das Europäische Parlament hilft uns dabei.

(Aus: Eckart D. Stratenschulte: Europa. Das Wissensmagazin für Jugendliche, hg. von der Bundeszentrale für politische Bildung, Bonn 2009, S. 43ff.)

Deutsche sehen Zukunft der EU überwiegend optimistisch

In einem Eurobarometer führt die Europäische Kommission in regelmäßigen Abständen repräsentative Befragungen durch. Die folgenden Zahlen stammen aus dem Eurobarometer 2007:

86 % der Deutschen glauben, dass Deutschlands Stimme in der EU zählt.
75 % der Deutschen blicken optimistisch in Europas Zukunft.
65 % halten die Mitgliedschaft Deutschlands in der EU für eine prima Sache.
79 % der Deutschen billigen dem Europäischen Parlament eine wichtige Rolle zu.
93 % der Deutschen kennen das Europäische Parlament.
56 % halten den Frieden zwischen den Mitgliedstaaten für den größten Erfolg der Europäischen Integration. An zweiter Stelle kommt die Öffnung der Grenzen und der freie Verkehr von Personen und Waren (41 %).

(Quelle: Eurobarometer – Nationaler Bericht Deutschland, Pressemeldung der EU vom Frühjahr 2007, vollständiger Text unter www.auswaertiges-amt.de, letzter Zugriff 10.11.2009)

1. Der Text nennt Herausforderungen und Erfolge der EU. Stellt sie einander gegenüber.
2. Welche Probleme in der globalisierten Welt können in einer Gemeinschaft besser gelöst werden als von einzelnen Staaten? Nennt sie und begründet eure Entscheidungen.

Trainingsplatz

Wir suchen nach europäischen Lösungen für globale Herausforderungen

Die EU will sich den globalen Herausforderungen stellen und ihren Beitrag zur Lösung der großen Probleme leisten. Instrumente dafür sind z. B. gesetzgeberische Aktivitäten, finanzielle Unterstützungen, Beratung, Unterstützung von Organisationen, Mitwirkung bei Verhandlungen z. B. durch den Außenminister der EU, Wissenstransfer, Entwicklung von Hilfsprogrammen, Einsatz von Helfern und Konfliktberatern, Schulung ausländischer Arbeitskräfte, Bildungs- und Austauschprogramme etc.

Globale Herausforderung	Unser Vorschlag
1. Flüchtlingsströme, illegale Einwanderung in die EU	?
2. Kampf gegen Armut und Unterentwicklung	
3. Bekämpfung des internationalen Terrorismus	
4. Stärkung der Menschenrechte	
5. Schutz der Umwelt	
6. Förderung des Friedens weltweit	

Ideentopf

Friedenssicherung durch Einsatz einer gemeinsamen europäischen Streitmacht, Aufbau von Gesundheitssystemen in unterentwickelten Ländern, Verabschiedung europäischer Gesetze zum Schutz des Wassers, der Böden und der Luft, Schaffung gleichberechtigter Handelsbedingungen für die Länder der Dritten Welt, Finanzierung von Schulen und anderen Bildungseinrichtungen in Afrika und weiteren Armutsländern, Maßnahmen zum Schutz vor ausbeuterischer Kinderarbeit, humanitäre Hilfe gegen Hunger und Katastrophenfälle, Dialog mit der islamischen Welt, Verstärkung der Anstrengungen zur Entwicklungshilfe, Verbesserung der internationalen Waffenkontrolle, Ausbau der europäischen Polizei Interpol, verstärkte Öffnung des europäischen Binnenmarktes für Produkte aus Entwicklungsländern, Förderung der internationalen Zusammenarbeit der Polizei, Finanzierung von ärztlicher Hilfe weltweit

Euer Auftrag:

In einem Gruppengespräch sollt ihr überlegen, welchen Beitrag die Europäische Union zur Lösung der Probleme leisten kann. Eure Vorschläge sollt ihr anschließend in der Klasse vortragen und dann gemeinsam über die Chancen und Grenzen ihrer Durchsetzbarkeit diskutieren. Zur Vorgehensweise empfehlen wir eine Placemat-Übung.

So könnt ihr vorgehen:

- Bildet Dreiergruppen.
- Bereitet ein Blatt vor, das ihr in drei Einzelfelder und in ein Gemeinschaftsfeld aufteilt.
- Betrachtet die Liste der globalen Herausforderungen und überlegt zunächst einzeln und still, welche Lösung ihr für denkbar haltet. Füllt dazu euer Einzelfeld aus.
- Stellt euch gegenseitig eure Lösungsvorschläge vor.
- Beratet gemeinsam und tragt in das Lösungsfeld maximal fünf gemeinsame Lösungsvorschläge ein.

So könnt ihr euer Blatt einteilen.

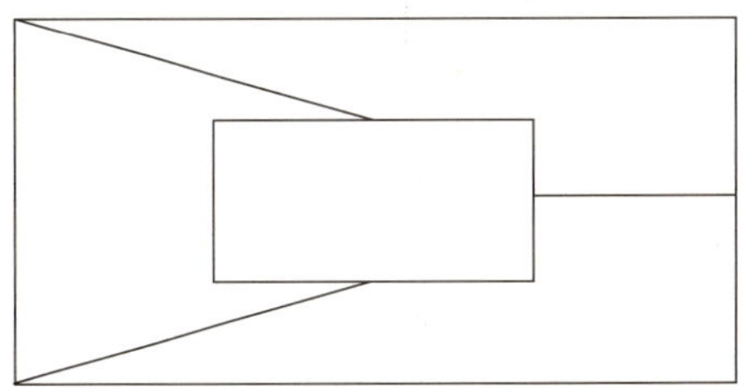

Muss die EU sich auch militärisch engagieren?

Wenn man an die EU denkt, kommt einem in der Regel zunächst nur in den Sinn, was im Inneren der Gemeinschaft geschieht: Öffnung der Grenzen zwischen den Mitgliedstaaten, Einführung des Euro, Stärkung der Stellung des Europäischen Parlaments – sind dabei einige der Themen, die im öffentlichen Bewusstsein sind. Dass die EU auch eine aktive Außen- und Sicherheitspolitik betreibt, kommt einem weniger in den Sinn.
Lange Zeit war die Außenpolitik auch ein eher vernachlässigtes Feld in der Geschichte der EU. Das hat sich seit Beginn der 90er-Jahre stark verändert. Angesichts neuer Bedrohungen in der Welt verstärkt die EU ihre Bemühungen, auch in Fragen der Sicherheitspolitik über ihre Grenzen hinaus zu agieren.
Vor diesem Hintergrund wird die Forderung immer lauter, die einzelnen EU-Staaten sollten ihre nationalen Armeen aufgeben und stattdessen eine gemeinsame europäische Armee gründen.
Hier könnt ihr euch über die Grundlagen der europäischen Außen- und Sicherheitspolitik informieren und dann die Argumente prüfen, die für und gegen die Bildung einer europäischen Armee sprechen.

Ankunft einer EU-Friedenstruppe im Tschad

In der Außen- und Sicherheitspolitik mit einer Stimme sprechen

Mit dem folgenden Text stellt die EU ihr außen- und sicherheitspolitisches Konzept dar.

Die EU hat vor dem Hintergrund ihrer wachsenden Wirtschaftskraft ihre eigene Außen- und Sicherheitspolitik entwickelt. So kann sie in Angelegenheiten von weltweitem Interesse mit einer Stimme sprechen – und handeln. Angesichts regionaler Konflikte in Europa und in anderen Teilen der Welt in den 90er-Jahren und angesichts der Notwendigkeit, den Terrorismus zu bekämpfen, sind die Staats- und Regierungschefs der EU zu der Überzeugung gelangt, dass formelle Instrumente für diplomatische Bemühungen und Interventionen geschaffen werden müssen. […]
Die Gemeinsame Außen- und Sicherheitspolitik **(GASP)** der EU baut auf dem Grundsatz der „soft power" auf, d. h. Einsatz von diplomatischen Mitteln – nötigenfalls in Verbindung mit Handels-, Hilfs- und Friedenssicherungsmaßnahmen – zur Lösung von Konflikten und zur Förderung des internationalen Verständnisses.
Die EU hat weltweit Friedensmissionen in verschiedene Krisengebiete gesandt. Im August 2008 vermittelte sie im Krieg zwischen Georgien und Russland einen Waffenstillstand und entsandte ihre Beobachter vor Ort. Darüber hinaus stellte sie humanitäre Hilfe für Vertriebene bereit und berief eine internationale Geberkonferenz für Georgien ein. […]
Die ersten Militärmissionen fanden auf dem Balkan statt. 2005 übernahm die EU von der NATO das Kommando über die Stability Force (SFOR) in Bosnien und Herzegowina. Es folgten weitere, kürzere Missionen in Afrika, Asien und dem Mittleren Osten.
Im Mai 2007 entsandte die EU eine Polizeimission für drei Jahre nach Afghanistan. Anfang 2008 wurde eine militärische Einheit der EU von mehr als 3000 Personen im Grenzgebiet zwischen dem Tschad und der Zentralafrikanischen Republik stationiert, um die aufgrund der Kämpfe in der benachbarten sudanesischen Region Darfur vertriebenen Flüchtlinge zu schützen.
Im Dezember 2008 startete die EU ihre erste Marineoperation zum Schutz der Schiffe vor Piraten an der somalischen Küste, insbesondere von Schiffen, die Nahrungsmittelhilfe für Somalia an Bord mitführen.
Die Außen- und Sicherheitspolitik ist ein Bereich, in dem die meisten Befugnisse weiterhin bei den einzelnen EU-Mitgliedstaaten liegen. Die Europäische Kommission und in geringerem Maße auch das Europäische Parlament sind jedoch in die Entscheidungsprozesse eingebunden. Die wichtigsten Entscheidungen werden einstimmig getroffen.

(Aus: Außen- und Sicherheitspolitik der EU, www.europa.eu, Zugriff 07.01.2010)

Team kontrovers: Braucht die EU eine gemeinsame Armee – Ja oder Nein?

Von 1999 an übertrugen die Mitgliedstaaten der EU das Recht, in Krisengebieten außerhalb der EU tätig zu werden. Ab 2004 wurde dazu eine Eingreiftruppe für militärische Einsätze gebildet, deren Stärke mittlerweile etwa 60 000 Soldatinnen und Soldaten umfasst. Die Truppe ist in Einheiten von jeweils 1 500 Personen unterteilt. Sie kann aktiv werden, wenn die Mitgliedstaaten den Einsatz einstimmig beschließen und wenn die NATO (= das nordatlantische Verteidigungsbündnis) und die UNO (= die Vereinten Nationen) das wünschen. Die Eingreiftruppe stellt keine die nationalen Streitkräfte der Mitgliedstaaten ersetzende Armee dar.
Eine europäische Armee wird von Befürwortern einer weiteren europäischen Integration gefordert.

Nein, jedes Land soll weiterhin seine eigene Armee haben.

Es würde die Kraft der EU völlig überfordern, wollte sie die nationalen Streitkräfte aller 27 Mitgliedstaaten durch eine gemeinsame Armee ersetzen. Auch gäben die Staaten einen äußerst wichtigen Teil ihrer nationalen Souveränität auf.
Die Bürgerinnen und Bürger eines Landes wollen von ihrer eigenen Armee geschützt werden und nicht von einer Streitmacht, deren Soldaten 27 verschiedenen Ländern angehören. In den überschaubaren nationalen Armeen können Entscheidungen viel schneller getroffen werden als in einer zusammengewürfelten Truppe.
Kein Land in der Europäischen Union wird derzeit von einem äußeren Feind ernsthaft bedroht. Daher besteht überhaupt keine Notwendigkeit für eine solche tief greifende Veränderung.
Eine gemeinsame Armee würde in der weiteren Konsequenz dazu führen, dass es auch eine gemeinsame europäische Regierung geben muss, welche dann die Befehlsgewalt über diese Armee ausübt. Das geht aber eindeutig zu weit und das wollen die Menschen in Europa nicht.
Mit einer gemeinsamen europäischen Armee würde in Europa ein neues Machtzentrum geschaffen werden, das eher eine Bedrohung für den Frieden darstellt als eine Einrichtung zum Schutz des Friedens.

Ja, es soll in Zukunft eine gemeinsame europäische Armee geben.

Unter dem Gesichtspunkt der internationalen Friedenssicherung ist die Schaffung einer gemeinsamen europäischen Armee ein unverzichtbares Ziel, das in nächster Zukunft realisiert werden sollte.
Die Leistungsfähigkeit der Streitkräfte könnte so erheblich gesteigert werden. Europas Staaten würden noch enger als bisher zusammenrücken. In dem Maße, in dem sie ihre Kräfte bündeln, nähme auch ihre Sicherheit zu. Die EU könnte endlich in allen sicherheitspolitischen Fragen mit einer Stimme sprechen. Sie hätte somit ein viel größeres Gewicht im Umgang mit den anderen großen Machtzentren auf der Welt. Zurzeit ist die EU zwar ein wirtschaftlicher Riese und sicherheitspolitisch nur ein Zwerg. Sie hat kaum Möglichkeiten der Einflussnahme auf Konfliktherde, die den Weltfrieden insgesamt bedrohen. Das würde sich schlagartig ändern, wenn es eine gemeinsame Armee gäbe. Von dieser Armee würde keinerlei Bedrohung ausgehen. Im Gegenteil: Ihre Mission wäre, überall, wo es erforderlich erscheint, friedensstiftend einzuwirken – z. B. indem sie die Bevölkerung in Krisengebieten schützt. Deutschland und die anderen Staaten in der EU würden erhebliche Kosten einsparen. Die vielen teuren nationalen Armeen sind letztendlich eine Verschwendung von Geld und Ressourcen. Diese Mittel könnten an anderer Stelle viel sinnvoller eingesetzt werden.

1. Bevor ihr euch eine eigene Meinung bildet und mit der Diskussion beginnt, solltet ihr die verschiedenen Argumente isolieren und in Kurzform notieren.
2. Überlegt in einem zweiten Schritt, welche der Argumente eher aus einem nationalen und welche eher aus einem europäischen Interesse heraus formuliert sind.

Begriffe für euer Fachwörterlexikon

Memorystationen

Die Europäische Union

Station 1 Europa im Alltag

Fehlurteile korrigieren

Weise Herrn Kleinschmidt an mindestens fünf Merkmalen nach, dass die Europäische Union doch in sein Alltagsleben hineinwirkt.

Station 2 Die Europäische Union: Was ist das eigentlich?

4 Aussagen – 3 Blöcke

Aus jedem der drei Blöcke musst du hier eine Teilaussage entnehmen und daraus vier Merksätze über die EU formen.

Block A

A Die Europäische Union ist …

B Ein wichtiges Datum auf dem Weg zu einer Reform der EU ist …

C Der europäische Binnenmarkt ist …

D Die Europäische Währungsunion ist …

Block B

1. … der 1. Dezember 2009, weil an diesem Tag nach einer Zeit heftiger Auseinandersetzungen …
2. … der freiwillige Zusammenschluss mehrerer Staaten mit dem Ziel, ihre unterschiedlichen …
3. … ein Gebiet mit freiem Waren-, Dienstleistungs-, Personen- und Kapitalverkehr ohne Grenzen für alles, was …
4. … ein Zusammenschluss demokratischer europäischer Staaten, die …

Block C

5. … Währungen abzuschaffen und einen gemeinsamen Währungsraum zu bilden.
6. … der Vertrag von Lissabon zur Reform der Europäischen Union in Kraft trat.
7. … sich der Wahrung des Friedens und dem Streben nach Wohlstand verschrieben haben.
8. … sich im wirtschaftlichen Geschehen von einem Ort zum anderen bewegen will.

Station 3 Wie wird in Europa für Europa Politik gemacht?

5-mal richtig – 5-mal falsch

Finde die fünf richtigen Aussagen und notiere sie.	richtig	falsch
1. Das Europäische Parlament wird alle fünf Jahre gewählt.	?	
2. Das Europäische Parlament hat das alleinige Recht, Gesetze vorzuschlagen.		?
3. Die Europäische Kommission entscheidet über die europäischen Gesetze.		
4. Die Europäische Kommission ist Motor bzw. Regierung der EU.		
5. Der Ministerrat der EU besteht aus Kommissaren, die vom Volk gewählt werden.	?	
6. Im Ministerrat werden Entscheidungen getroffen, die Gesetzeskraft haben.		
7. „Europäisches Gipfeltreffen" nennt man die öffentlichen Sitzungen des Parlaments der EU.		?
8. Der Europäische Rat der Staats- und Regierungschefs ist der Wegweiser der EU.		
9. Die Richter am Europäischen Gerichtshof werden von den Bürgern gewählt.	?	
10. Entscheidungen des Europäischen Gerichtshofs können die Mitgliedstaaten zur Einhaltung des europäischen Rechts zwingen.		

Station 4 Herausforderungen für die Zukunft der EU

3 plus 3 plus 3 plus 3

Wähle aus den folgenden Aufgaben eine oder zwei zur Bearbeitung aus.

Der Vertrag von Lissabon	Die Aufnahme der Türkei in die EU	Das Schicksal der Armutsflüchtlinge aus Afrika	Europa in der globalisierten Welt

Formuliere drei Neuerungen, die der Vertrag für die Menschen in der EU mit sich bringt.	Formuliere drei Kriterien, die ein Land erfüllen muss, um in die EU aufgenommen zu werden.	Formuliere drei Antworten: • Warum wollen die Menschen in die EU? • Was ist das Problem für die Europäer? • Wie kannst du dir eine Lösung des Problems vorstellen?	Formuliere drei Herausforderungen globalen Ausmaßes, denen sich die EU in der Zukunft stellen muss.

3 Die Globalisierung und wir

Wie verändert sie unser Leben?

Welche Gedanken zum Thema Globalisierung löst das Foto in euch aus? Sammelt gemeinsam mithilfe eines Brainstormings.

Worum geht es?

Globalisierung gehört längst zu unserem Alltag. Für uns ist es inzwischen ganz normal,

- dass man in fast jeder Ecke der Welt die Geschichte von Harry Potters Kampf gegen Lord Voldemort kennt,
- dass am Flughafen Tegel die Lautsprecherstimme ab 18 Uhr aus Kalifornien kommt,
- dass der Werbeanruf für eine Versandhauskette aus Bangladesch kommt,
- dass über zwei Milliarden Menschen am Bildschirm das Endspiel der Fußballweltmeisterschaft verfolgen können,
- dass Globalisierungskritiker ihre Protestaktionen weltweit untereinander über das Internet abstimmen.

Als Globalisierung bezeichnet man das weltweite Zusammenwachsen von Wirtschaft und Gesellschaft. Es ist ein Prozess, der die Arbeitswelt und auch unseren Alltag in den letzten Jahren tief greifend verändert hat und auch weiter verändern wird. Welche Chancen, aber auch welche Risiken dieser Prozess hat und wie die Menschen mit diesen Risiken umgehen, ist Thema dieses Kapitels.

Wenn ihr dieses Kapitel bearbeitet, könnt ihr …

- anhand von Beispielen wirtschaftliche, politische und kulturelle Merkmale der Globalisierung beschreiben und die Folgen des Prozesses erklären,
- im World Café über eure Einstellung zur Globalisierung nachdenken und diskutieren,
- am Beispiel der Ausbeutung von Arbeitskräften in Entwicklungsländern und der weltweiten Finanzkrise Probleme der Globalisierung beschreiben und über Lösungsmöglichkeiten diskutieren,
- in einem Szenario ein Zukunftsbild der globalisierten Gesellschaft und Wirtschaft entwerfen.

1 Wie erleben wir die Globalisierung im Alltag?

Auf dieser und der nächsten Doppelseite findet ihr vier Beispiele aus vier Gebieten. Ihr könnt die Materialien arbeitsteilig in Gruppen bearbeiten:

- Bearbeitet zunächst in Einzelarbeit ein Beispiel und formuliert Antworten auf die Arbeitshinweise.
- Bildet Gruppen, die sich aus je einem Bearbeiter der Beispiele 1 bis 4 zusammensetzen.
- Stellt der Reihe nach den Inhalt eures Materials und die beantworteten Arbeitsaufträge vor.
- Erstellt gemeinsam in der Gruppe eine Mindmap, in der ihr wichtige Arbeitsergebnisse visualisiert.
- Präsentiert die Mindmap vor der Klasse.

Allein zu Hause und doch unter Freunden – dank sozialer Netzwerke im Internet

Beispiel 1: Kommunikation im Internet

Geschwindigkeit ist das markanteste Zeichen der Globalisierung – Zeit ist Geld. Dabei hilft die moderne Technik. Schüler und Studenten treffen sich, wenn sie miteinander reden wollen, oft nicht mehr persönlich, sondern über PC und Breitbandanschluss. Sie brauchen ihr Zimmer nicht mehr zu verlassen, um Mitglied eines sogenannten sozialen Netzwerkes zu sein. Das größte Netzwerk dieser Art ist *myspace* mit über 200 Millionen Mitgliedern in aller Welt. Es ist eine Online-Plattform mit Videos und Musikstücken, die bei Musikern und Fans sehr beliebt ist. Bei *facebook* (über 58 Millionen Mitglieder) treffen sich Freunde und Bekannte, reden miteinander, pflegen ihre neuen Kontakte, bilden neue Freundeskreise. Wer heute über einen Anschluss verfügt, ist an keinen Standort mehr gebunden, kann mit Leuten in der ganzen Welt reden und, wie die Befürworter dieser Entwicklung begeistert feststellen, zur Völkerverständigung beitragen. Kritiker nennen diese Art des Kommunizierens allerdings eher oberflächlich und sehen darin keinen Ersatz für die persönliche Begegnung.

(Aus: Gerd Schneider: Globalisierung, Arena Verlag, Würzburg 2008, S. 36f.)

Small World

Das Internet ist eine kleine Welt: Jeder kennt jeden über durchschnittlich sechs Ecken. Das hat ein Experiment amerikanischer Soziologen ergeben, die den E-Mail-Verkehr von 61 168 Freiwilligen aus 166 Ländern ausgewertet haben. [...]
Die Teilnehmer des [...] Projekts sollten eine E-Mail so lange weiterleiten, bis diese einen von 18 vorbestimmten Empfängern in 13 Ländern erreichte. Von denen waren Daten wie Name, Beruf und Wohnort bekannt. Die Studienteilnehmer sandten ihre elektronische Post dazu an Bekannte, von denen sie annahmen, dass diese näher am Zielobjekt „dran“ waren [...], eine der beschriebenen E-Mail-Ketten nahm ihren Ursprung in Eastbourne (Großbritannien). Ein britischer Offizier sandte die Nachricht zu seinem Onkel im ugandischen Kampala, von wo aus sie zu dessen Internet-Freundin Karina nach Moskau gelangte. Karina war mit Zinerva aus Novosibirsk zur Schule gegangen, wohin sie die Mail weiterleitete. Zinerva hatte mit dem „Zielobjekt“ Olga studiert, die ebenfalls in Novosibirsk wohnt – und beendete die Kette. [...]

(Aus: Westfälische Nachrichten, 8.8.2003, dpa)

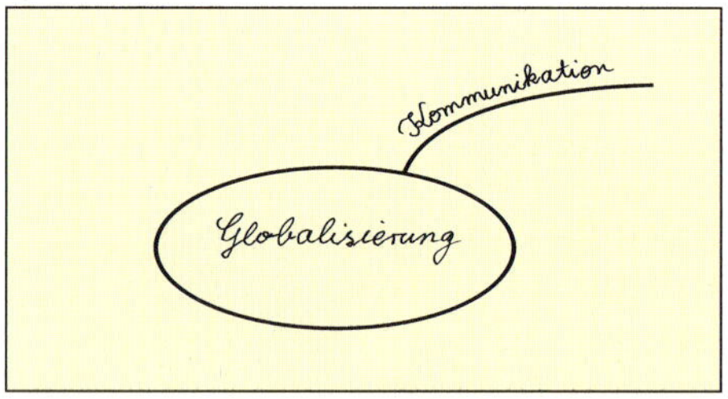

1. Erläutert, wie sich die Kommunikation und der Umgang der Menschen miteinander durch die Globalisierung verändert haben.
2. Die meisten jüngeren Menschen empfinden diese Veränderungen als überwiegend positiv. Fallen euch auch negative Aspekte auf?

Beispiel 2: Produktion und Handel

In der globalisierten Wirtschaft wird rund um die Uhr und rund um den Globus produziert. Das trifft auch auf die Produktion einer elektrischen Zahnbürste zu.
Die Firma Philips produziert, inklusive Zulieferfirmen, die elektrische Zahnbürste „Sonicare Elite 7000“ und ihre Schwestermodelle an zwölf Standorten und in fünf Zeitzonen. Ein- bis zweimal in der Woche verlassen rund 100000 Platinen* mit aufgelöteten Komponenten [= Einzelteile] das Werk in Manila. Vom Cargo-Flughafen Manilas werden sie via Tokio nach Seattle geflogen; eine Verzögerung von einem halben Tag kann alles durcheinanderbringen, man arbeitet mit einem Minimum an Lagerreserven. [...] Die Zahnbürste besteht im Wesentlichen aus 38 Komponenten. Die Einzelteile für die Energiezelle stammen aus Japan, Frankreich, China. Die Platine, das elektronische Herzstück, kommt, vorgeätzt, aus Zhuhai, im Südosten Chinas.
Nicht weit von Zhuhai, aus der chinesischen Industriestadt Shenzhen, stammen auch die Kupferspulen, gedreht von Heerscharen von Frauen mit verpflasterten Fingerspitzen – die Globalisierung ist weiblich.
Die 49 Komponenten auf der Platine, streichholzkopfgroße Transistoren und Widerstände, wiederum stammen aus Malaysia. In Manila werden sie aufgelötet und getestet. Dann ausgeflogen nach Snoqualmie, an die amerikanische Westküste, wo das Mutterwerk ist. Gleichzeitig kommen aus Klagenfurt per Lkw die komplizierteren Kunststoff-Gussteile nach Bremerhaven, außerdem in Klagenfurt vorgeschnittene Stahlblätter, der Spezialstahl stammt aus Sandviken, Schweden. Von Bremerhaven aus fährt ein Frachtschiff die halbe Bürste über den Atlantik nach Port Elizabeth, New Jersey. Von dort geht es per Bahn weiter, quer durch die USA. Und in Snoqualmie, 40 Autominuten von Seattle entfernt, wird alles zusammengeschraubt, verpackt.
Zu dem Zeitpunkt haben die Komponenten 27880 Kilometer zurückgelegt, zwei Drittel des Erdumfangs. Philips ist ein niederländischer Konzern. Aber unter etwa 120 Leuten, die man auf einer Reise durch das Karussell der Kulturen und Kontinente trifft, sind gerade mal zwei Niederländer. Der Vorarbeiter im amerikanischen Snoqualmie stammt aus Gambia. Bernhard Lim Nam Onn, der Chef in Zhuhai, ist Chinese, aber in Malaysia geboren und in Singapur aufgewachsen. Es gibt Iren, Ukrainer, Inder, Kambodschaner, Vietnamesen, Thailänder. Globalisierung schafft überall auf der Welt ganz neue Lebensläufe und verzahnt sie.

(Nach: Ralf Hoppe: Die Weltbürste, in: Spiegel spezial, Globalisierung, 7/2005, S. 136f.)

* Platinen sind kleine Platten, auf die die elektronischen Bauteile montiert werden.

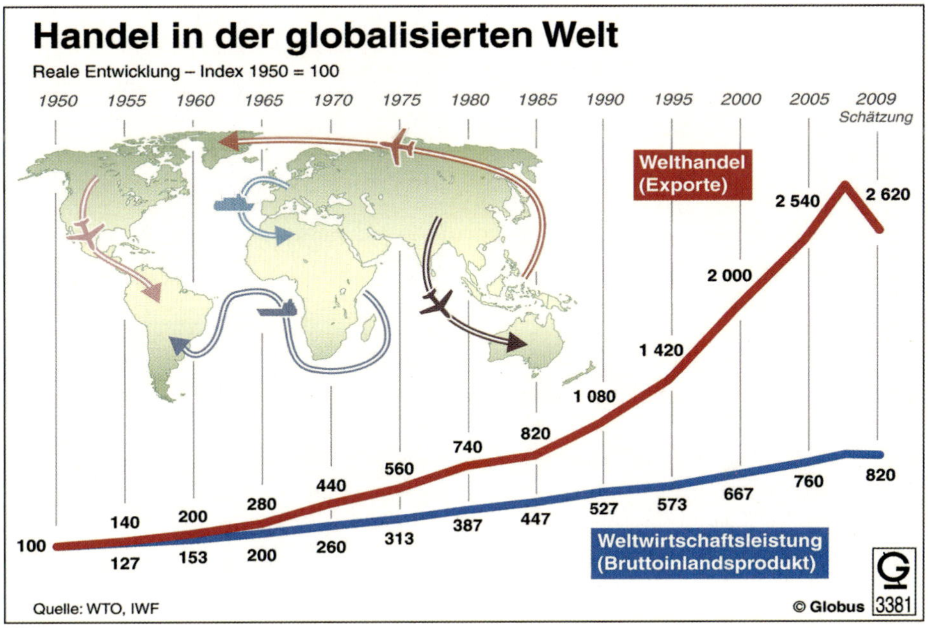

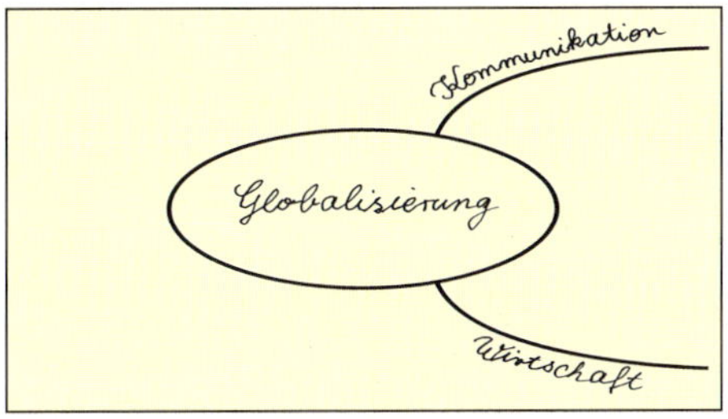

1. Erklärt am Beispiel der elektrischen Zahnbürste „Sonicare Elite 7000“, wie in der globalisierten Wirtschaft produziert wird.
2. Welche Auswirkungen auf den Welthandel hat die Globalisierung? Betrachtet dazu das Schaubild.

Beispiel 3: Kultur

Traditionen verblassen
Das rosa gestrichene Zimmer der 13-jährigen Jiang Yufei in Shanghai hängt voller Poster taiwanesischer Popstars und ihrer Lieblingssängerin Avril Lavigne, sie hat einen iPod und mag Pizza und Burger. Aus dem Fenster im 15. Stock sieht sie auf die Türme der Megametropole. „Ich liebe große Städte", sagt sie. „Da kann man am besten shoppen." Nur 35 Yuan – knapp vier Euro – bekommt sie Taschengeld pro Woche, aber dafür von Verwandten ein paar Tausend an hohen Feiertagen wie dem chinesischen Neujahrsfest. Jiang ist ein aufgewecktes Mädchen mit runder Brille, Pferdeschwanz und Nike-Turnschuhen. „Sie ist schon so weit, dass sie sagt: Adidas mag ich nicht. Ich möchte Nike-Schuhe, die sind bequemer", sagt ihre Mutter. „Sie kann leicht an einem Tag 100 oder 200 Yuan ausgeben." […]
Seit Geld und Güter fast ungehindert und in immer schnellerem Tempo um den Erdball jagen, breitet sich der westliche Lebensstil in immer mehr Ländern und Kulturen aus. Die Menschen vergessen althergebrachte Traditionen, sagen Kritiker. Stattdessen huldigen sie Coca-Cola, Sony oder Nike.

Musik verbindet
Für den 31-jährigen Aniruddha Shanbhag lässt sich die Globalisierung in drei Buchstaben zusammenfassen: MTV. Anfang der 90er-Jahre bekam er in seiner Heimat in Indien erstmals den amerikanischen Musiksender zu sehen. Und die Videos amerikanischer und europäischer Bands haben das südasiatische Land ebenso verändert wie viele andere Regionen der Welt: Statt für die traditionelle Musik ihres Landes interessierten sich Jugendliche wie Aniruddha plötzlich für Bands wie Metallica und Nirvana. Und statt eines klassischen indischen Wickelrocks trugen junge Leute lieber absichtlich geschlitzte Jeans. Kurz nach MTV kam auch Coca-Cola nach Indien und in den vergangenen Jahren folgte die Burgerkette. Unter dem Eindruck von MTV ist Aniruddha Toningenieur geworden, dann hat er für einen Internetshop Musik-CDs aus anderen Ländern eingekauft. Inzwischen verkauft er Versicherungen für eine Tochterfirma des deutschen Allianz-Konzerns. Sieben Sprachen hat sich Aniruddha nebenbei angeeignet. Auf Deutsch bringt er nur ein paar Worte über die Lippen, aber er weiß, dass Bayern München Rekordmeister ist.

(Aus: Anette Dowideit, Steffen Fründt, Sebastian Jost, Christiane Kühl: Generation global, in: Welt am Sonntag, Globalisierung kinderleicht vom 25.01.2009, S. 19)

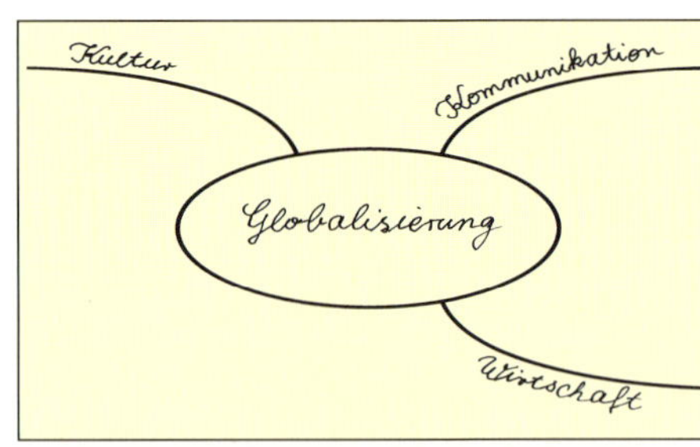

1. Erläutert am Beispiel Jiang Yufeis und Aniruddha Shanbhags, welchen Einfluss die Globalisierung auf ihren Lebensstil hatte.

Beispiel 4: Umwelt

Die eine Hälfte der Menschheit hat kein oder kaum sauberes Wasser. Die anderen Milliarden Menschen verbrauchen inzwischen offenbar mehr als nachfließt.
Wo viele Menschen wohnen, ist Wasser fast immer knapp. Insgesamt übersteigt die Nachfrage weltweit inzwischen deutlich die Menge, die aus sich natürlich erneuernden Quellen gedeckt werden kann. […]
Im Norden Chinas verbrauchen die intensivierte Landwirtschaft, die florierende Industrie und eine Bevölkerung, deren wachsender Wohlstand die Ansprüche steigert, mehr Wasser, als die Natur nachliefern kann. In Indien werden gigantische Kanalprojekte diskutiert, um die Knappheit in weiten Teilen des Landes zu bekämpfen. In Spanien stellt man sich auf die Verwüstung weiter Gebiete ein. Ohnehin eher trockene Länder wie Australien oder Äthiopien litten im vergangenen Jahr unter extremer Dürre. Und die Prognosen sehen dort weiter sinkende Niederschläge voraus. Wie genau sich das Klima und damit die Wassersituation auf der Erde entwickelt, weiß niemand, sagt Malin Falkenmark, Hydrologin am Stockholm International Water Institute. […]
Bereits heute ist Wasser Ursache unzähliger politischer, sozialer und wirtschaftlicher Konflikte. Wie Bodenschätze und fruchtbares Land ist es sehr ungleich verteilt. Die Hälfte des nutzbaren Süßwassers ist im Besitz von einem halben Dutzend Ländern. Ähnlich ungleich verteilt ist auch die Trinkwasserqualität. Eine Milliarde Menschen hat keinen Zugang zu sauberem Wasser, 2,5 Milliarden leiden unter ungenügenden Hygienestandards – zusammen macht das mehr als die Hälfte der Menschen auf dem Planeten Erde. […]
Es muss darum gehen, Wasser effizienter zu gebrauchen, „anstatt zu versuchen, ein unerschöpfliches Wasserangebot zu garantieren“. Dezentral ließen sich zum Beispiel Regenwasserreservoire einrichten, und Effizienz bedeutet, zum Beispiel weniger Trinkwasser als bisher zum Wegspülen von Abfällen zu nutzen. […]
Für die Zukunft ist die Frage, wie Staaten, internationale Organisationen und Unternehmen die Wasserprobleme bewältigen, zumindest ebenso wichtig wie der Umgang mit schwindenden Ölreserven und dem Klimawandel. „Wasser ist selten per se knapp“, sagt Christian Leibundgut, bis vor Kurzem Leiter des Instituts für Hydrologie der Universität Freiburg. „Wasserkrisen sind eigentlich immer eine Folge falschen Managements.“

(Nach: Richard Friebe: Der erschöpfte Planet, www.sueddeutsche.de, letzter Zugriff 23.03.2009)

Sauberes Wasser – in einigen Regionen der Welt im Überfluss vorhanden, in anderen Gegenden äußerst knapp, wie hier in Indien, wo die Menschen in langen Schlangen um Trinkwasser anstehen.

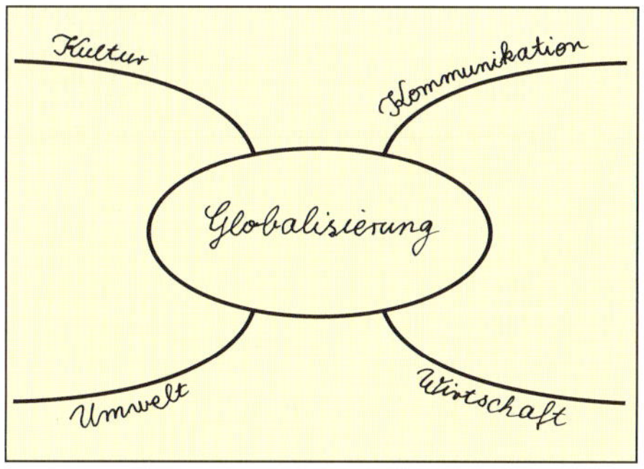

1. Warum ist Wasserknappheit ein Problem, das global gelöst werden muss?
2. Im Text steht, dass Wasser zu unzähligen politischen, sozialen und wirtschaftlichen Konflikten führen kann. Versucht zu erklären, warum das so ist.

Wir diskutieren im World Café über Globalisierung

Für die Dauer einer Unterrichtsstunde könnt ihr eure Klasse in ein World Café verwandeln. Das geht ohne großen Aufwand. Man benötigt Gruppentische, einige Bögen Papier und einige dicke farbige Stifte. In einem World Café sitzt man an Tischen zusammen, um über wichtige Weltfragen zu sprechen und miteinander zu diskutieren. Überall auf der Welt veranstalten Schülerinnen und Schüler mittlerweile solche Caférunden. Die Methode ist beliebt, weil man so in angenehmer Atmosphäre seine Gedanken äußern kann.
In eurem World-Café sollt ihr euch darüber austauschen, wie die Globalisierung Kommunikation, Wirtschaft und Kultur verändert hat und wie diese Veränderungen zu bewerten sind.
Anregungen für eure Diskussion findet ihr auf der folgenden Seite. Wenn euch nur eine Unterrichtsstunde zur Verfügung steht, müsst ihr vielleicht die Gesprächsrunden verkürzen und in der Folgestunde fortsetzen.

So organisiert man das World Café:

1 Stellt eure Schultische zusammen und gruppiert sie so im Raum, dass eine angenehme Kaffeehausatmosphäre entsteht. Der Erfolg eures World Cafés hängt auch davon ab, dass ihr ein Klima schafft, in dem sich jeder wohlfühlt.

2 Legt große Papierbögen auf den Tischen aus (am besten Packpapier). Die Tischflächen sollten möglichst vollständig bedeckt sein. Legt farbige dicke Stifte bereit.

3 Bildet Gruppen mit vier bis fünf Teilnehmern. Jede Gruppe bestimmt eine Gastgeberin oder einen Gastgeber. Sie haben die Aufgabe, die Gäste zu begrüßen, das Gespräch zu leiten und die Beiträge zusammenzufassen.

4 Die Gastgeberin oder der Gastgeber gibt das erste der Themen vor und liest dazu die Diskussionsthesen vor (siehe nächste Seite). Die Gäste notieren in zwei bis drei Minuten ihre Gedanken dazu auf dem Papier. Anschließend reden und diskutieren sie miteinander. Der Gastgeber übernimmt die Gesprächsleitung. Nach einer vorher bestimmten Zeit (zum Beispiel 8 bis 10 Minuten) fasst der Gastgeber die Diskussion mündlich zusammen und verabschiedet die Gäste. Damit endet die erste Runde.

5 Nun wechseln die Gruppen die Tische. Nur die Gastgeber bleiben sitzen. Sie begrüßen die neuen Gruppen an ihrem Tisch und stellen vor, was die „Caféhausgäste“ in der ersten Runde gesagt haben. Mit dem Thema 2 und dem Verlesen der Thesen dazu beginnt eine neue Runde nach dem gleichen Muster wie beim Thema 1. Zum dritten Thema wird wieder gewechselt.

6 Nach dem Durchlaufen von drei oder vier Runden könnt ihr im Plenum die Einzelergebnisse auswerten und zusammenfassen:
Was war besonders interessant?
In welchen Punkten waren sich die Gruppen einig, wo gab es besonders große Unterschiede?
Was war überraschend?

(Nach einer Idee von teamGlobal, Bundeszentrale für politische Bildung und www.theworldcafe.com)

Darüber könnt ihr im World Café diskutieren

Auf dieser Seite findet ihr Diskussionsvorschläge für vier Runden. In den Sprechblasen sind jeweils zwei gegensätzliche Meinungen dargestellt. Schreibt auf, wie ihr darüber denkt und begründet eure Meinung.

1. Runde: Thema Kommunikation

Toll, dass man über das Internet Menschen auf der ganzen Welt kennenlernen kann. Das fördert weltweite Freundschaften und baut Vorurteile ab.

Das sind doch nur ganz oberflächliche Kontakte. Echte Freundschaften kann man nur in der persönlichen Begegnung finden.

2. Runde: Thema Wirtschaft

Von der internationalen Arbeitsteilung profitieren alle – besonders die Verbraucher.

Die Umwelt profitiert nicht. Im Gegenteil, sie wird sogar massiv geschädigt. Schuld daran sind die langen Transportwege.

3. Runde: Kultur

Die Globalisierung hat zu einem ähnlichen Lebensstil von Jugendlichen in aller Welt geführt. Das fördert Freundschaften.

Die Globalisierung zerstört regionale Lebensweisen. Viele Jugendliche kennen nicht einmal mehr wichtige Traditionen ihrer Heimat.

4. Runde: Umwelt

Wasser ist ein globales Problem, das nur durch internationale Zusammenarbeit gelöst werden kann.

Für die Wasserversorgung ist jeder Staat selbst verantwortlich. Dazu braucht man keine internationale Zusammenarbeit.

Wie denken andere Jugendliche über Globalisierung?

Globalisierung? Mit dem Begriff können viele Jugendliche nicht viel anfangen, sagt der Jugendforscher Claus Tully. Für viele ist das Thema auf den ersten Blick tatsächlich belanglos. […]
Auf den zweiten Blick macht die Globalisierung vielen Jugendlichen Angst. […]
Auch die Frage, ob sie später selber einmal eine Arbeitsstelle finden, bewegt viele Jugendliche. Auch aus diesem Grund sehen sie die Globalisierung pessimistischer als noch vor ein paar Jahren.
Ganz unbegründet sind die Ängste nicht: „Konkurrenz auf dem globalen Arbeitsmarkt wird in Zukunft noch höher sein als heute", sagt Klaus Schrader, Globalisierungsexperte am Institut für Weltwirtschaft in Kiel […] „Die Konkurrenz kommt aus allen Ecken der Welt", sagt Schrader.
Auch in Berufen, für die man ein Universitätsexamen braucht, wird die Konkurrenz größer. In Zukunft wird es keine Seltenheit mehr sein, dass tschechische Elektroingenieure und polnische Unternehmensberater ihre Dienste in Deutschland anbieten.
„Vor diesem Hintergrund kann ich jedem nur raten, alles aus seinem Potenzial herauszuholen", sagt der Wirtschaftswissenschaftler Schrader. Konkret heißt das: Die englische Sprache zu beherrschen, ist eine unverzichtbare Grundvoraussetzung. Diejenigen, die noch mehr Sprachen sprechen, haben auf dem globalen Arbeitsmarkt weitere Vorteile gegenüber anderen.
Und noch einen Rat hat Schrader für Jugendliche: Bei der Arbeitsplatzsuche sollten sie statt aufs Gehalt lieber darauf achten, welcher Arbeitgeber die besten Fortbildungen verspricht.
„Denn wer nicht sein Leben lang etwas für seine Bildung tut, wird früher überrollt werden", sagt er.
Persönlich finden Jugendliche gute Voraussetzungen in einem hoch entwickelten Land, in dem alle Zugang zu Schule und Bildung haben. „Jugendliche sollten deshalb keine Angst haben", sagt Schrader, „sondern Globalisierung als Wettbewerb begreifen, der ihnen viele neue Chancen eröffnet."

(Nach: Marin Greive: Wer sich bildet, ist für die Wirtschaftswelt gerüstet, in: Welt am Sonntag, Globalisierung kinderleicht vom 25.01.2009, S. 28, Axel Springer Verlag)

Was verbinden Sie persönlich mit der Globalisierung?

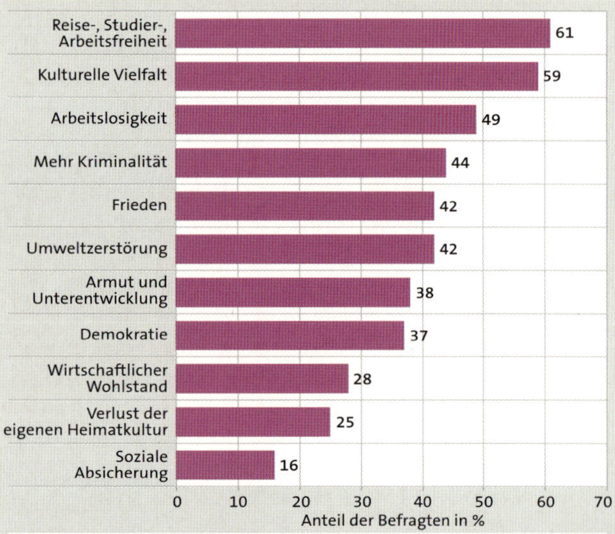

Deutschland; befragt wurden Jugendliche von 15 bis 25 Jahren, denen der Begriff Globalisierung geläufig ist; TNS Infratest

Quelle: Shell Jugendstudie

Zahl der Kritiker steigt

Bringt die Globalisierung für Sie persönlich mehr Vorteile oder mehr Nachteile?
(Umfrage 2006; in Klammern Ergebnisse der Umfrage vom Januar 2000; in Prozent)

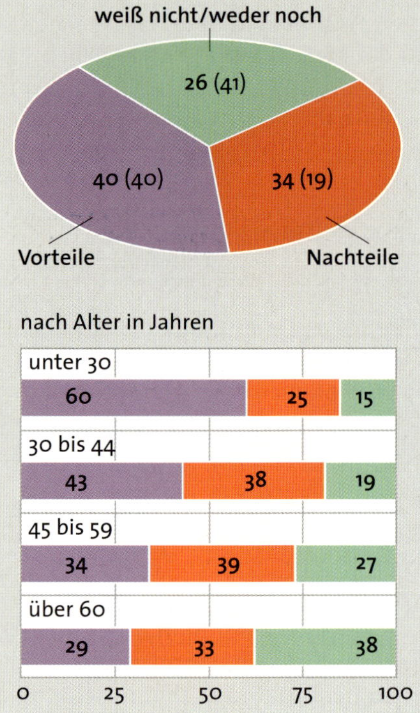

(Stern Nr. 23/2007, S. 25)

1. Vergleicht die Ergebnisse der Umfragen mit euren persönlichen Einstellungen und Einschätzungen, die ihr im World Café erarbeitet habt.
2. Was rät der Wirtschaftswissenschaftler Schrader Jugendlichen, die Angst vor der Globalisierung haben? Nehmt Stellung zu seiner Aussage.

Globalisierung

1. Erklärt die vier im Text genannten Aspekte der Globalisierung in jeweils einem Satz.
2. Erläutert die Ursachen für Globalisierung.
3. Wie haben sich die Einstellungen gegenüber Globalisierung verändert?

Was ist das?

Seit Anfang der Neunzigerjahre spricht man von Globalisierung. Man bezeichnet damit den weltweiten Prozess des wirtschaftlichen Zusammenwachsens, bei dem Produktion und Handel in den verschiedenen Ländern immer stärker voneinander abhängig werden. Nationale Grenzen spielen für die Wirtschaft eine zunehmend geringere Rolle. In diesem Zusammenhang fällt häufig auch das Schlagwort „Weltbinnenmarkt".
Damit möchte man zum Ausdruck bringen, dass durch die engen wirtschaftlichen Verflechtungen die ganze Welt ein einziger, beinahe grenzenloser Markt geworden ist.

Ursachen

Produktion und Handel weit über die Grenzen von Staaten hinweg ist nichts Neues. Das gab es schon zu Zeiten von Kolumbus. Neu an der Globalisierung ist, dass nicht nur Waren und Dienstleistungen in bisher unbekanntem Ausmaß weltweit produziert und verkauft werden, sondern auch Geldströme frei von allen Beschränkungen dorthin fließen, wo sie den höchsten Profit versprechen. Ermöglicht wurde diese Entwicklung durch eine Reihe technischer Neuerungen. So hat zum Beispiel die Entwicklung des Internets den weltweiten Austausch von Informationen erheblich vereinfacht. Rund um den Globus können Menschen an verschiedenen Orten eng zusammenarbeiten, weil mit hoher Geschwindigkeit Daten und Bilder ausgetauscht werden können. Diese Entwicklung meint man, wenn von der „vernetzten Welt" die Rede ist.
Neuerungen auf dem Gebiet des Transport- und Verkehrswesens erleichterten den Warentransport und senkten die Transportkosten. Zur gleichen Zeit wurde der Außenhandel in vielen Staaten vereinfacht, indem man Handelshemmnisse wie Zölle und Einfuhrbeschränkungen abbaute.

Weitere Dimensionen

Im weiteren Sinn umfasst der Begriff Globalisierung auch folgende Entwicklungen:
Welt als globales Dorf:
Dieses Schlagwort benutzt man, um weltweite gesellschaftliche Trends zu charakterisieren: etwa die globale Verbreitung von Konsumgewohnheiten, der Popmusik, von Essgewohnheiten oder Modeströmungen. Nationale Eigenheiten verlieren zunehmend an Bedeutung.
Welt als Risikogemeinschaft:
Gefährdungen wie Umweltverschmutzung, Armut, Kriege, Flüchtlingsströme bedrohen die Menschen grenzüberschreitend und erfordern internationale politische Zusammenarbeit, um diese Probleme zu lösen.

Begriffe für euer Fachwörterlexikon

- Globalisierung
- Weltbinnenmarkt

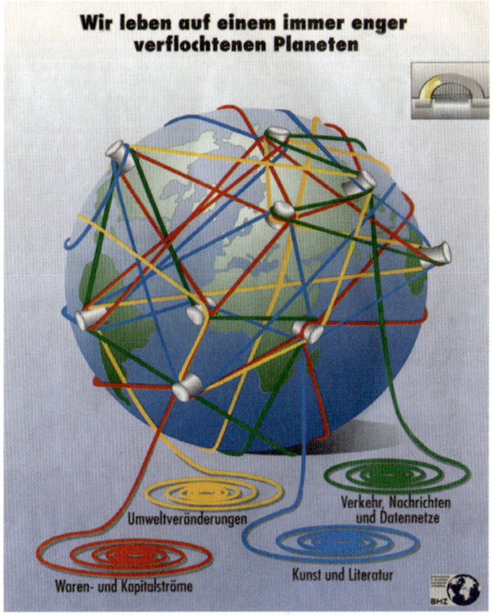

Reaktionen

Anfang der Neunzigerjahre löste die Globalisierung eine weltweite Aufbruchstimmung aus. Viele sahen ein neues Zeitalter heraufziehen, das für viele Menschen neue Arbeitschancen und Wohlstand bringen könne. Inzwischen haben viele Menschen in der Weltwirtschaftskrise ab 2008 auch negative Auswirkungen der weltweiten Verflechtung zu spüren bekommen. Doch ist klar, dass sich das Rad der Geschichte nicht zurückdrehen lässt. Es geht vielmehr darum, den Prozess der Globalisierung politisch und wirtschaftlich so zu gestalten, dass möglichst viele Menschen auf der Erde davon profitieren.

2 Was sind die Licht- und Schattenseiten der Globalisierung?

Globalisierung ist ein komplexer Prozess, der unsere Urteilsbildung herausfordert. Viele Erscheinungen haben sowohl gute als auch negative Seiten. Hier ist eine differenzierte Sichtweise gefragt. Die Materialien auf dieser Doppelseite sollen euch dazu anregen.

Entwicklungsländer im Globalisierungsprozess

Die Fotos zeigen den neuen Shanghaier Stadtteil Pudong und eine Bewohnerin eines Slums in Südafrika. Ganz klar: Den Menschen in China geht es gut, während die Bewohner Südafri-kas unter Armut leiden. Doch so einfach ist es nicht: Auch in China sind noch sehr viele Menschen arm, während es in Südafrika auch viele Menschen gibt, denen es infolge der Globalisierung besser als vor zwanzig Jahren geht.

Auch viele Entwicklungsländer haben seit 1980 am Globalisierungsprozess teilgenommen, ihren Außenhandel ausgeweitet, mehr Investitionen angelockt etc. Hier sind vor allem die großen, bevölkerungsreichen Länder in Ost- und Südasien zu nennen, die über viele Jahre hinweg dauerhaftes Wirtschaftswachstum erzielen können. Das Ausmaß des wirtschaftlichen Erfolgs dieser asiatischen „Schwellenländer“ ist verblüffend. Sie konnten den Außenhandel sprunghaft erhöhen und ihre Wirtschaftsleistung deutlich steigern. Ein wichtiger Indikator für „Globalisierungsgewinne im Süden“ ist die Steigerung der Anteile am Welthandel. Bemerkenswert ist aber auch, dass die Entwicklungsländer insgesamt heute mehr Fertigwaren und Industrieerzeugnisse exportieren. Fast 2/3 der Entwicklungsländer sind keine „Rohstoffländer“ mehr. […]

Globalisierung ohne Afrika

Den „Globalisierungsgewinnern“ in Ost- und Südasien steht ein ganzer Kontinent (bis auf einige wenige Länderausnahmen) gegenüber, der im internationalen Wettbewerb immer weiter zurückgefallen ist. Die ökonomischen Kernziffern für Schwarzafrika (das ist Afrika südlich der Sahara ohne die fünf nordafrikanischen Länder) zeigen, wie sehr der Kontinent gegenüber anderen Weltregionen zurückhängt. In Schwarzafrika leben 10,3 % der Weltbevölkerung, doch sie erwirtschaften nur 2,4 % des weltweiten Sozialprodukts. […] Im Bereich des Welthandels sind viele afrikanische Länder noch immer von der Ausfuhr weniger Rohstoffe abhängig. […] Die schlechte wirtschaftliche Entwicklung ist sicher teilweise auf globale Verwicklungen zurückzuführen, zum Beispiel Verfall der Rohstoffpreise, Handelshemmnisse für Märkte in Europa und Nordamerika und Überschuldung. Gleichzeitig erschweren innere Strukturen, vor allem Staatszerfall, Kriege und Konflikte, Korruption und schlechte Regierungsführung es den Ländern Afrikas, überhaupt an der Globalisierung teilzunehmen.

(Nach: Welt Kompakt: Weltverwicklungen – Globalisierung im Unterricht, Neuss 2005, S. 70 ff.)

1. Zählen die Entwicklungsländer zu den Gewinnern oder Verlierern der Globalisierung? Begründet eure Meinung.
2. Erläutert, welche Gründe die wirtschaftlichen Schwierigkeiten Schwarzafrikas haben.
3. Überwiegen für euch persönlich die Chancen oder die Risiken der Globalisierung? Formuliert eine Stellungnahme nach der Bearbeitung der Doppelseite und diskutiert darüber in der Klasse.

Trainingsplatz

Wir ermitteln Chancen und Risiken der Globalisierung

Wenn eine neue Entwicklung die gesamte Gesellschaft erfasst, bieten sich für viele Menschen neue Chancen, es gibt jedoch auch Risiken. Bei der Globalisierung ist das nicht anders. Auf dieser Seite werden einige Auswirkungen der Globalisierung dargestellt. Ihr sollt selbst entscheiden, ob dabei das Positive oder Negative überwiegt.

So könnt ihr vorgehen:

- Einzelarbeit: Überlegt zunächst alleine, welche Entwicklungen ihr positiv oder negativ seht.
- Gruppenarbeit: Stellt in der Gruppe der Reihe nach eure Bewertungen vor. Trefft dann gemeinsam die Entscheidungen. Präsentiert eure Ergebnisse vor der Klasse.
- Plenum: Abschließend könnt ihr über die Meinung des Journalisten Nikolaus Piper diskutieren: „Wer vor der Globalisierung in Politik und Wirtschaft die Augen verschließt, spürt ihre negativen Folgen mit besonderer Wucht. Aber wer sie nutzt, kann gewinnen."

1 Wer heute über einen Internetanschluss verfügt, dem steht als Kunde die ganze Welt zur Verfügung. Kaufen und Verkaufen ist an keinen Standort mehr gebunden. Kunden können weltweit Produkte bestellen und Preise vergleichen. Die Zahl der Internetfirmen wächst. Das schafft mehr Konkurrenz, aber auch Chancen für hoch qualifizierte Arbeitskräfte auf der ganzen Welt.

2 Das Warenangebot in Deutschland ist größer denn je. Wir können heute in jeder Saison Früchte und Gemüse aus der ganzen Welt kaufen. Die Preise sind insgesamt gesunken. Auch technische Geräte wie DVD-Player, Fernseher können wir billig kaufen. Die günstigen Preise verdanken wir den niedrigen Löhnen in Entwicklungsländern, wo die Waren produziert werden. Dort werden in verschiedenen Industriezweigen auch Kinder beschäftigt.

3 Die Deutschen sind nach wie vor Reiseweltmeister. Flugreisen sind durch die Konkurrenz ausländischer Anbieter auf dem deutschen Markt so billig geworden, dass sich immer mehr Menschen die Flüge leisten können. So können sie andere Länder bereisen – das erweitert den geistigen Horizont und fördert das Verständnis für andere Kulturen. Durch die starke Zunahme der Flugreisen wird die Atmosphäre zusätzlich mit Abgasen belastet.

4 Mitarbeiter weltweit tätiger Unternehmen haben die Möglichkeit, in viele Länder der Welt zu reisen und sogar für einige Zeit im Ausland zu arbeiten. Dort kommen sie in Kontakt mit Menschen anderer Kulturen, lernen das Leben in anderen Ländern kennen. Wer beruflich erfolgreich sein möchte, ist viel unterwegs, muss stets flexibel sein. Freunde und häufig auch die Familie bleiben in Deutschland zurück.

5 Die armen Länder in Afrika, Asien und in Südamerika haben einen riesigen Nachholbedarf an technologischen Gütern. So verkauft die Firma Siemens seine Hightech-Kommunikationsprodukte mittlerweile in über 120 Staaten der Welt. Das Know-how liefern die deutschen Mitarbeiter, deren Arbeitsplätze so gesichert sind. Dabei ist Siemens nur ein Beispiel von vielen.

6 Auf der ganzen Welt hören die Menschen dieselbe Musik, sehen im Fernsehen die gleichen Sendungen. So ist zum Beispiel die Sendung „Wer wird Millionär?" in über 60 Ländern verbreitet. Auch die Essgewohnheiten werden immer ähnlicher. Zunehmend geraten alte Traditionen in Vergessenheit, wird die heimische Kultur von einer globalen Weltkultur verdrängt.

Wie Rekha arbeiten zahllose Frauen in asiatischen Textilfabriken, wie hier bei der Schuhproduktion für Nike in Vietnam.

Problem Nr. 1: Werden Arbeiterinnen und Arbeiter in Entwicklungsländern ausgebeutet?

Kleidung und Schuhe werden in der globalisierten Wirtschaft fast ausschließlich in Entwicklungsländern produziert. In letzter Zeit wird in den westlichen Industrieländern diskutiert, ob die Arbeitsbedingungen in den Fabriken von Billiglohnländern unmenschlich sind. Der folgende Text schildert den Arbeitsalltag der jungen Näherin Rekha in Bangladesch, die für einen Zulieferer der Discount-Kette Lidl arbeitet. Welche Gefühle löst das Beispiel bei euch aus?

A Das Beispiel Rekha

„Ich bin gerade 19 Jahre alt. Aber ich habe schon drei Jahre Erfahrung mit der Arbeit in einer Bekleidungsfabrik. Ich komme aus einem Dorf im Süden. Die Krankheit meines Vaters führte dazu, dass er nicht mehr arbeiten konnte. Ich war gezwungen, eine Arbeit anzunehmen, um etwas zum Einkommen der Familie beizutragen. Ich bekam eine Arbeitsstelle in einer Bekleidungsfabrik. Die Fabrik liegt eine Stunde Fußmarsch weg von meinem Elternhaus. Eine Rikscha würde 15 Taka kosten, also musste ich laufen, hin und zurück, mit einem anderen Mädchen aus meinem Dorf. Ich fing an als Hilfe mit monatlich 930 Taka (9,30 EUR). Jetzt bin ich Näherin und kriege 1800 Taka (18 EUR) monatlich. In der Fabrik bekam ich weder einen Arbeitsvertrag noch ein Einstellungsschreiben.
In der Fabrik arbeite ich täglich so lange, wie angeordnet wird. Die Aufträge oder Arbeitsaufgaben sind so, dass es unmöglich ist, nach acht Stunden den Arbeitsplatz zu verlassen. Jede Arbeiterin hat eine festgelegte Arbeitsmenge zu erledigen, bevor sie geht. Sie kennen unsere Möglichkeiten und unsere Fähigkeiten ziemlich gut, und mit Absicht verlangen sie mehr von uns, sodass wir über unsere Kräfte hinausgehen müssen, um mit der Arbeit fertig zu werden. Wenn eine Arbeiterin früher gehen will, weil sie zu weit weg wohnt, wird ihr gesagt, sie müsste ja die Arbeit nicht machen, niemand hält sie, sie könnte die Arbeit gleich ganz aufgeben. In der letzten Woche habe ich sieben Tage gearbeitet, auch am Freitag. […] Oft arbeite ich die ganze Nacht, die Fabrik spendiert dann eine Banane und ein Stück Brot (im Wert von 2 Taka).
Wir Arbeiterinnen werden bei jeder Gelegenheit beschimpft, gequält, fertiggemacht. […] Es ist wirklich so, ich fühle mich in der Fabrik wie am Ersticken. Oft werden wir Arbeiterinnen ohnmächtig. Die Toiletten sind einfach grauenhaft. Ich fürchte mich geradezu, sie zu benutzen. Das Trinkwasser ist nicht sauber, ein Wasserfilter wurde installiert, funktioniert aber nicht. Ich wünsche mir, und ich bin nicht allein, wir hätten eine Gewerkschaft. Aber wer einmal protestiert, verliert sofort seine Arbeit. […] In unserer Fabrik haben wir keine Möglichkeit, gegen die Oberen etwas zu sagen, sogar wenn sie Schlimmes tun, sind wir verpflichtet, ihren Anordnungen zu gehorchen.
Ich verbringe die meiste Zeit in meinem Leben in der Fabrik, ich habe keine Zeit für mich selber, für meinen

kranken Vater und für meine Familie. Wir haben kein Fernsehen, wir können es uns nicht leisten. [...] Ich weiß nicht, was ich tun werde oder was mit mir wird."

(Nach: Korshed Alam u. a.: Wer bezahlt unsere Kleidung bei Lidl und Kik? Hg.: Clean Clothes u. a., 2008, S. 34 f.)

B Die Bewertung: Wohltat oder Ausbeutung?

In Mexiko, Thailand, Korea und vielen anderen Ländern schuften Menschen für winzigste Löhne unter oft unwürdigen Bedingungen; Urlaub, Kranken- und Arbeitslosenversicherung sind Fremdwörter für sie. Die Produkte ihrer Arbeit verkaufen die westlichen Firmen mit großem Gewinn.
Nutzen Konzerne der Textil- und Sportartikelindustrie die Menschen, die für sie in Entwicklungs- und Schwellenländern arbeiten, schamlos aus? Diese Frage kann man ziemlich eindeutig mit Ja beantworten. Andererseits argumentieren Befürworter der Globalisierung immer wieder, dass in einheimischen Betrieben in Asien und Lateinamerika die Arbeitsbedingungen oft noch entsetzlicher sind als in den Filialen europäischer Firmen. Europäische Großkonzerne bekommen häufig Waren von Zulieferern vor Ort. Über die Arbeitsbedingungen dieser einheimischen Firmen haben sie keine Kontrolle.
Das ist keine Entschuldigung, sagen wiederum viele Globalisierungsgegner. Dass es anderswo gleich schlecht oder noch schlechter ist, ist noch kein Grund, sich bei den Ausbeutern einzureihen. Die Multis seien verpflichtet, die Arbeitsbedingungen in Zulieferbetrieben zu überprüfen und jenen, in denen die Verhältnisse inakzeptabel sind, die Zusammenarbeit aufzukündigen. Doch was passiert dann wiederum mit den Arbeitern dort, die dann vielleicht entlassen werden? Auf diese Probleme gibt es keine einfachen Antworten. Immerhin sind aber die Bedingungen, unter denen die Arbeiter und Arbeiterinnen in vielen Schwellenländern für ausländische Firmen arbeiten müssen, inzwischen in vielen Publikationen öffentlich gemacht worden. Es gibt Selbstverpflichtungen der Industrie, auf menschenwürdige Arbeitsbedingungen zu achten. Ein Denkprozess hat sich in Gang gesetzt.

(Aus: Gerd Schneider: Globalisierung, Arena Verlag, Würzburg 2008, S. 98 f.)

Die weltweite Kampagne „Clean Clothes", die in Deutschland von Kirchen, Gewerkschaften und anderen Organisationen unterstützt wird, setzt sich für fairen Handel in der Textilindustrie ein. In ihrer Charta fordert sie angemessene Löhne, Reduzierung der Überstunden, Recht auf Bildung von Gewerkschaften, sichere und gesunde Arbeitsbedingungen sowie Verzicht auf Kinderarbeit.

1. Welche Gefühle löst das Beispiel von Rekha in euch aus?
2. Sind auch Verbraucher in den Industrieländern für die Arbeitsbedingungen in den asiatischen Textilfabriken verantwortlich? Diskutiert darüber in der Klasse.
3. Sammelt Vorschläge, wie man die Situation in den Fabriken verbessern könnte, und bewertet diese.
4. Die „Kampagne für saubere Kleidung" fordert bessere Arbeitsbedingungen. Wärt ihr bereit, diese zu unterstützen, auch wenn ihr dann etwas mehr für eure Kleider bezahlen müsstet?

Problem Nr. 2: Die globale Finanz- und Wirtschafts-krise 2008/2009

2008/2009 erlebten die Menschen in Deutschland die schlimmste Wirtschaftskrise seit über 80 Jahren. Doch Deutschland war kein Einzelfall – nach vielen Jahren des Aufschwungs schrumpfte die gesamte Weltwirtschaft, in fast allen Ländern der Erde sank die Wirtschaftsleistung. Da die deutsche Wirtschaft besonders viele Güter für den Export produziert, traf sie die Krise in doppelter Hinsicht: Die Aufträge aus dem Ausland gingen drastisch zurück und gleichzeitig brach wegen der Krise auch die Nachfrage nach Gütern im Inland zusammen. Wie es dazu kam, schildert der folgende Text.

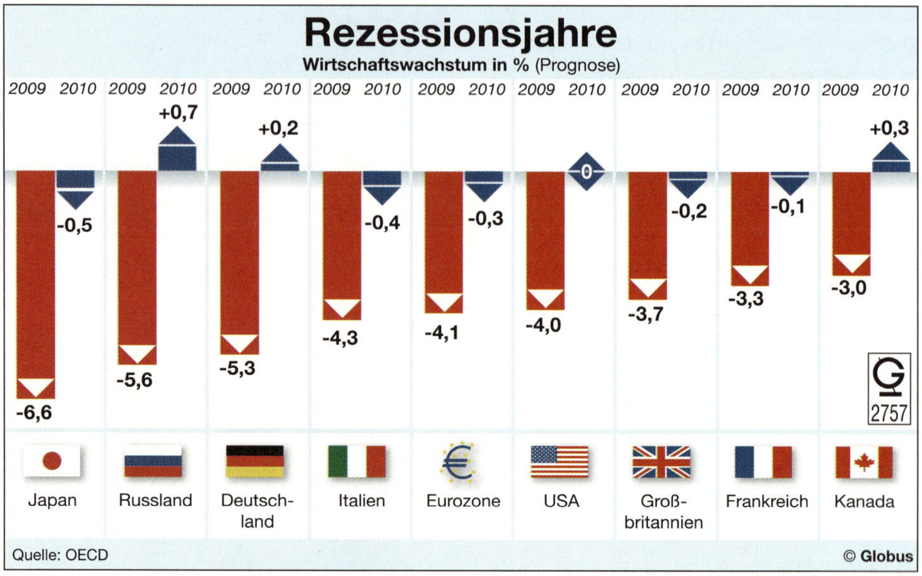

So sank das Wirtschaftswachstum 2009.

1. In dem Text wurden die Zwischenüberschriften getilgt. Fügt folgende Überschriften an passender Stelle ein: Banken misstrauen einander – Trauriger Abschied vom Eigenheim – Leman Brothers geht pleite – Angst vor Massenentlassungen – Der Traum vom eigenen Haus – Auch deutsche Banken geraten in Schwierigkeiten – Bundesregierung hilft Hypo Real Estate – Keine Angst, das Ersparte ist sicher – Die Finanzkrise greift auf die Wirtschaft über – Nicht zurückgezahlte Kredite werden für Banken ein Problem.
■ **Tipp:** Partnerarbeit

Wie die Krise aus den USA zu uns kam

Es begann weit weg in Amerika. Viele Menschen wollten dort einfach nur ein Haus kaufen. Nicht alle hatten genug Geld. Die Banken hat das nicht gestört. Daraus wurde ein Problem für die ganze Welt.

↓

1. Ein eigenes Zimmer, ein großer Garten, vielleicht sogar ein Pool. Wer träumt nicht davon? In Amerika erfüllt sich für viele dieser Traum. Sie kaufen einfach ein schickes Haus. Millionäre müssen sie dafür nicht sein. Das Geld leiht ihnen der freundliche Mann bei der Bank. Er gibt ihnen das Geld für den Hauskauf, einen Kredit. Dafür müssen sie Zinsen bezahlen, jeden Monat wird ein Teil des Kaufpreises zurückgezahlt. Alles scheint gut. […]

↓

2. Plötzlich stellen die Hausbesitzer fest, dass sie nicht mehr genug Geld haben, um der Bank den Kredit zurückzuzahlen. So geht es seit Anfang 2007 vielen Familien in den USA. Die Gründe sind unterschiedlich: Die einen haben ihre Arbeit verloren oder wurden krank. Bei anderen kam die Bank und verlangte höhere Zinsen. Das Haus wieder zu verkaufen, hilft den Menschen mit Geldsorgen nicht weiter. Denn sie finden niemanden, der ihnen genug bezahlt, um der Bank das Geld zurückzugeben. Hunderttausende müssen ausziehen.

↓

3. Jetzt gehören Haus, Garten und Pool der Bank. Sie verkauft alles an den, der den höchsten Preis bietet. Zwangsversteigerung nennen das die Fachleute. Viel kommt dabei aber nicht herum. Die Bank macht Verlust. […] Ein einziger nicht zurückgezahlter Kredit ist kein Problem. Doch die Mitarbeiter der Geldhäuser haben ganz viele Kredite vergeben, ohne vorher genau zu prüfen, ob die Kunden diese jemals zurückzahlen können. Sie haben sogar so viel Geld verliehen, dass sie die Kredite an andere Banken weiterverkauft haben – in England, in Frankreich und auch Deutschland.

↓

4. Bei einem Geldhaus in Düsseldorf mit dem Namen IKB werden von

einem Tag auf den anderen riesige Verluste entdeckt. Vorstände und Eigentümer sind außer sich. Es klang doch so einfach: Die Bank gibt Geld für Hauskredite an die Banken in Amerika und erhält von denen eine Extraprämie. Dass die Leute von der IKB von amerikanischen Häusern keine Ahnung hatten, spielte lange Zeit keine Rolle. Bis, ja bis der Hausbesitzer im fernen Florida seine Raten nicht mehr zahlte und die Kredite wie Luftballons platzten. Auch andere deutsche Banken, beispielsweise in Sachsen, haben falsch spekuliert. […]

↓

5. Mit der Rettung der IKB im Sommer 2008 ist das Problem nicht erledigt. Jetzt geht die Krise erst richtig los: Alle Banken beginnen sich zu misstrauen, weil sie fürchten, dass jeder den amerikanischen Häuserbauern Geld geliehen hat und jetzt nichts mehr zurückbekommt. […] Sie leihen sich untereinander nichts mehr. […] Wenn den Banken die Mittel ausgehen, können sie die Akteure im Wirtschaftskreislauf nicht mehr mit Geld versorgen. Das ist dann so, als wenn kein Blut mehr durch die Adern fließt. Immer häufiger stehen Institute vor dem endgültigen Aus – vor allem in den USA, wo alles begann.

↓

6. Der Staat muss ran. […] Die amerikanische Regierung nimmt ihre Aufgabe ernst und greift allen unter die Arme. Doch bald fühlt sich die Politik von den Leuten in den Banken ausgenutzt. Die Lehman Brothers, eine Bank in New York, bettelt im September 2008 vergeblich um Dollar-Millionen. Das einst so angesehene Bankhaus mit deutschen Wurzeln geht pleite.

↓

7. Nach dem Zusammenbruch der Bank Lehman Brothers droht ein Flächenbrand. […] Die Banken bekommen noch mehr Angst. Sie trauen anderen Banken noch weniger als vorher. Denn alle wissen, das Schicksal von Leman Brothers kann jeden ereilen. In Deutschland zum Beispiel droht es, die Bank Hypo Real Estate zu treffen. Der Regierung ist klar, noch eine Pleite einer großen Bank darf es nicht geben. Sonst greift das Feuer auf die anderen über. Gemeinsam mit den Chefs der wichtigsten deutschen Banken eilen die Bundeskanzlerin Angela Merkel und ihre Regierung mit viel Geld herbei.

↓

8. In den Fernsehnachrichten reden die Leute immer häufiger von „Krise“ und „Pleite“. „Wenn es den Banken so schlecht geht, wäre es nicht besser, das gesparte Geld nach Hause zu holen?“, fragt sich mancher Zuschauer. […] Wenn nun aber jeder zur Bank geht und sein Erspartes wieder abhebt, haben die Banken noch weniger Geld. Die Krise verschärft sich weiter. Das muss verhindert werden. Bundeskanzlerin Angela Merkel und ihre Regierung greifen ein. Sie spannen einen Schutzschirm und versprechen: Das Geld ist sicher. Wenn eine Bank zusammenbricht, bekommt jeder sein Geld vom Staat zurück.

↓

9. Die Sparer sind nach dem Garantieversprechen der Kanzlerin beruhigt. Aber nicht die Banken. Die haben Angst. Nur kein Geld verleihen. […] Ohne Geld der Banken funktioniert die Wirtschaft nicht. Unternehmen, ganz gleich ob sie Autos oder Solaranlagen herstellen, benötigen Kredite, um weiterarbeiten zu können. Der Staat sieht nur noch eine Lösung: Er muss die Banken mit so viel Geld überschütten, dass keine Bank mehr Angst hat, es könne irgendwann alle sein. Rund 500 Milliarden Euro werden garantiert. Verdammt viel. Auf jeden einzelnen Bundesbürger gerechnet sind das mehr als 6000 Euro.

↓

10. Angst breitet sich aus. In Autofabriken stehen Produktionsbänder still. Betriebe müssen Mitarbeiter entlassen. Viele Menschen haben in der Wirtschaftskrise vor allem Angst, ihren Arbeitsplatz zu verlieren. Die wichtigsten Regierungschefs treffen sich in Washington. Sie überlegen, wie sie Menschen wieder Mut machen können, damit sie Autos kaufen, Häuser bauen und Geld ausgeben. Denn nur so gibt es genug Arbeit für alle. Und die Politiker wollen Regeln schaffen, damit Banken nie wieder so leichtsinnig mit Geld umgehen.

(Nach: Jan Dams, Karsten Seibel: Wie die Krise aus den USA zu uns kam, in: Welt am Sonntag vom 16.11.2008, S. 26f.)

2. Erklärt euch gegenseitig, warum die Häuserkrise in den USA zum Problem für die ganze Welt wurde. Verwendet dabei die Zwischenüberschriften und fasst abwechselnd den Inhalt des jeweiligen Abschnitts in eigenen Worten zusammen.

3. Welche Lehren sollte man aus der Krise ziehen? Diskutiert darüber in der Klasse.

Was ist eine Karikatur?

Das Wort „Karikatur" stammt aus dem Französischen und bedeutet „übertriebenes Spottbild". Mithilfe einer Zeichnung will der Karikaturist seine Meinung zu einem bestimmten Thema oder Problem zum Ausdruck bringen. Dabei übertreibt er bewusst, um unsere Aufmerksamkeit zu erregen und uns zum Nachdenken anzuregen: Charakteristische Merkmale von Politikern – zum Beispiel eine besonders lange Nase – werden absichtlich übertrieben dargestellt. Zum einen soll der Betrachter die dargestellte Person sofort erkennen, zum anderen soll die Situation oder das Problem von einer eher spöttischen Seite her betrachtet werden. Karikaturen setzen beim Betrachter ein bestimmtes Vorverständnis voraus. Zum Beispiel ist es wichtig, dass man die Politiker kennt, die in der Karikatur dargestellt werden. Oft verwenden Karikaturisten auch bestimmte Symbole. Wenn es um Europa geht, ist zum Beispiel oft ein Stier zu sehen, weil der Sage nach Göttervater Zeus in Gestalt eines Stiers die Prinzessin Europa entführte. Eine Karikatur interpretieren bedeutet, die Absicht des Zeichners zu erkennen, zu deuten und zu der Aussage der Karikatur Stellung zu nehmen. Ihr könnt bei der Interpretation einer Karikatur nach der Drei-Fragen-Methode vorgehen.

1. Was ist dargestellt?

Betrachtet genau die Zeichnung. Beschreibt zunächst, was euch besonders auffällt. Versucht dann, möglichst viele Einzelheiten zu erkennen.

Beispiel: Die Karikatur zeigt ein Hochhaus mit der Aufschrift „Global & Co". Aus einem Fenster im obersten Stockwerk purzeln zahlreiche Stühle …

2. Was ist die Aussage der Karikatur?

Erklärt, welches Verhalten, welche Situationen, Einstellungen von Personen in der Karikatur kritisiert wird.

Der Zeichner kritisiert, dass im Zuge der Globalisierung Arbeitsplätze in Industrieländern verloren gehen. Indem er „Global & Co" in einem Wolkenkratzer angesiedelt hat, spielt er vor allem auf die Politik der Global Player an, die ihre Produktion an möglichst kostengünstige Standorte verlagern. Dadurch gehen in Industrieländern massenhaft Arbeitsplätze verloren. Indem er Arbeitsplätze als Stühle darstellt, möchte er andeuten, dass Menschen wie Möbelstücke „entsorgt" werden, in den Konzernzentralen und -spitzen (oberstes Stockwerk als Symbol) wenig Rücksicht genommen wird, dass hinter jedem Arbeitslosen individuelle Schicksale stehen, dass Arbeitslosigkeit für viele Menschen der Sturz ins Bodenlose bedeutet.

3. Welche Gefühle löst die Karikatur in euch aus?

Bewertet die Aussage der Karikatur aus eurer Sicht. Um Stellung zu nehmen, benötigt ihr Vorwissen zu dem Thema. Deshalb kann eine Karikatur auch den Anstoß geben, sich näher mit einem Problem zu beschäftigen.
Zum Beispiel könnt ihr auf folgende Fragen eingehen: Ist es tatsächlich so, dass durch die Globalisierung massenhaft Arbeitsplätze in Industrieländern verloren gehen? Stimmt ihr der Kritik des Karikaturisten zu? Müsste sich eurer Meinung nach etwas ändern? Wenn ja, was?

Wir interpretieren Karikaturen zur Globalisierung

Auf dieser Seite findet ihr Karikaturen, die Probleme und Risiken der Globalisierung thematisieren. Ihr könnt auch hier fragen: Wer sind die Gewinner, wer die Verlierer? Wählt eine Karikatur aus, die euch besonders anspricht. Interpretiert sie mithilfe der Drei-Fragen-Methode und stellt euren Text der Klasse vor.

EXPORTSPEZIALISTEN

Unser ganz normales Konsumentenverhalten ...

3 Was fordern die Globalisierungskritiker?

Braucht die globalisierte Wirtschaft neue Regeln?

Weltweit hat sich eine Protestbewegung gebildet. Sie wird getragen von Bürgerbewegungen, Gewerkschaften, Bauernverbänden, Verbraucherorganisationen und Umweltschützern. Die meisten sind nicht grundsätzlich gegen Globalisierung, sondern sie fordern eine „andere Globalisierung" mit gerechteren und sozialeren Regeln. Auch die Politik hat inzwischen erkannt, dass sie eingreifen muss, um Missstände zu beseitigen. Die folgenden Texte geben euch einen Überblick über die Forderungen der Kritiker und stellen euch zwei globalisierungskritische Organisationen vor. Schließlich könnt ihr anhand der Rede von Bundespräsident Köhler herausarbeiten, welche Aufgaben die Politik in den kommenden Jahren zu bewältigen hat. Die Inhalte der Texte könnt ihr mithilfe einer Mindmap visualisieren.

■ **Tipp:** Partnerarbeit

A Was fordern Globalisierungskritiker?

Die Forderungen der Globalisierungskritiker ähneln sich bei allen Protestaktionen.

Schluss mit der Ausbeutung der Entwicklungsländer!
Die Welt befindet sich immer stärker im Würgegriff des Kapitals: Der ungebremste Wettbewerb dient nur den Reichen, die armen Länder haben keine Chance; ausschließlich die Macht der großen Unternehmen wird gestärkt, die Entwicklungsländer sind die absoluten Verlierer; die reichen Länder beuten die Rohstoffe der Welt aus, ohne diejenigen, denen sie gehören, daran zu beteiligen, wie zum Beispiel die afrikanischen Länder; dies muss sich ändern.

Schärfere Gesetze zum Schutz der Umwelt!
Es wird wegen des alleinigen Ziels der Gewinnmaximierung keinen Schutz der Umwelt mehr geben; für diesen Schutz müssen schärfere Gesetze geschaffen werden.

Mehr Einfluss für Regierungen!
Die einzelnen Staaten und ihre Regierungen haben bald nichts mehr zu sagen und müssen sich dem Willen der großen Konzerne unterordnen; dem muss entgegengewirkt werden.

Verbindliche Regeln für Finanzmärkte!
Es müssen Regeln her, zum Beispiel höhere Steuern für die internationalen Kapitalströme, die wie Heuschrecken über die Länder herfallen und alles aufkaufen.

Stärkere Verantwortung für Unternehmen!
Die Unternehmen und Finanzinvestoren müssen stärker zur Verantwortung gezogen werden können, wenn sie sich auf Kosten anderer bereichern.

(Nach: Gerd Schneider: Globalisierung, Arena Verlag, Würzburg 2008, S. 119f.)

B Welchen Beitrag leisten Nichtregierungsorganisationen?

Das Beispiel Attac

Die Geschichte der Organisation Attac ist eng mit der wirtschaftlichen Globalisierung verknüpft: Nachdem 1997 internationale Kapital-Spekulationen eine Wirtschaftskrise in Südostasien ausgelöst haben, rief der Chefredakteur von „Le Monde diplomatique", Ignacio Ramonet, zur Gründung einer Organisation auf, die eine Kontrolle der internationalen Finanzmärkte vorantreiben sollte. [...] Inzwischen ist aus der Organisation Attac so etwas wie eine globale Bewegung geworden, die nach eigener Definition nicht gegen die Globalisierung, sondern für eine soziale und gerechtere Gestaltung der Globalisierung kämpft. Attac ist mittlerweile in über 50 Ländern aktiv und gemeinsam mit anderen internationalen NGOs regelmäßige Teilnehmerin am Weltsozialforum. [...]

Das Beispiel Fairtrade

In manchen Ländern, vor allem in den Entwicklungs- und Schwellenländern, wurden Kinderarbeit und gesundheitsgefährdende Arbeitsbedingungen geduldet. Dazu kamen oft laxe Umweltvorschriften. [...]
Einige Unternehmen [...] haben faire und ökologische Bedingungen in ihren Zulieferbetrieben zu ihrer neuen Markenidentität erklärt. Vereinigungen wie „Fair Labour Association" oder „Fairtrade" haben Arbeitsstandards entwickelt, denen sich Firmen freiwillig anschließen können. [...] Eines der bekanntesten Gütesiegel für Produkte, die unter sozialen und ökologischen Rahmenbedingungen hergestellt werden, ist Fairtrade. Diese Organisation sorgt mit eigenen Verträgen für die ProduzentInnen und regelmäßigen Inspektionen dafür, dass Mensch und Natur nicht ausgebeutet werden. Gleichzeitig sollen die ProduzentInnen faire Preise über dem Weltmarktniveau erzielen. Mittlerweile sind schon viele Produkte – von Schokolade über Kaffee, Orangensaft sowie Sportartikel – mit dem Fairtrade-Siegel gekennzeichnet.

(Aus: Wolfgang Böhm, Otmar Lahodynsky: Globalisierung. So funktioniert die weltweite Vernetzung, Veritas Verlag, Linz 2008, S. 86, 108f.)

C Wie reagiert die Politik auf Probleme der Globalisierung?

Bundespräsident Horst Köhler hat zu einer Stärkung der internationalen Organisationen aufgerufen, um die Globalisierung gerecht zu gestalten. [...]
„Lasst uns bei allen Interessenkonflikten nicht übersehen, dass wir in einer Welt leben und dass wir Fairplay brauchen statt Gemeinheit, Brot und Bücher statt Aufrüstung, Respekt statt Überheblichkeit", forderte Köhler. Es sei die entscheidende Aufgabe des 21. Jahrhunderts, die Globalisierung allen zugutekommen zu lassen. An die Bundesregierung appellierte er, [...] Lasten wie Chancen fair zu verteilen.
Der Bundespräsident warnte vor der wachsenden Ungleichheit der Einkommen in Deutschland: „Der Aufstieg der einen darf nicht der Abstieg der anderen sein!" Arbeitnehmer sollten stärker als bislang am Kapital ihrer Firmen beteiligt werden. [...]
Er unterstrich mehrmals in seiner Rede, dass die Globalisierung sowohl den Entwicklungsländern als auch den Industrienationen mehr Vor- als Nachteile gebracht habe. Um den ärmsten Ländern der Welt zu helfen, forderte er einen besseren Zugang zu den Märkten der Industrienationen: „Auch Europa errichtet Handelsbarrieren gegen Entwicklungsländer, überschwemmt sie – auf Kosten der hiesigen Steuerzahler – mit Lebensmitteln zu Dumpingpreisen." Er verwies darauf, dass die Industrienationen ihren Agrarbereich pro Tag mit fast einer Milliarde Dollar subventionieren [= finanziell unterstützen] würden. Die afrikanischen Staaten bekämen dagegen Agrarhilfen von nur einer Milliarde Dollar pro Jahr. Köhler forderte eine Stärkung der Vereinten Nationen. Beispiel dafür sei die von afrikanischen Ländern angebotene partnerschaftliche Zusammenarbeit.
„Niemand kann ausschließen, dass die nächste Krise auf den internationalen Finanzmärkten die ganze Weltwirtschaft in Mitleidenschaft ziehen wird." Nötig sei eine Institution, die für die Stabilität des internationalen Finanzsystems zuständig sei.

(Aus: Köhler fordert gerechte Globalisierung, in: www.wiwo.de, 01.10.2007, letzter Zugriff 24.09.2009 © Economy.one GmbH)

1. Erklärt, welche Forderungen die Globalisierungskritiker erheben.
2. Wie stellen sich Attac und Fairtrade eine „andere Welt" vor?
3. Welche Zukunftsaufgaben beschreibt Horst Köhler für die deutsche Politik, welche Aufgaben für internationale Organisationen?
4. Haltet ihr die Forderungen der Globalisierungskritiker für berechtigt? Diskutiert darüber abschließend in der Klasse und bezieht auch eure Arbeitsergebnisse in diesem Unterkapitel mit ein.

Politische Gestaltung der Globalisierung

1. Erläutert, warum unterschiedliche Interessen zwischen Industrie- und Entwicklungsländern die weitere Liberalisierung des Welthandels behindern.
2. Stellt dar, welche Ziele und Themen die G8- und G20-Gipfel haben.

Eine gerechte Welthandelsordnung

Wirtschaftsexperten sagten zu Beginn der Globalisierung voraus, dass sich durch die wachsende Verflechtung der Weltwirtschaft für Menschen in Entwicklungsländern neue Lebens- und Entwicklungschancen bieten werden. Tatsächlich haben viele Entwicklungsländer, allen voran China und Indien, in den letzten Jahren große wirtschaftliche Fortschritte gemacht. Auf der anderen Seite gibt es jedoch auch Länder, die heute ärmer sind als je zuvor. Das betrifft vor allem Staaten in Afrika.
Aufgabe der Politik ist es, die Rahmenbedingungen der Weltwirtschaft so zu gestalten, dass alle Staaten von den Vorteilen der Globalisierung profitieren können. Das ist zurzeit noch nicht der Fall. Nach wie vor erheben Industriestaaten für viele Waren aus Entwicklungsländern hohe Zölle. Damit verteuert sich der Preis solcher Produkte, sodass diese auf dem Weltmarkt nicht mehr konkurrenzfähig sind. Viele Entwicklungsländer fordern seit Langem, den Welthandel von einschränkenden Vorschriften zu befreien und ihre Märkte für Waren und Dienstleistungen aus allen Staaten zu öffnen. Das bezeichnet man als Liberalisierung. Über die weitere Liberalisierung wird in der Welthandelsorganisation (WTO = World Trade Organization) verhandelt, die 1995 gegründet wurde. Ihr gehören 153 Mitgliedstaaten an. Ihre Hauptaufgabe ist, den weltweiten Abbau von Zöllen und Handelshemmnissen voranzutreiben. Nachdem zunächst große Erfolge erzielt worden sind, wurden die Verhandlungen in den letzten Jahren durch die unterschiedlichen Interessen von Entwicklungs- und Industrieländern blockiert. Entwicklungsländer werfen den Industriestaaten vor, aus eigennützigen Motiven die Liberalisierung des Handels zu verzögern, um ihre Wirtschaft zu schützen. Auch in den Industriestaaten ist die Arbeit der WTO umstritten: Kritiker befürchten unter anderem, dass Freihandel vor allem den großen Konzernen nütze, die dann ihre Marktmacht weltweit noch weiter ausbauen könnten – auf Kosten der armen Länder.

Die Bekämpfung von Armut

Die Bekämpfung weltweiter Armut hat sich die Weltbank zum Ziel gemacht. Sie war nach dem Zweiten Weltkrieg gegründet worden, um den Wiederaufbau der zerstörten Staaten zu finanzieren. Inzwischen fördert sie die wirtschaftliche Entwicklung von Entwicklungsländern, indem sie diese berät und Entwicklungsprojekte finanziert.

Globale Probleme erfordern internationale Zusammenarbeit

Dass auch die globalisierte Wirtschaft feste Regeln braucht, zeigte sich in der weltweiten Finanz- und Wirtschaftskrise von 2008/2009. Eine Krise von solchen Ausmaßen kann nur bewältigt werden, wenn die Regierungen wichtiger Staaten international eng zusammenarbeiten. Ein solches Gremium ist der G20-Gipfel, auf dem sich führende Politiker von 19 Industrie- und Schwellenländern sowie der EU seit 1999 jährlich treffen, um sich in Fragen des internationalen Finanzsystems zu beraten. 2009 vereinbarten sie auf ihrem Treffen in London neue Regeln für Banken und Geldgeschäfte sowie die Schaffung einer internationalen Aufsichtsbehörde für Geldgeschäfte.
In kleinerem Kreis treffen sich bei den G8-Gipfeln die Regierungschefs von Deutschland, den USA, Japan, Großbritannien, Kanada, Frankreich, Italien und Russland ebenfalls zu jährlichen Gesprächen. Bei den Gipfeln geht es nicht darum, verbindliche Verträge oder Abkommen zu schließen, sondern sie dienen hauptsächlich dem gegenseitigen Meinungsaustausch und der Abstimmung, wie man internationale Probleme in internationalen Organisationen und auf nationaler Ebene bekämpfen will. Alle Regierungen eint die Erkenntnis, dass in der globalisierten Welt die wichtigen politischen Probleme nur auf internationaler Ebene gelöst werden können. Die Themen reichen dabei von Wirtschaft, Gesundheits- und Bildungspolitik, Entwicklungspolitik, der Bekämpfung von internationalem Terrorismus bis hin zu Umwelt- und Klimapolitik.

Begriffe für euer Fachwörterlexikon

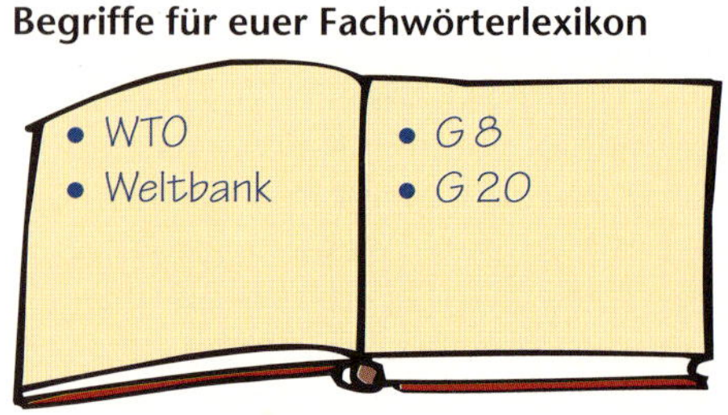

Memorystationen

Die Globalisierung und wir

Station 1 Globalisierung im Alltag

Das Schaubild zeigt die vier wichtigen Aspekte der Globalisierung.

1. Nenne zu jeder Farbe ein Beispiel und erläutere anhand des Beispiels, was sich durch die Globalisierung verändert hat.
2. Veränderungen bieten Chancen, aber auch Risiken. Nenne für jeden Aspekt eine Chance und ein Risiko.
3. Wie denkst du über Globalisierung? Eher positiv oder eher negativ? Begründe deine Auffassung.

Station 3 Globalisierungskritik

Interpretiere die Karikatur nach der Drei-Fragen-Methode und stelle dabei einen Bezug zu den Forderungen der Globalisierungskritiker und den Verhandlungen in der WTO her.

Station 2 Licht- und Schattenseiten

Ergänze die Satzanfänge.

1. Die Menschen auf dem Foto demonstrieren gegen …
2. Die Organisation „Saubere Kleidung" fordert …
3. Die Politik kann das Los der Textilarbeiterinnen verbessern, indem sie …
4. Auch die Verbraucher tragen zur Ausbeutung von Arbeitskräften bei, weil …
5. Ich selbst kann auch etwas zur Verbesserung der Arbeitsbedingungen in Entwicklungsländern beitragen, indem ich …

4 Folgen der Globalisierung

Wie können neue Herausforderungen bewältigt werden?

Stellt euch vor, das geschnürte Paket auf dieser Seite enthielte alle Probleme, welche weltweit durch die Globalisierung entstanden sind, und dazu auch noch ein Angebot passender Problemlösungen. Wie könnte der Inhalt des Weltpaketes aussehen? Lest zunächst den einführenden Text und sucht dann nach Antworten.

Worum geht es?

Seit zwei Nächten kann Jana vor Aufregung kaum schlafen. Morgen ist es so weit: Sie zieht mit ihrer Familie für zwei Jahre nach Shanghai. Ihr Vater ist bei einem großen Chemieunternehmen beschäftigt und soll für seine Firma eine neue Produktionsstätte in China aufbauen. So wie Janas Familie geht es immer mehr Menschen in Deutschland. Sie reisen beruflich häufig oder verbringen sogar einen Teil ihres Arbeitslebens im Ausland. Viele Unternehmen haben in den letzten Jahren ausländische Niederlassungen aufgebaut oder Teile ihrer Produktion ausgelagert – weil im Ausland die Lohnkosten niedriger sind oder weil sie neue Absatzmärkte erschließen wollen. Kurz: Sie sind Global Player geworden, die weltweit agieren. Produktionsverlagerungen ins Ausland haben auch für die Daheimgebliebenen gravierende Folgen: Sie müssen sich darauf einstellen, neue Aufgaben im Unternehmen zu übernehmen oder gar ihren Arbeitsplatz zu verlieren. Wenn Jana in Shanghai ankommt, wird ihr vieles zunächst sehr fremd vorkommen. Doch dann wird sie schnell entdecken, dass auch dort vertraute Fastfood-Ketten und Kleidergeschäfte zu finden sind, dass ihre neuen Freundinnen die gleiche Vorliebe für amerikanische Popstars haben, die gleichen Filme kennen und ähnliche modische Ideale wie sie haben – alles eine Folge einer kulturellen Globalisierung. Weltweit gleicht sich der Lebensstil der Menschen immer mehr an. Ist das ein Vorteil? Darüber könnt ihr euch in diesem Kapitel eine eigene Meinung bilden.
In diesem Kapitel stehen ausgewählte wirtschaftliche, kulturelle und politische Folgen der Globalisierung im Mittelpunkt. Wer sich in der globalisierten Welt gut zurechtfinden will, sollte sich mit diesen Themen auseinandersetzen, um sich eine eigene Meinung zu bilden.

Wenn ihr dieses Kapitel bearbeitet, könnt ihr …

- die Bedeutung der wirtschaftlichen Globalisierung für die Beschäftigten in Deutschland erläutern,
- bewerten, ob die kulturelle Globalisierung regionale Kulturen zerstört oder eher bereichert,
- darüber diskutieren, ob im Zuge der Globalisierung das Asylrecht für Klimaflüchtlinge erweitert werden muss oder nicht.

1 Die ganze Welt ein einziger Markt: Wie funktioniert die globalisierte Wirtschaft?

Die Rolle der Global Player

Als Global Player bezeichnet man Konzerne, die in vielen Ländern der Welt Waren oder Dienstleistungen produzieren und verkaufen. Sie gelten als das Herz der globalisierten Wirtschaft. Die typischen Merkmale eines Global Player könnt ihr am Beispiel des schwedischen Ikea-Konzerns erarbeiten.

Ikea-Filiale in Saudi-Arabien

A Das Beispiel Ikea

Während die Möbelbranche gerade katastrophale Umsatzrückgänge verzeichnet, betreibt Ikea mal eben die Eroberung der Welt. […] Jeden Tag strahlt Kamprads Name [Gründer von Ikea] über mittlerweile 177 Geschäften in 31 Ländern, lockt jährlich 286 Millionen Besucher zum Griff ins Portemonnaie, von Australien bis Saudi-Arabien, von Island bis Taiwan. In China heißt Ikea „Yi Jia Jia Ju“, „Gemütlich zu Hause wohnen“, und gilt als hipper Shopping-Spot. […] In den nächsten fünf Jahren soll der Konzern weltweit um weitere 75 Prozent wachsen – so wie er in den vergangenen Jahren um 100 Prozent gewachsen ist. […] Wer wissen möchte, wie diese Möbelmaschine funktioniert, wer wissen will, wie ein Weltmöbelgeschmack geplant und der Ikea-Mensch gebastelt wird, der fährt nach Älmhult. Eine Kleinstadt an der Durchgangsstraße nach Stockholm. […] Älmhult ist Kaderschmiede und Kommandozentrale, Ideenfließband und endloses Motivationsseminar. […] Hier suchen zwei Mitarbeiterinnen nach netten Produktnamen. […] In zwei gigantischen Fotostudios produziert der Amerikaner Bill Agee den Katalog in einer jährlichen Auflage von 118 Millionen Stück in 23 Sprachen – das meistgelesene „Buch“ nach der Bibel. […] In elf „Business Areas“ arbeiten hier rund 100 Produktentwickler. Ihre Ideen müssen stets für die Massenproduktion verwertbar sein, dazu weltweit verkäuflich und stets so gestaltet sein, dass sie in kostensparende Flachkartons passen. Gemeinsam reisen Produktentwickler und Designer in Fabriken überall auf der Welt, um die Entwürfe den örtlichen Produktionsbedingungen anzupassen. […] Ikea lässt in 55 Ländern von 1 800 Lieferanten produzieren. Jeder zweite Artikel stammt aus Niedriglohnländern. […] Länder wie China und Vietnam gehören zu den Großlieferanten. […] In der vietnamesischen Rattan-Fabrik „Rapexco“ arbeiteten vor neun Jahren 102 Menschen. Dann kam Ikea. Heute flechten 6 500 Frauen an Rattanmöbeln, mindestens 300 000 Stühle der Marke „Agen“ pro Jahr. Eine Arbeiterin schafft gut einen Stuhl am Tag. Sie verdient umgerechnet zwei Euro pro Tag – mehr als der gesetzliche Mindestlohn.

Doch die Lieferanten sollen ihre Verkaufspreise an Ikea möglichst jedes Jahr senken. „Dafür ordert Ikea auch jedes Jahr größere Stückzahlen", sagt Firmendirektor John Wallace. „Ja, es ist hart. Aber solange Ikea wächst, wachsen auch wir. Das System Ikea funktioniert." Für acht Euro wird „Agen" an Ikea verkauft, für 26 Euro steht der Stuhl in deutschen Läden.

(Nach: Ikea. Ein Mann vermöbelt die Welt, in: Stern vom 24.04.2003, S. 82ff.)

B Warum sind Global Player umstritten?

Wohin auch immer in der Welt wir reisen, sie sind da. Die Autos mit dem dreizackigen Stern und die Turnschuhe mit den drei Streifen, die Schnellrestaurants mit den zwei goldenen Torbogen und die Musik-Abspielgeräte mit dem angebissenen Apfel. Wie viele andere Produkte werden sie von Unternehmen hergestellt, die in aller Welt verkaufen und meistens auch in vielen verschiedenen Ländern produzieren: den multinationalen Konzernen [= Global Player].

Die globalsten von ihnen sind fast so international wie die Vereinten Nationen. Siemens etwa ist in 190 Ländern vertreten, der UNO gehören nur zwei Staaten mehr an. Volkswagen verkauft Autos in mehr als 150 Ländern und hat Fabriken in 18 Ländern. Und die größten von ihnen beschäftigen mehr als 200 000 Menschen und setzen pro Jahr mehr als 100 Milliarden um. Manche dieser Unternehmen haben sogar überhaupt keine Heimat mehr. Der Elektrokonzern ABB beispielsweise, der durch Fusion [= Zusammenschluss] aus den Unternehmen Asea (Schweden) und BBC (Schweiz) entstand, ist sowohl schwedisch als auch schweizerisch, die Konzerne Unilever und Shell sind seit Jahrzehnten sowohl in Großbritannien als auch in den Niederlanden zu Hause. So groß sie sind, so umstritten sind die multinationalen Konzerne auch. Politiker werfen ihnen vor, ihre Gewinne mit Finanztricks in Länder zu verlagern, in denen besonders niedrige Steuern fällig werden; Gewerkschafter werfen ihnen vor, höher bezahlte Arbeitsplätze in den Industrieländern zu vernichten und die Produktion in Billiglohnländer zu verlagern. Umweltschützer werfen ihnen vor, ihre Fabriken dort aufzubauen, wo laxe Umweltschutzgesetze gelten. Und Globalisierungsgegner werfen ihnen vor, die armen Länder auszubeuten und die Gewinne an ihre Aktionäre auszuschütten. Hinter all diesen Vorwürfen steht die Tatsache, dass nationale Gesetze und Regelungen von global agierenden Konzernen umgangen werden können. Die Vereinten Nationen haben deshalb im Jahr 2000 eine Initiative auf den Weg gebracht, um die Unternehmen auf die weltweite Einhaltung von sozialen und ökologischen Mindeststandards zu verpflichten. Diesen „Global Compact" haben inzwischen 3 700 Unternehmen aus 120 Ländern unterzeichnet.

(Aus: Detlef Gürtler: Die Tagesschau erklärt die Wirtschaft, Rowohlt Verlag, Berlin 2008, S. 256f.)

Wirtschaftskundeunterricht im Jahr 2020

Begriffe für euer Fachwörterlexikon

- Global Player
- Internationale Arbeitsteilung

1. Beschreibe, wie das „System Ikea" funktioniert.
2. Erkläre am Beispiel des Ikea-Konzerns die typischen Merkmale eines Global Players. Verwende dazu die Begriffe Arbeitsteilung, Produktentwicklung, Produktion, Transport und Preisgestaltung.
3. Diskutiert darüber, warum Ikea bei Verbrauchern in aller Welt so beliebt ist.
4. Warum sind Konzerne wie Ikea trotzdem umstritten? Wie denkt ihr über die Kritik?

Internationale Arbeitsteilung – des einen Freud, des anderen Leid

Die internationale Arbeitsteilung bewirkt, dass Arbeit dorthin wandert, wo sie am billigsten ist. Auch der weltweite Arbeitsmarkt ist damit in Bewegung geraten: Neue Arbeitsplätze entstehen, Fabriken werden geschlossen. Transportkosten spielen heute keine große Rolle mehr: Riesige Containerschiffe – fast 500 m lang und mehr als 40 m breit – befördern die Waren zu sehr günstigen Preisen in jeden Winkel der Erde. Welche Auswirkungen diese Entwicklungen auf die Arbeitsplätze und die Menschen haben, könnt ihr den Schlagzeilen auf dieser Seite entnehmen.

Bangladesch: 1 Million neue Arbeitsplätze in der Textilindustrie entstanden

80 Prozent der Spielwaren werden heute in Ostasien produziert

Der Weltfabrik China gehen die Arbeitskräfte aus

Ungelernte finden in Deutschland nur noch schwer Arbeit

Bangladesch: Verdoppelung des Pro-Kopf-Einkommens seit 1975

Trotz Weltwirtschaftskrise wächst Chinas Wirtschaft

Qualitätsmängel: Jede dritte Firma kehrt zurück nach Deutschland

Rasanter Anstieg der Löhne in China – Kaufkraft der Bevölkerung wächst

Jubel in Siebenbürgen: Rund dreitausend neue Arbeitsplätze bei Nokia

AEG-Werk in Nürnberg schließt – Verlagerung der Produktion nach Polen

Nokia schließt wegen zu hoher Löhne Werk in Bochum – 2 300 Mitarbeiter arbeitslos

Rasanter Anstieg der Löhne in China – Kaufkraft der Bevölkerung wächst

40 Prozent der deutschen Industrieunternehmen planen Investitionen im Ausland

Nokia schließt sein Werk in Bochum

Sie sitzt auf ihrer kleinen Holzterrasse in Herne-Eickel, sie hat jetzt Zeit dafür, seit man ihr, der Produktionshelferin Ute Beer, 46 Jahre alt, überraschend mitteilte, dass sie zu teuer sei. Zu wenig wettbewerbsfähig, das war die Formulierung. […]
Rückfragen an Nokia hatte Ute Beer einige, als sie von einer Kollegin am Telefon erfuhr, was der Konzern plante: den Abzug aus Bochum. Warum macht ein erfolgreiches Unternehmen eine Fabrik dicht? Die finnischen Nokia-Manager wollten nach Ungarn, Rumänien, wo die Arbeiter billig sind, billiger als Ute Beer in Bochum es jemals sein würde. […]

Fassungslosigkeit in Deutschland

Warum sollte Nokia ihr die Arbeit nehmen? Das Geschäft lief doch ausgezeichnet für den Konzern. Ute Beer musste begreifen, dass eine ungelernte Arbeiterin für einen Weltkonzern ersetzbar ist, obwohl sie nicht die erste deutsche Verliererin der Globalisierung war. Als die Handy-Fabrik von BenQ in Kamp-Lintfort Insolvenz anmeldete, waren 1 700 Menschen ohne Arbeit. Motorola verlagerte die Handy-Fertigung von Flensburg nach China, Samsung verließ Berlin, und AEG baut Waschmaschinen nicht mehr in Nürnberg, sondern in Polen. Jedes dritte deutsche Unternehmen, das im Ausland investiert, macht das, weil Deutschland zu teuer ist. […]

Beifall in Rumänien

Während sich Ute Beer wieder einmal an einer Tasse Kaffee wärmt und an ihren Hoffnungen, trat Olli-Pekka Kallasvuo vor seine Aktionäre, der oberste Chef von Nokia. Der Gewinn von Nokia sei 2007 auf 7,2 Milliarden Dollar gestiegen, so viel wie noch nie, der Weltmarktanteil liege jetzt bei 40 Prozent, ein Rekord. Ute Beer war fassungslos. Sie war eine kleine Figur in einem globalen Spiel und konnte nur hilflos dabei zusehen, wie Nokia eine neue Fabrikhalle auf die Auberginenäcker vor dem kleinen Dorf Jucu setzte, in Rumänien.

(Aus: Christoph Scheuermann: Nur eine Figur in einem Spiel, in: Spiegel spezial, Made in Germany, 5/2008, S. 126, © Der Spiegel)

1. Stellt einen Zusammenhang zwischen der Überschrift der Doppelseite und den Schlagzeilen her.
2. Einmal angenommen … Ute Beer wird nach Rumänien geschickt, um ihre rumänischen Kollegen in die Arbeit einzuweisen. Was hätten sich Ute Beer und eine rumänische Kollegin zu erzählen? Spielt ein solches Gespräch im Rollenspiel nach.

2 Sind wir auf dem Weg zu einer einheitlichen Weltkultur?

Das Foto zeigt Jugendliche beim Einkaufen in London, Moskau, New York, Stockholm oder Berlin? Das ist gar nicht mehr so einfach zu sagen. Weltweit schwärmen Jugendliche für dieselbe Mode, schauen im Kino amerikanische Filme an, konsumieren mit Vorliebe Fastfood, bevorzugen dieselben Musikstile. Gehen dabei nationale Besonderheiten ganz verloren? Oder bereichern fremde Einflüsse die einheimische Kultur? Diese Fragen werden kontrovers diskutiert. Mit zwei gegensätzlichen Ansätzen könnt ihr euch auf dieser Seite auseinandersetzen.

1. Lest zunächst die Texte allein. Welche Ansicht haltet ihr für überzeugender? Begründet eure Meinung.
2. Diskutiert dann in Gruppen über die beiden Texte.
3. Tragt eure Ergebnisse der Klasse vor.

A Globalisierung vernichtet regionale Lebensweisen

Herr Dorfler sitzt mit einem Geschäftsfreund an einer Hotelbar in Sydney. „Es ist furchtbar", klagt der weit gereiste Verkaufsleiter einer Essener Metallbaufirma, „auch hier findest du McDonald's-Filialen und Starbucks-Coffeeshops. In jeder Ecke der Welt, egal ob in reichen oder armen Ländern, triffst du auf Cheeseburger- und Hotdog-Buden. Scheußlich! Alles ähnelt sich. In Frankreich, Spanien, Portugal oder New York, überall gab es früher interessante und anregende Dinge in den Geschäften, die man woanders nicht kriegte. Und heute? [...] Die Einkaufsstraßen voll mit den Filialen der globalen Handelsketten findest du inzwischen in Paris, Köln, Breslau und New York genauso wie in München, Tokio, London und vielen anderen Städten. Und zu dem ganzen Einheitsbrei kommt als Untermalung das Gedudel aus den Lautsprechern der Bahnhöfe, Flughäfen und Einkaufscenter, in denen junge Menschen mit ihrer Einheitskluft aus Jeans, Turnschuhen, T-Shirts und Basecaps vor den Playstations rumhängen und sich die Zeit mit Ballerspielen vertreiben.

(Nach: Gerd Schneider: Globalisierung, Arena Verlag, Würzburg 2008, S. 130)

B Globalisierung bereichert die regionale Kultur

Kulturelle Einflüsse verbreiten sich nicht nur in einer Richtung, regen an, fordern zum Widerspruch heraus, gehen fruchtbare und manchmal kuriose Mischungen ein. Clubs in Hongkong, Bangkok oder Bangalore legen westliche Techno- oder House-Musik auf. Oft handelt es sich dabei um Cover-Versionen traditioneller chinesischer oder indischer Musik, die auf diese Weise wiederbelebt wird. Im Westen führt jeder Plattenladen, der etwas auf sich hält, ebenso wie die Internetmusikbörse iTunes eine Abteilung „Weltmusik", in der argentinischer Tango neben algerischen Rai und indischer Sitar-Musik zu finden ist. [...] Wir nehmen internationale Einflüsse auf, bewahren aber gleichzeitig Lokales. Amerikanische Fernsehserien wie „Sex and the City", „Six Feet Under" oder „Friends" mögen ihr Fan-Publikum in der ganzen Welt gefunden haben. Doch deutsche Zuschauer würden trotzdem nicht auf die „Lindenstraße", „Gute Zeiten, schlechte Zeiten", „Tatort" oder „Polizeiruf 101" verzichten wollen. Über Satellit und Kabel können wir internationale Nachrichtensender wie CNN oder BBC empfangen. Aber die wichtigsten Informationen beziehen die meisten noch immer aus den „Tagesthemen" oder dem „heute-journal", aus deutschen Zeitungen eher als aus der „International Herald Tribune" oder dem „Wall Street Journal".

(Aus: Sylke Tempel: Globalisierung, was ist das? Berlin 2005, S. 125 f.)

Total global? Wir entwickeln eine Stellungnahme zu kulturellen Trends

Wie wird sich die kulturelle Globalisierung weiterentwickeln? Das kann natürlich keiner genau vorhersagen. Anhaltspunkte liefern jedoch verschiedene, teilweise gegensätzliche Trends. Fünf Beispiele sind auf dieser Seite zusammengefasst. Ihr könnt sie – am besten in Gruppen – erarbeiten und über eure Ergebnisse in der Klasse diskutieren.

Fasst auf einem Blatt zusammen:
Trend: Was ist das Thema? Wohin geht der Trend?
Bewertung: Welche Einstellung haben wir gegenüber diesem Trend?
Prognose: Wird sich der Trend fortsetzen oder sogar verstärken? Was spricht dafür? Was dagegen?

Beispiele	Trend	Bewertung	Prognose
1. Die Unmenge an Anglizismen in fast allen Bereichen unserer Sprache ist nur noch mithilfe aufwendig gestylter Trend-Glossare zu verstehen. Selbst modernste und entsprechend funktionstüchtige deutsche Ausdrücke werden durch englische verdrängt. (Verein für deutsche Sprache)			
2. Als Gegenbewegung zum Vordringen der Fast-Food-Kultur in Europa wurde 1986 in Italien der Verein „Slow food“ gegründet. Er versteht sich als „internationale Gemeinschaft fröhlicher Genießer“ und setzt sich für die Erhaltung der traditionellen Esskultur und Verwendung regionaler Produkte ein. Inzwischen ist daraus eine internationale Bewegung geworden, die in Deutschland fast 10 000 Mitglieder hat. (www.slowfood.de)			
3. Von den rund 6 000 bekannten Sprachen sind nach Einschätzung der UNESCO die Hälfte vom Aussterben bedroht. Dass die Zukunft vieler Sprachen nicht gerade rosig ist, bestätigt auch die Kieler Sprachwissenschaftlerin Prof. Dr. Ulrike Mosel. „Die Sprachenvielfalt, die gleichzeitig auch eine Vielfalt der Kulturen bedeutet, ist als Folge der seit dem Zweiten Weltkrieg rasant ansteigenden Globalisierung und Urbanisierung ernsthaft bedroht.“ (www.suite101.de)			
4. Neben den islamischen Staaten im Nahen Osten fördern zunehmend auch andere Staaten ihre einheimischen Kulturen und drängen westliche Einflüsse zurück. So belebt zum Beispiel das afrikanische Land Ghana uralte Traditionen neu. Der Staat fördert einheimische Künstler, die 53 Landessprachen sind im Grundschulunterricht zugelassen. Die Fernsehprogramme werden nach und nach „entamerikanisiert“ bzw. „ghanisiert“.			
5. Immer mehr junge Menschen beziehen ihre Informationen ausschließlich aus dem Internet. Knapp ein Drittel der 20- bis 29-Jährigen las 2008 in Deutschland keine lokale Tageszeitung mehr, sondern informierte sich über Nachrichtenportale im Internet. Auch das Fernsehen hat Zuschauer verloren, während das Videoportal YouTube, das zum amerikanischen Unternehmen Google gehört, bei jüngeren Menschen immer beliebter wird.			

3 Migration im Zeitalter der Globalisierung

Globalisierung verändert die Lebensbedingungen der Menschen. Dies zeigt sich am deutlichsten in ihrem Alltag. Wird der Veränderungsdruck so groß, dass sich die Menschen in der Fremde ein besseres Leben vorstellen können als zu Hause in ihrer Heimat, dann entstehen Migrationsbewegungen.

Warum verlassen Menschen ihre Heimat?

Drei Fallbeispiele greifen die Frage in der Überschrift auf. Ihr könnt sie arbeitsteilig erarbeiten. Achtet beim Lesen besonders darauf, aus welchen Gründen die Menschen ihre Heimat verlassen haben.

Jugendliche verschiedener Herkunft bei einem Popkonzert in Stockholm, Schweden. Würdet ihr sie fragen, warum sie ihre Heimat verlassen haben, dann würde jeder eine andere Geschichte erzählen.

Fall 1: Mohamed aus Marokko

Die Hausordnung ist strikt im Apartment 2c, Avenida Rámon y Cajal 22, Bilbao, Nordspanien. „Psst", zischt Mohamed Agmour zur Begrüßung an der Tür, den Zeigefinger an den Lippen. Er dreht sich wortlos um, bedeutet mit einem Wink, ihm zu folgen. Flugs durch den schmalen Flur, in dem Wäsche auf einem aufgeklappten Ständer trocknet, schnell hinein in sein Zwölf-Quadratmeter-Zimmer, das er sich mit Munir, einem Landsmann aus Marokko, teilt. Besuch ist nur in Ausnahmefällen erlaubt und muss sich im Zimmer aufhalten. Jeder Lärm ist verboten. „Ihr müsst leise sprechen, die Nachbarn", mahnt Mohamed, während er Platz auf dem Bett anbietet, das er auf dem Sperrmüll gefunden hat.
„Bis vor zwei Monaten habe ich auf der Straße geschlafen. Ich möchte dieses Zimmer auf keinen Fall verlieren."
Mit gefälschter Ray-Ban-Brille und schwarzem Hemd lässig über seiner Jeans sieht Mohamed Agmour nicht wie ein Penner aus. Zurück auf die Straße möchte er keinesfalls. Und schon gar nicht dorthin zurück, wo er herkommt. Nach Tan-Tan, einer staubigen Stadt mit 70000 Einwohnern am Rande der Sahara.
Mohamed Agmour ist illegal in Spanien. Er ist als Flüchtling in einem kleinen Boot aus Marokko gekommen. Zunächst auf die Kanaren, so wie Zehntausende andere auch. Sein Fall ist keiner, der Schlagzeilen macht. Bei seiner Überfahrt gab es keine Toten. Dabei hatte er den Tod durchaus einkalkuliert. Mohamed sagt auch jetzt noch: „Mir wäre es lieber gewesen, ich wäre ertrunken, als noch länger in Marokko zu bleiben. Dort gibt es nichts. Keine Arbeit, keine Chance, keine Zukunft. Nichts, nur langsames, qualvolles Sterben."
Obwohl sämtliche Versuche, Arbeit zu finden, gescheitert sind, ist Mohamed Agmour froh, in Bilbao zu sein. […]
„Ich bin in Europa. Das allein zählt", sagt Mohamed Agmour. Sollte es mit der Arbeit in Bilbao nicht klappen, will er weiter nach Norden ziehen. Nach Frankreich. Oder nach Holland. Und wenn es auch da nichts wird, steht für ihn Deutschland auf dem Plan. „Aber ich will hier nur so lange bleiben, bis ich Geld genug habe", sagt er. 20000 Euro würden ihm genügen, um in Marokko ein neues Leben zu beginnen.

(Aus: Joachim Rienhardt: Eine fast normale Reise. In: Stern Nr. 53 vom 22.12.2009, S. 52ff., © Stern München)

Fall 2: Samson aus Eritrea

Samson wurde als Sohn eritreischer Eltern in Saudi-Arabien geboren und kehrte im Alter von elf Jahren mit seinen Eltern und drei jüngeren Geschwistern nach Eritrea zurück. [...] Während des Krieges zwischen Eritrea und Äthiopien wurde Samson Zeuge, wie ein Nachbar vom Militär rekrutiert wurde. Als Samson 13 Jahre alt war, wurde auch er von eritreischen Militärangehörigen aus dem Haus seiner Eltern abgeholt. Mit dem Auto wurde er zu einem großen Trainingslager gebracht, wo viele junge Männer und auch Kinder bis zu einem Alter von zwölf Jahren trainiert wurden. Zunächst bestand Samsons Aufgabe in Feldarbeit, Holz hacken und Kleidung nähen, dann wurde er an der Waffe ausgebildet. Er blieb über einen Zeitraum von drei Monaten in dem Lager. Als er und einige andere Jugendliche sich weigerten, weiter am Training teilzunehmen, wurde er mit vier Tagen Arrest bestraft. Nach dem Arrest fügte er sich. Samson fand unter den Jugendlichen einen Freund, der ihn überzeugte, gemeinsam die Flucht zu wagen, [...] die Jungen liefen zwei Tage zur nächsten Stadt, dort entschied sich Samson, in den Sudan zu fliehen, weil dort sein Onkel lebte. [...] Sein Onkel hatte Kontakte zu einem Mann, der Ausweispapiere fälschte, und er besorgte Samson einen sudanesischen Pass. Er entschied, dass Samson zu seiner Kusine nach Deutschland fliehen sollte. Nach fünf Monaten Wartezeit flog Samson nach Frankfurt, zu dem Zeitpunkt war er 14 Jahre alt. [...] Mit Einverständnis des Jugendamtes verbrachte er die ersten Wochen bei seiner Kusine. [...] Seit einem Jahr wohnt er in einer Jugendwohnung. Samson ging weiter zur Schule und konnte den qualifizierten Hauptschulabschluss machen. Seit drei Monaten befindet er sich in der Ausbildung zum Elektriker. Allerdings erhält er jeweils nur für drei Monate eine Arbeitsgenehmigung und muss sie dann wieder verlängern lassen. [...] Er ist im Besitz einer Aufenthaltsbewilligung.

(Aus: Michaela Ludwig: Ehemalige Kindersoldaten als Flüchtlinge in Deutschland, hrsg. von terre des hommes, 2003, S. 28)

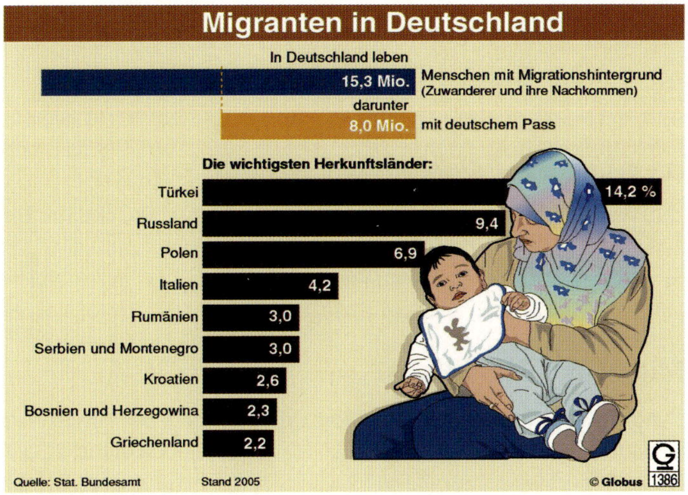

Fall 3: Anastasia aus Kasachstan

„Ich heiße Anastasia und lebe mit meiner Familie seit 1995 in Deutschland. Wir haben noch Familie in Kasachstan: meine Oma und die Schwester meiner Mutter mit ihren drei Kindern. Die Lebensverhältnisse in Serenda waren nicht so gut. Die meisten Menschen hatten kein Geld, keine Arbeit und wenn sie Arbeit hatten, dann haben sie oft monatelang keinen Lohn bekommen. Wir sind nach Deutschland gezogen, um eine bessere Zukunft zu haben. Da mein Vater deutsche Vorfahren hat und Deutsch auch in Russland seine Muttersprache war, mit der er aufgewachsen ist, haben wir als Aussiedler Anspruch auf einen deutschen Pass. Außerdem haben wir in Deutschland Verwandte: Die Eltern meines Vaters. Die haben immer schon deutsch gesprochen und hatten die geringsten Probleme, in Deutschland klarzukommen. Heute wohnen wir alle im gleichen Haus.
Das Leben hier fiel mir nicht leicht, weil ich die Sprache überhaupt nicht konnte und deshalb auch Probleme hatte, deutsche Freunde zu finden. Mein Vater spricht deutsch, aber da meine Mutter Russin ist, sprechen wir zu Hause fast nur russisch, damit meine Mutter versteht, was wir sagen. Inzwischen fühle ich mich aber gut, und es gibt für mich keinen Unterschied mehr zwischen deutschen und russischen Mitschülern."

(Gesprächsprotokoll mit Anastasia Becker)

1. Nennt die Gründe, warum Mohamed, Samson und Anastasia ihre Heimat verlassen haben.
2. Warum haben sie sich ein westeuropäisches Land als neue Heimat ausgesucht?
3. „Migranten kommen doch nur nach Europa, weil sie sich hier ein schönes Leben machen wollen." Bewertet diese in Deutschland häufiger geäußerte Meinung vor dem Hintergrund der Fallbeispiele.
4. Diskutiert darüber, inwieweit die Globalisierung Voraussetzung oder Ursache dafür ist, die Heimat zu verlassen.

Migration

1. Beschreibt drei Gründe für Migration.
2. Welche Motive und Erwartungen haben Menschen, die ihre Heimat verlassen, um dauerhaft in einem anderen Land zu leben?
3. Erläutert das Schaubild mithilfe der Informationen des Textes.

Migration: Was ist das?

„Migratio" ist ein lateinisches Wort und bedeutet „Wanderung". Allein in Deutschland leben ungefähr 15 Millionen Menschen mit Migrationshintergrund, d. h., sie haben ihre Wurzeln im Ausland, sind entweder selbst zugewandert oder Kinder von Zuwanderern. Die meisten von ihnen stammen aus einem europäischen Land. Knapp die Hälfte hat keinen deutschen Pass und ist somit Ausländer.

Gründe für Migration

Es fällt Menschen in der Regel schwer, ihre Heimat zu verlassen. Kaum jemand tut dies leichtfertig. Die meisten Menschen, die sich dazu entschließen, stehen unter einem enormen Leidensdruck und verbinden mit der Auswanderung die Hoffnung auf ein besseres Leben.
In der Praxis kommen bei der Entscheidung, in einem anderen Land neu anzufangen, meist mehrere Gründe zusammen.

1. Grund: um der Armut zu entfliehen
Schon immer kamen Menschen nach Deutschland, um hier ihren Lebensunterhalt zu verdienen. In den Fünfzigerjahren herrschte in Deutschland ein großer Arbeitskräftemangel. Um dem entgegenzuwirken, wurden vor allem Menschen aus den Mittelmeerländern Italien, Portugal und der Türkei angeworben, um in Deutschland zu arbeiten. Viele dieser sogenannten „Gastarbeiter" kamen, weil sie in ihren Heimatländern kaum gut bezahlte Arbeit fanden. Vom Leben in Deutschland erhofften sie Wohlstand und finanzielle Sicherheit für sich und ihre Familien.
Neu ist, dass in Zukunft durch den Klimawandel immer mehr Menschen ihre Lebensgrundlage entzogen wird. Sie werden durch Flucht in andere Länder versuchen, Sicherheit vor Naturkatastrophen zu finden und sich eine neue Existenz aufzubauen.

2. Grund: um Verfolgung und Krieg zu entfliehen
142 Staaten der Welt haben sich in der „Genfer Flüchtlingskonvention" verpflichtet, Menschen beizustehen, die „aus der begründeten Furcht vor Verfolgung wegen ihrer Rasse, Religion, Nationalität, Zugehörigkeit zu einer bestimmten sozialen Gruppe oder wegen einer politischen Überzeugung" ihr Heimatland verlassen haben (Artikel 1, Genfer Konvention). Menschen, die solchen Bedrohungen ausgesetzt sind, dürfen nicht in Länder ausgewiesen werden, in denen sie bedroht und verfolgt werden (Artikel 33, Genfer Konvention).

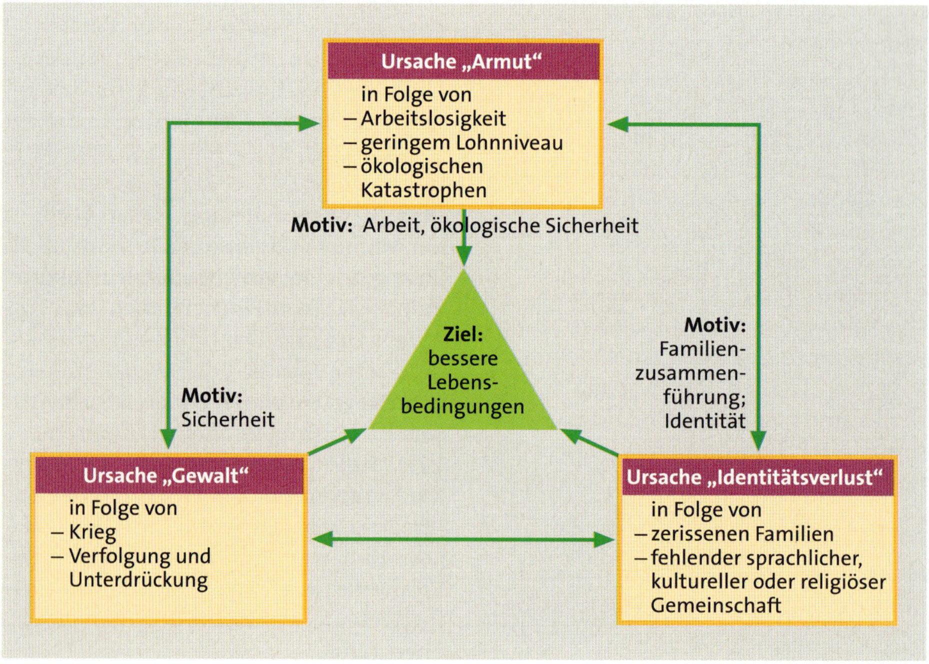

Migrationsdreieck: Ursache, Motive und Ziel

In Deutschland ist der Schutz für Verfolgte sogar im Grundgesetz festgeschrieben. Nach Artikel 16 genießen politisch Verfolgte Asylrecht.
Wer politisch verfolgt wird, kann in Deutschland einen Asylantrag stellen. Er muss allerdings nachweisen, dass er in seiner Heimat von staatlichen Organen bedroht und unterdrückt wird. Das gelingt nur etwa drei Prozent der Antragsteller. Sie dürfen unbefristet in Deutschland bleiben.
Für die anderen Asylbewerber gilt, dass ihr Aufenthalt in Deutschland befristet geduldet wird, wenn humanitäre Gründe dafür sprechen, wenn also ihr Leben oder ihre Freiheit bedroht ist. Das ist zum Beispiel der Fall, wenn im Heimatland des Antragstellers Krieg oder Bürgerkrieg herrscht. So sind beispielsweise wegen der Bürgerkriege im ehemaligen Jugoslawien während der Neunzigerjahre viele Menschen aus Bosnien und dem Kosovo nach Deutschland geflüchtet.

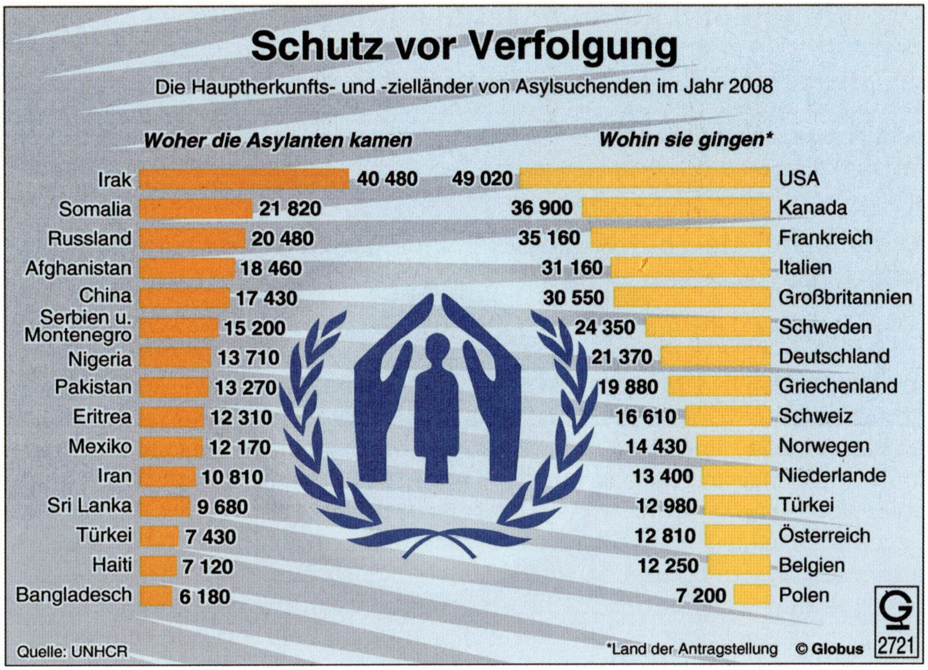

3. Grund: um dem Gefühl der Entfremdung entgegenzutreten
Familie, Religion und Muttersprache sind für die meisten Menschen unverzichtbar und prägen ihr Selbstbild. Wenn man sich in einem Land kulturell fremd fühlt, weil man mit seiner Religion oder Muttersprache eine Minderheit darstellt, dann kann dies ein Grund für Migration sein.
In Deutschland leben etwa 3,5 Millionen Aussiedler, von denen die meisten aus Russland kommen. Aussiedler sind Angehörige deutscher Minderheiten, die vom 15. bis zum 19. Jahrhundert nach Osteuropa gewandert waren, weil dort Arbeitskräfte zur Erschließung des Landes benötigt wurden. Dort behielten sie oft über Jahrhunderte die deutsche Sprache und Kultur bei. Nach dem 2. Weltkrieg verschlechterten sich die Lebensbedingungen für diese Menschen erheblich. Mit dem Zusammenbruch der Sowjetunion Ende der Achtzigerjahre lockerten sich die Ausreisebestimmungen. Was jahrzehntelang nicht oder nur sehr schwer möglich war, wurde nun Wirklichkeit: Die Menschen durften auswandern. Viele suchten den Weg zurück in die Heimat ihrer Vorfahren, viele, weil sie ihre wirtschaftliche Situation verbessern wollten, andere, weil bereits ein Teil der Familie in Deutschland lebte und weil sie sich und ihre Kinder in der deutschen Kultur und Sprache besser aufgehoben fühlten als in der russischen, die ihnen fremd geworden war. Aussiedler und ihre Angehörigen sind nach dem Grundgesetz Deutsche. Sie erhalten sofort einen deutschen Pass.

Begriffe für euer Fachwörterlexikon

Zur Diskussion: Sollen wir in Zukunft Klimaflüchtlinge aufnehmen und ihnen Asyl gewähren?

Der Klimawandel kann zur Folge haben, dass Menschen dazu gezwungen werden, ihre Heimat zu verlassen. Wie sollen wohlhabende Staaten wie die Bundesrepublik Deutschland mit Klimaflüchtlingen umgehen? Sollen wir sie aufnehmen und ihnen Asyl gewähren?

Klimaflüchtlinge – nichts wie weg

Schon heute sind mehr als 20 Millionen Menschen auf der Flucht vor Naturkatastrophen. Die Umweltorganisation Greenpeace rechnet damit, dass die Zahl bis 2040 auf 200 Millionen Klimaflüchtlinge ansteigen könnte. Meist sind es die Bewohner ärmerer Gegenden, die vor Hitze und Wassermangel, trockenen Böden und Stürmen weglaufen.

Angst vor dem Untergang

2005 ergriff die Regierung von Papua-Neuguina eine drastische Maßnahme, um die Einwohner der Carteret-Inseln im Südpazifik zu retten: 980 Inselbewohner mussten auf eine hundert Kilometer entfernte Inselgruppe umziehen. Salzwasserüberschwemmungen hatten die Böden unfruchtbar und große Teile der Insel unbewohnbar gemacht. Drei Jahre später hat der Präsident der Malediven ähnliche Maßnahmen beschlossen: Mohammed Nasheed sucht derzeit nach einem Stück Erde für seine 360 000 Landsleute. Denn den Maledivern steht das Wasser bis zum Halse.

Eine ganze Nation zieht um

Vieles spricht dafür, dass ein Großteil der 1 200 Inseln im Indischen Ozean bis zum Ende dieses Jahrhunderts im Meer verschwindet. Drei Viertel des Landes liegen gerade mal einen Meter über dem Meeresspiegel – deshalb sind die Malediven als flachstes Land der Welt besonders stark vom Klimawandel und dem steigenden Meeresspiegel betroffen. „Wir können den Klimawandel nicht stoppen, aber wir können Land kaufen für den Fall, dass die Prognose wahr wird“, sagt Nasheed. Deshalb hat er einen Staatsfonds gegründet, in den Tourismus-Einnahmen fließen. Mit dem Geld will der Präsident Land auf Sri Lanka oder in Indien kaufen – der kulturellen Nähe wegen. In Australien gäbe es auch noch Platz, doch dort herrscht Wassermangel – keine gute Voraussetzung für die Aufnahme weiterer Bewohner. [...]

(Aus: Bayerischer Rundfunk: Klimaflüchtlinge. Nichts wie weg, www.br-online.de, letzter Zugriff Dezember 2009)

Artikel 16 a
(1) Politisch Verfolgte genießen Asylrecht.
(2) Auf Absatz 1 kann sich nicht berufen, wer aus einem Mitgliedstaat der Europäischen Gemeinschaften oder aus einem anderen Drittstaat einreist [...]

Das Asylrecht sollte auch auf Klimaflüchtlinge angewendet werden, da diese sich nicht selbst helfen können. Außerdem sind sie unverschuldet in diese Notlage geraten. Die Industriestaaten haben durch ihren Energieverbrauch den Klimawandel ausgelöst. Darum stehen sie auch in der Verantwortung, den Opfern zu helfen. Deshalb sollte der Artikel 16 a zukünftig folgendermaßen lauten: ...

Das Asylrecht sollte auf keinen Fall geändert werden. Asyl steht allein politisch Verfolgten zu.
Wenn es auf Klimaflüchtlinge ausgeweitet wird, dann kommen enorme Ausgaben auf den Staat zu, da jeder Klimaflüchtling Anspruch auf angemessene Versorgung hat. Das können wir uns nicht leisten, zumal die Prognosen von immer mehr Flüchtlingen ausgehen.
Natürlich muss man den Menschen helfen, wenn sie durch Klimakatastrophen ihre Heimat verlieren. Besser als ein deutscher Alleingang im Asylrecht sind folgende Maßnahmen: ...

1. Was sind die Gründe, die Menschen zu Klimaflüchtlingen werden lassen?
2. Kann eine Änderung des deutschen Asylrechts für mehr internationale Gerechtigkeit sorgen: ja oder nein? Verfasst eine Stellungnahme.
3. Welche zusätzlichen Hilfsmöglichkeiten haltet ihr für sinnvoll?

Memorystationen

Folgen der Globalisierung

Station 1 Wie funktioniert die globalisierte Wirtschaft?

Silke freut sich über ihr Schnäppchen. Beim Multi-Markt sind wieder einmal die Preise für Handys gepurzelt – nun schon zum vierten Mal in einem Jahr.

Seit 1997 beschäftigt der Global Player Siemens mehr Mitarbeiter im Ausland als in Deutschland.

?

Wer kann zwischen diesen vier Aussagen mit klaren Worten einen möglichen Zusammenhang formulieren?

Der Facharbeiter Erwin Schneider sucht verzweifelt Arbeit, seit sein Betrieb vor zwei Jahren geschlossen wurde. Über 70 Bewerbungen hat er inzwischen geschrieben.

Jong-Hi in Südkorea ist mit ihrer Lebenssituation sehr zufrieden. Sie arbeitet seit einem Jahr bei einem Global Player und verdient überdurchschnittlich gut.

Station 2 Sind wir auf dem Weg zu einer einheitlichen Weltkultur?

„Eine globale Welt sieht auf den ersten, flüchtigen Blick einförmig aus. Aber ein paar McDonald's- oder Starbucks-Filialen machen noch keine Kultur aus." (Sylke Tempel)

Nimm Stellung zu dieser Aussage. Gehe dabei besonders auf die Frage ein, ob die Globalisierung regionale Kulturen zerstört oder bereichert.

Station 3 Migration im Zeitalter der Globalisierung

DIE WELT

Erkläre die Karikatur. Gehe dabei auf zwei Fragen ein:
1. Welche Motive können Menschen haben, die nach Deutschland kommen?
2. Welche Flüchtlinge sollen zukünftig in Deutschland eine neue Heimat finden?

5 Herausforderungen für den Frieden

Welche Entwicklungen bedrohen den Weltfrieden?

Nach dem Ende des Ost-West-Konfliktes hatten viele Menschen große Hoffnungen, dass es künftig weniger Kriege geben würde. Doch diese Hoffnungen erfüllten sich nicht. Warum kommt es immer wieder zu Konflikten, obwohl doch alle Menschen wissen, wie schrecklich Krieg ist? Tauscht euch darüber aus.

Worum geht es?

Das Foto zeigt eine Mutter mit ihrem Sohn im palästinensischen Gazastreifen. Im ganzen Haus sind Einschusslöcher zu sehen, denn im Gazastreifen herrscht Krieg – schon seit über sechzig Jahren. In seinem jungen Leben hat das Kind wenig anderes kennengelernt als Angst, Leid, Entbehrung, Zerstörung und Gewalt. Und auch seiner Mutter geht es vermutlich nicht viel anders. Viele Jugendliche in Afrika und Asien teilen das Schicksal des Jungen, für sie ist Krieg Alltag.
Warum ist Frieden ein so gefährdetes Gut? Warum müssen so viele Kinder und Jugendliche in Kriegen leiden? Solche Gedanken sind euch vielleicht auch schon einmal durch den Kopf gegangen – zumal uns fast täglich bedrohliche Nachrichten aus vielen Gegenden der Welt erreichen. Viele dieser Nachrichten haben auf den ersten Blick gar nicht einmal viel mit dem Thema Krieg zu tun. Da ist die Rede von internationalen Terroranschlägen, von Flüchtlingsströmen in Afrika, von Umweltzerstörung und Klimawandel. Doch gerade aus diesen Bedrohungen können neue Konflikte entstehen, die auch die Sicherheit der Menschen in Deutschland gefährden.
Die Politik muss solche Gefahren kennen und ernst nehmen, um ihnen frühzeitig zu begegnen, darauf angemessen zu reagieren und den Ausbruch von Kriegen zu verhindern.

Wenn ihr dieses Kapitel bearbeitet, könnt ihr ...

- am Beispiel des Krieges in Afghanistan einen Konflikt analysieren,
- erklären, welche Bedeutung dieser Konflikt für uns hat,
- Hintergründe des islamistischen Terrorismus in einer Mindmap zusammenfassen,
- diskutieren, wie internationaler Terrorismus wirksam bekämpft werden kann,
- erklären, warum der Klimawandel eine Bedrohung für den Frieden darstellt,
- einen Zusammenhang zwischen den Auswirkungen des Klimawandels und dem Bürgerkrieg in Darfur herstellen.

1 Internationale Konflikte als Bedrohung für den Frieden: das Beispiel Afghanistan

Was geht uns Afghanistan an?

Seit 1978 herrscht in Afghanistan Krieg. Das Land im Herzen Asiens kommt nicht zur Ruhe – obwohl eine internationale Allianz mit inzwischen über 60 000 Soldaten seit 2002 versucht, das Land zu befrieden. Auch Deutschland beteiligt sich an dem internationalen Militäreinsatz. Afghanistan liegt viele Tausende Kilometer von Deutschland entfernt – warum sollten dort deutsche Soldaten ihr Leben riskieren, um Frieden zu schaffen?

Bevor man einen solch komplizierten Konflikt beurteilen kann, sollte man versuchen, ihn zu verstehen. Das Verständnis wird erleichtert, wenn man bei der Untersuchung klar strukturiert vorgeht. Die dazu geeignete Methode nennt man Konfliktanalyse. Um das Verständnis dieser und anderer internationaler Krisen mithilfe der Konfliktanalyse geht es auf den nächsten Seiten.

Ein lebensgefährlicher Einsatz für den Frieden

Die Patrouille hat einen langen Tag hinter sich. Im Großraum nördlich von Kundus in Nordafghanistan besuchten die 39 deutschen Soldaten mehrere Dörfer. Ihr Befehl: „Präsenz im Raum und Erkunden des Geländes."
Abends auf dem Rückweg, 17 Kilometer vor dem sicheren Feldlager, bricht die Hölle los: Schüsse mit Kalaschnikows und Panzerfäusten aus dem Hinterhalt. Die fünf Dingo-Patrouillenfahrzeuge und vier Fuchs-Transportpanzer preschen vorwärts – in einen zweiten Hinterhalt. Über mehrere Kilometer bahnt sich die Kolonne mit Maschinengewehren und Granatwerfern ihren Weg, tötet mindestens drei Angreifer. Bis eine Panzerfaust einen Fuchs trifft. In dessen Wrack stirbt ein 21-jähriger Hauptgefreiter vom Donaueschinger Jägerbataillon 292.
Ein Gefallener, vier Verwundete im Gefecht, weitere fünf Verletzte Stunden zuvor bei einem Selbstmordattentat südlich von Kundus. Für die deutsche Truppe war dieser Tag ein schwarzer Tag. Der Feind in Afghanistan wird zunehmend gefährlicher.

(Nach: Michael Jach, Thomas Wiegold: Bomben im Wahljahr, in: Focus Nr. 19/2009)

Wird unsere Freiheit auch am Hindukusch verteidigt?

Zunächst dachten die Deutschen, sie schicken Soldaten und Entwicklungshelfer nach Afghanistan, und die sorgen dort für ein bisschen Bundesrepublikanisierung, Sicherheit, Ordnung, Justiz, Ausbildung. Zum Teil scheint dies auch gelungen zu sein, aber der Preis dafür ist ein bisschen Afghanisierung der Bundesrepublik.
Anschläge, Entführungen, Rekordernten der Opiumbauern unter den Augen von Nato und Bundeswehr – Afghanistan breitet sich aus im deutschen Denken, im deutschen Alltag. Es prägt die Schlagzeilen, die Politik, die Sorgen. Irgendwie gehört dieser ferne Staat nun dazu, wie ein 17. Bundesland. Er ist schwach, liegt an der Peripherie, aber wie schon häufiger in der Geschichte könnte eine wilde Peripherie das Zentrum verändern. […] Als [damaliger] Verteidigungsminister hat Peter Struck 2002 gesagt, Deutschlands Sicherheit werde auch am Hindukusch verteidigt. Nun sieht es manchmal so aus, als werde Deutschlands Sicherheit vom Hindukusch gefährdet. Es lässt sich nur schwer einschätzen, ob die Bedrohung aus Afghanistan tatsächlich zugenommen hat. Ganz erkennbar aber hat sich das Bedrohungsgefühl verstärkt.

(Aus: Matthias Gebauer u. a.: Im Psychokrieg, in: Der Spiegel vom 23.07.2007, S. 18, © Der Spiegel)

Deutsche Soldaten bei einer Patrouille in der Nähe von Kundus: „Mit gebotener Härte zurückschlagen"

1. Erläutert, wie die deutsche Beteiligung an der internationalen Streitmacht begründet wird.
2. Warum ist der Militäreinsatz in Afghanistan für die Bundeswehr besonders gefährlich?

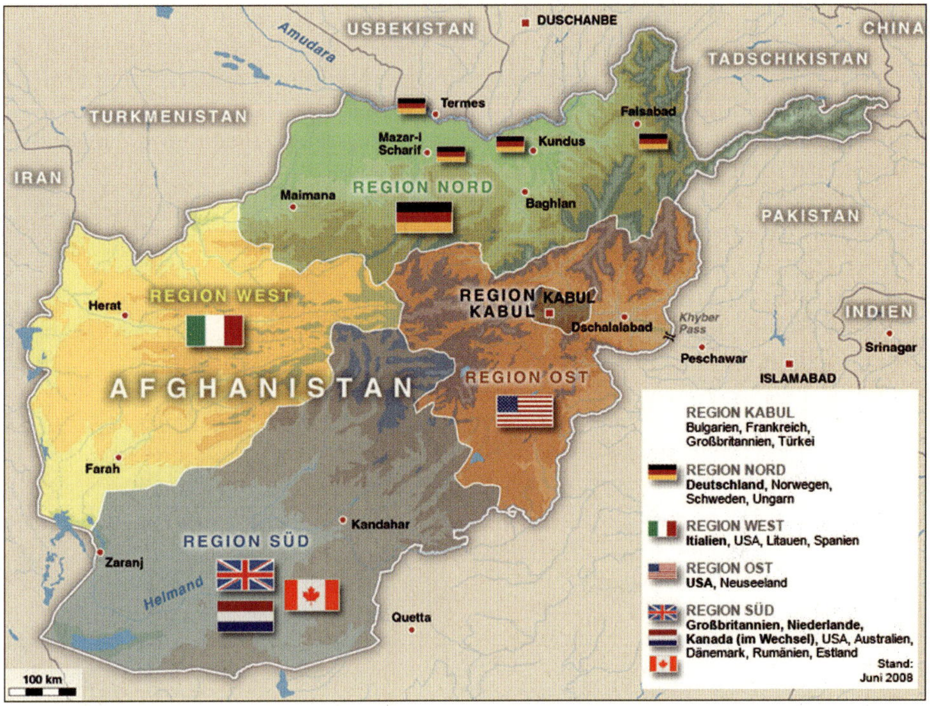

Vorgeschichte des Konflikts

Um den heutigen Konflikt zu verstehen, müssen wir in das Jahr 1978 zurückgehen. Zu diesem Zeitpunkt gab es eine Revolution in Afghanistan, an deren Ende afghanische Kommunisten die Macht im Staat übernahmen. Mit ihrer Politik stürzten sie das Land in ein Chaos. Schnell verloren sie die Unterstützung der Sowjetunion. Diese schickte im Dezember 1979 Truppen in das Land, die für Ordnung sorgen sollten. Der sowjetische Einmarsch stieß auf erheblichen Widerstand bei der afghanischen Bevölkerung. Die sogenannten Mujaheddin-Gruppen führten den Widerstandskampf gegen die sowjetischen Besatzer. Sie wurden von den USA mit Waffen unterstützt. Die USA wollten so den Einfluss der Sowjetunion in Asien zurückdrängen. Die Kämpfe in Afghanistan entwickelten sich zu einem „Stellvertreterkrieg" der Supermächte auf fremdem Boden. Nach jahrelangem Bürgerkrieg siegten 1996 die Taliban. Sie wollten Afghanistan zu einem islamischen Gottesstaat machen. Musik, Tanz, Sport, Bilder, Kino und Fernseher wurden verboten. Die meisten Universitäten und Schulen wurden geschlossen. Frauen durften nicht mehr berufstätig sein und sich in der Öffentlichkeit nur mit männlicher Begleitung und in Ganzkörperverschleierung zeigen.

Ausgangslage

Dem internationalen Terrorismus boten die Taliban einen Unterschlupf: Die Anschläge vom 11. September wurden in Afghanistan geplant. Als Reaktion griffen im Oktober 2001 die USA und Großbritannien das Land an und stürzten gemeinsam mit der afghanischen Nordallianz das Taliban-Regime. Mehr als 40 Länder beteiligen sich seitdem am Wiederaufbau Afghanistans: Staatliche Strukturen sollen geschaffen, Schulen, Straßen und Krankenhäuser gebaut werden. Deutschland hat versprochen, vor allem beim Aufbau der afghanischen Polizei und Armee zu helfen. Mit 4 800 Soldaten stellt Deutschland das drittgrößte Kontingent an der Internationalen Schutztruppe in Afghanistan (ISAF). Doch immer wieder erschüttern Anschläge der Taliban das Land. Mit ihrer Terrorstrategie des „Mordens und Zerstörens" wollen sie die afghanische Bevölkerung einschüchtern, im Westen Zweifel am Sinn der Afghanistan-Mission schüren und die Macht im Land zurückerobern.

(Nach: Afghanistan spezial, in: www.bpb.de, letzter Zugriff 06.07.09)

Konfliktverlauf

Seit Frühjahr 2006 hat sich die Sicherheitslage kontinuierlich verschlechtert. [...] Die Regierung unter Präsident Karsai erwies sich als zu schwach, ihre Amtsgewalt in alle Landesteile auszudehnen. Die Bevölkerung ist wegen des schleppenden Wiederaufbaus und der enttäuschenden Resultate bei der Armutsbekämpfung frustriert. Sie macht dafür sowohl die Regierung als auch die internationale Gemeinschaft verantwortlich. Letztere hatte unterschätzt, wie sehr das Land durch den langen Krieg zerstört war und wie wenige einheimische Arbeitskräfte nach kurzen Schulungen in die Lage versetzt werden konnten, Wirtschaft und Verwaltung wiederaufzubauen.
Die zunehmende Unsicherheit im Land und die seit Ende 2005 rasch zunehmenden Anschläge haben je nach

Region unterschiedliche Ursachen. Im Norden und Westen sind es hauptsächlich gewaltsame Auseinandersetzungen zwischen lokalen Rivalen oder zwischen diesen und der Kabuler Regierung. Im Süden und Osten kommt das Erstarken aufständischer Gruppen – sogenannter oppositioneller Kräfte (OMK) – hinzu. Dazu gehören Neo-Taliban, Drogenbarone, auf Autonomie bedachte Stammesälteste und Teile der bitterarmen Bevölkerung, die unter dem harten Vorgehen der ausländischen Truppen gelitten hatten. Da traditionell enge Stammesbeziehungen über die pakistanische Grenze hinweg bestehen, finden die OMK dort Unterstützung und Rückzugsmöglichkeiten. Eine wichtige Rolle spielen mächtige Drogenringe. Sie tragen zur Eskalation der Spannungen bei und schwächen die staatlichen Institutionen. Ihre Macht wurde durch eine neuerliche Rekordernte im Mohnanbau und die dadurch verbundenen Mehreinnahmen aus dem Drogenhandel 2007 noch gestärkt.

Ansätze zur Konfliktlösung

Angesichts der schwierigen Gesamtlage, der Gewalteskalation im Süden und der gestiegenen Selbstmordanschläge beschränken sich die Handlungsmöglichkeiten der internationalen Gemeinschaft realistischerweise darauf, einer weiteren Verschlechterung der Lage entgegenzuwirken. [...] Grundsätzlich ist eine Mischung zwischen militärischem Vorgehen gegen Aufständische und vertrauensbildende Maßnahmen gegenüber der Bevölkerung gefragt. Im besonders gefährdeten Süden gilt es, Entfremdung und Hass in der Bevölkerung zu überwinden. Durch gemeinsam mit der Bevölkerung konzipierte Kleinprojekte soll der abgerissene Dialog wiederhergestellt werden.

(Aus: Citha D. Maaß: Afghanistan, Konfliktporträts, Aktuelle Konfliktsituation, 07.03.2008, www.bpb.de, letzter Zugriff 06.07.2009)

1. Führt eine Konfliktanalyse zum Afghanistan-Konflikt durch. Wie ihr dabei vorgehen könnt, erfahrt ihr auf der folgenden Seite.

Vertrauensbildende Maßnahmen: Bundeswehrsoldaten im Gespräch mit afghanischen Ortsvorstehern

Die wichtigsten Daten

1978	Staatsstreich afghanischer Kommunisten
1979	Einmarsch sowjetischer Truppen
1988	Genfer Abkommen zwischen Afghanistan, Pakistan, der Sowjetunion und der USA über die Unabhängigkeit. Das Land versinkt im Chaos.
1996	Die Taliban übernehmen die Macht.
2001	Die USA und Großbritannien greifen Afghanistan an und stürzen gemeinsam mit der Nordallianz die Taliban.
2001	Erste Petersberg-Konferenz beschließt Neuordnung des Landes. Die UNO entsendet die internationale Schutztruppe Isaf (= International security assistance force), die unter deutscher Beteiligung das Land stabilisieren und den Wiederaufbau einleiten soll.
2003	Die NATO übernimmt das Isaf-Kommando.
seit 2006	Die Sicherheitslage verschlechtert sich. Die Taliban und andere aufständische Gruppen beherrschen weite Teile des Landes. Starke Zunahme von Terroranschlägen
2009/2010	Die Truppen werden aufgestockt. Mehr als 100 000 Soldaten aus 44 Nationen sind in Afghanistan stationiert. Die Angriffe der Taliban weiten sich auch auf den bisher sicheren Norden aus. Allein im April 2010 sterben sieben deutsche Soldaten bei Angriffen der Taliban. Auch deutsche Politiker sprechen angesichts der Zustände in Afghanistan von Krieg.

Konfliktanalyse | Thema: Afghanistan

A Worum geht es?

Selbst für politisch interessierte Menschen ist es oft sehr schwierig, zu erkennen, worum es bei einem Konflikt geht und welche Möglichkeiten zur Lösung infrage kommen. So besteht die Gefahr, dass man sich einfache Erklärungen zurechtlegt. Damit können Vorurteile und Feindbilder verstärkt werden. Friedensforscher haben deshalb das Instrument der Konfliktanalyse entwickelt, das hilft, Konflikte besser zu verstehen und Lösungswege zu erkennen. Es ist grundsätzlich auf jeden Konflikt anwendbar. Dabei wird das Thema mithilfe von Leitfragen untersucht. Analyse bedeutet, dass man ein Thema in einzelne Aspekte zerlegt, diese zunächst getrennt untersucht und auswertet. Anschließend werden die Erkenntnisse zusammengefasst, geordnet und bewertet.

B Vorbereitung und Durchführung

- Ihr könnt die Fragen arbeitsteilig in Gruppen bearbeiten: Jede Gruppe wählt einen Aspekt, den sie untersuchen möchte.
- Lest dann die Materialien auf den Seiten 100 bis 102 und notiert die Antworten auf die Fragen, zum Beispiel auf einer Folie.

C Präsentation und Auswertung

Präsentiert eure Ergebnisse der Klasse. Versucht dann gemeinsam, das Ergebnis zu bewerten: Welche Erkenntnisse habt ihr durch die Analyse gewonnen? Wie könnte der Konflikt sich weiterentwickeln? Haltet ihr die Lösungsansätze für realistisch?

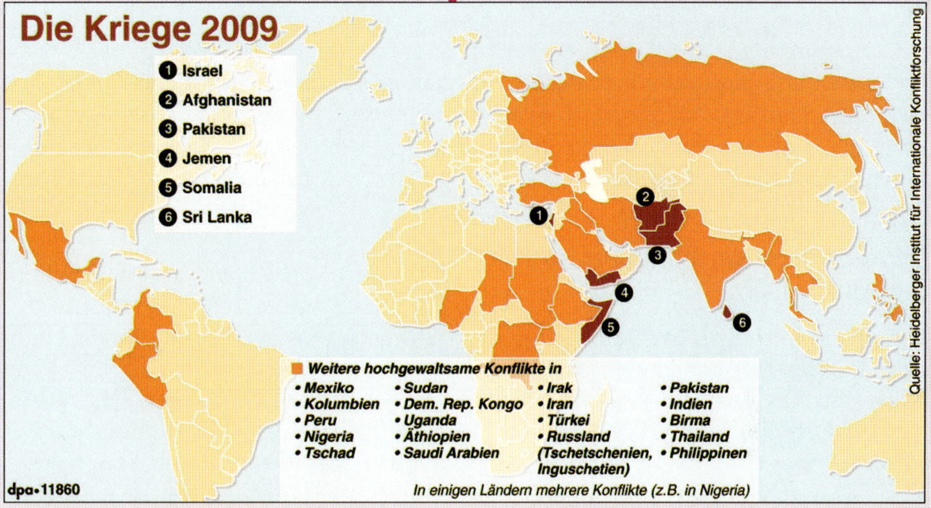

Leitfragen für die Konfliktanalyse:

1. Ausgangslage
- Wer sind die Konfliktgegner?
- Was löst den Konflikt aus?

2. Ursachen
- Welche Vorgeschichte hat der Konflikt?
- Welche Ursachen für den Konflikt sind erkennbar?

3. Ziele und Mittel
- Welche Ziele und Interessen haben die Beteiligten?
- Wie sind die Machtverhältnisse zwischen den Gegnern?
- Wer unterstützt sie bei der Verfolgung der Ziele?
- Welche Mittel setzen die Gegner ein, um ihre Ziele zu erreichen?

4. Konfliktverlauf
- Welche wichtigen Ereignisse kennzeichnen den Verlauf des Konflikts?
- Wie ist die aktuelle Situation?

5. Konfliktlösung
- Welche Lösungen streben die Beteiligten an?
- Welche Folgen hätten die Lösungen für die Konfliktgegner?
- Wie sind die Lösungen zu bewerten? Orientiert euch dabei an folgenden Gesichtspunkten: Beseitigung der Ursachen, Entspannung der Situation, Verbesserung des Verhältnisses der Beteiligten.
- Was könnte die Politik unternehmen, um solche Konflikte in Zukunft zu verhindern?

2 Internationaler Terrorismus – die neue Bedrohung für den Frieden?

Seit dem 11. September 2001 bedroht der internationale Terrorismus den Frieden in vielen Ländern der Welt. Zwar gab es auch schon früher terroristische Anschläge, neu an dieser Form des Terrorismus ist jedoch, dass Terrorgruppen frei über die Grenzen hinweg operieren und bei Terroranschlägen oft sehr viele unbeteiligte Opfer sterben.

Daniel S. – einer der beiden Sauerland-Attentäter bei seiner Festnahme

Islamistische Anschläge auch in Deutschland?

Knapp ein Jahr nach der Verhaftung von drei mutmaßlichen Terroristen im Sauerland hat die Bundesanwaltschaft Anklage erhoben. Ihnen wird die Mitgliedschaft in einer in- sowie ausländischen terroristischen Vereinigung vorgeworfen.
Die beiden zum Islam konvertierten Deutschen und der Türke sollen der international operierenden „Islamischen Dschihad Union" angehören und Bombenanschläge in Deutschland geplant haben.
Mit der Festnahme waren die Ermittler nach eigenen Angaben den mutmaßlichen Bombenbauern nur knapp zuvorgekommen. Die Ermittler gehen davon aus, dass mehrere mit Sprengstoff beladene Mietfahrzeuge vor Flughäfen sowie vor Diskotheken mit vorwiegend US-amerikanischem Publikum gezündet werden sollten.
Die Anschläge sollen von der im pakistanisch-afghanischen Grenzland agierenden „Islamischen Dschihad Union" gesteuert worden sein. [...] Demnach beschloss der Ulmer Gelowicz, den die Bundesanwaltschaft als „Rädelsführer" bezeichnet, vor fünf Jahren, in den „Heiligen Krieg" zu ziehen. Ursprünglich suchten die jungen Männer in Afghanistan den „Märtyrertod". Ihre „Kommandeure" hätten jedoch andere Pläne verfolgt und das Trio im Herbst 2006 mit einem klar definierten Auftrag nach Hause geschickt: Deutschland mit Anschlägen anzugreifen.

(Nach: dpa, 02.09.2008, zitiert nach: www.stern.de)

Weltweit verbreiten Terroristen Angst und Schrecken. 32 Menschen sterben bei Anschlägen in Istanbul im November 2003.

1. Beschreibt, warum islamistischer Terror auch in Deutschland zu einer Gefahr geworden ist.
2. Fühlt ihr euch persönlich bedroht? Begründet eure Meinung.

Islamistischer Terrorismus: Hintergründe und Zusammenhänge

11. September 2001: Der bisher folgenschwerste Terroranschlag wurde inzwischen zum Symbol für die Bedrohung durch den internationalen Terrorismus.

In den Texten A und B geht es zum einen um die Frage, was Terrorismus ist, und zum anderen darum, was die Täter antreibt. Ihr könnt sie in Partnerarbeit arbeitsteilig bearbeiten.

- Jeder liest zunächst aufmerksam seinen Text, fertigt einen Stichwortzettel als Merkhilfe an und beantwortet die Fragen unter den Texten.
- Informiert euch anschließend gegenseitig über den Inhalt der Texte.
- Fasst eure Arbeitsergebnisse gemeinsam in einer Mindmap zusammen.

A Was ist Terrorismus?

Viele Kommentatoren waren sich einig: „Nichts mehr wird so sein, wie es war.“ Am 11. September 2001 konnte die ganze Welt am Fernsehbildschirm mitansehen, wie die Türme des New Yorker World Trade Center in sich zusammenstürzten. […] Bereits am folgenden Tag bezeichneten die Vereinten Nationen den Terrorismus in einer einstimmigen Resolution als eine Bedrohung für den Weltfrieden; jeder Staat habe das Recht auf Selbstverteidigung. Aber was ist überhaupt Terrorismus? […]

„Terrorismus ist das ungezielte Töten unschuldiger Menschen mit der Absicht, eine um sich greifende Furcht zu erzeugen“, so der Sozialwissenschaftler und Publizist Harald Welzer. Die Attentate vom 11. September gelten demnach – genau wie die Selbstmordattentate der Hamas und anderer radikaler palästinensischer Organisationen – eindeutig als Terrorismus. Sie waren und sind nicht gegen Bewaffnete gerichtet, und dass Zivilisten dabei umkommen würden, nahm man nicht etwa nur billigend in Kauf, es war beabsichtigt. […]

> Viele Terroristen sehen sich selbst als Freiheitskämpfer. Doch im Unterschied zu Terrorismus richtet sich im **Freiheitskampf** die Gewalt in erster Linie gegen das Militär und die Vertreter der Staatsmacht und nicht gegen unbeteiligte Zivilisten. Freiheitskämpfer wollen das Land befreien. Dazu leisten sie Widerstand. Als **Widerstand** bezeichnet man die Verweigerung des Gehorsams oder das aktive, gewaltfreie oder gewalttätige Handeln gegen eine Regierung, um politische Ziele zu erreichen. Terroristen geht es nicht um Befreiung, sondern um Zerstörung.

Islamistischer Terrorismus

Terrorismus ist kein neues Phänomen. Allerdings hat er sich grundlegend verändert. Schon die nordirische IRA, die westdeutsche RAF, die palästinensische PLO […] verübten Terroranschläge nicht nur gegen einzelne Entscheidungsträger, sondern auch gegen Zivilisten. Grundsätzlich aber wollten sie politischen Forderungen Nachdruck verleihen: Autonomie für ihre Region, die Freilassung von Gefangenen oder, weit radikaler, wie im Falle der PLO, die Zerstörung des Staates Israel. Dem islamistischen Terror des 21. Jahrhunderts geht es weniger um konkrete politische Forderungen. Er hat sich den Kampf gegen ideologische Feinde zum Ziel gesetzt – den „Westen“, der nach der zutiefst antisemitischen Auffassung Osama bin Ladens von den Hauptfeinden, den Juden, unterwandert sei, sowie die „Abtrünnigen“ des eigenen Glaubens.

Islamistische Attentate sind keineswegs auf Ziele im Westen beschränkt. Sie ereignen sich überwiegend in islamischen Ländern oder Ländern mit einer großen islamischen Bevölkerung (Irak, Jordanien, Ägypten, Saudi-Arabien, Türkei, Marokko oder Indonesien), die in den Augen der Islamisten „Büttel des Westens“ sind. Die meisten Terroropfer waren Muslime.

(Nach: Sylke Tempel: Die Tagesschau erklärt die Welt, rororo Rotfuchs, Reinbek 2007, S. 126ff.)

Begriffe für euer Fachwörterlexikon

- Terrorismus
- Freiheitskampf
- Widerstand

1. Fasse in eigenen Worten zusammen, was man unter Terrorismus versteht.
2. Terrorismus gibt es schon seit Langem. Erkläre, was neu am islamistischen Terrorismus ist.

B Wer sind die Täter?

Das Terrornetzwerk Al-Kaida

Der Anschlag vom 9. September 2001 sowie zahlreiche folgenschwere Terroranschläge in den folgenden Jahren werden dem Terrornetzwerk Al-Kaida zugeschrieben.
Als Gründer von Al-Kaida gilt der um 1955 in Saudi-Arabien geborene Osama bin Laden. Als Sohn eines erfolgreichen, aus dem Jemen stammenden Bauunternehmers studierte er Wirtschaftswissenschaften und arbeitete zunächst ebenfalls als Bauunternehmer. Nach der Invasion der Sowjetunion in Afghanistan 1979 aber beschloss er, sein Vermögen für den Widerstand der Mudschaheddin („Glaubenskämpfer") gegen die „ungläubigen Invasoren" zu verwenden: Er kaufte Waffen, rekrutierte Verstärkung und galt als Spezialist für den Bau von Festungen und Tunnelsystemen.
Nachdem die Sowjetunion 1989 aus Afghanistan abgezogen war und 1990, vor dem zweiten Golfkrieg, amerikanische Truppen in Saudi-Arabien aufmarschierten, bot sich bin Laden ein neues Ziel: die Vertreibung der Amerikaner vom Boden des Landes, das Wächter der heiligen Stätten Mekka und Medina ist. Dort hatte der Prophet Mohammed gewirkt, kein Muslim könne die Anwesenheit von Ungläubigen dort dulden.
Im Oktober 2001 begann eine Allianz unter der Führung der USA eine Invasion in Afghanistan, wo sich das Hauptquartier von Al-Kaida befand. Osama bin Laden aber wurde nicht gefasst. Wo er sich heute aufhält, ist nicht bekannt. Er dürfte der meistgesuchte Mann der Welt sein.
Doch selbst wenn Osama bin Laden gefasst werden sollte, bedeutet das noch nicht, dass damit Al-Kaida vernichtet wäre. Denn sie ist keine Organisation mit festen Hierarchien. Hunderte, wenn nicht Tausende junger Männer sind einst in den Ausbildungslagern in Afghanistan trainiert worden, und sie haben einzelne Zellen gebildet, die längst unabhängig voneinander handeln. Sie verfügen über eigene Geldquellen und sind in der Lage, sich mit Ausrüstung zu versorgen, die sie für ihre Attentate brauchen. Zusammengehalten wird ihr Netzwerk weniger durch feste Befehlsstrukturen als durch eine gemeinsame Ideologie – den Hass auf „den Westen", dessen Werte es ihrer Meinung nach zu bekämpfen gilt.

(Nach: Sylke Tempel: Die Tagesschau erklärt die Welt, rororo Rotfuchs, Reinbek 2007, S. 92f.)

Palästinensische Terroristen demonstrieren im Libanon ihre Bereitschaft zu einem Selbstmordattentat. Auf ihren Stirnbändern steht „Der Tod im Namen Gottes ist unser Wunsch". Wer im Dschihad, dem heiligen Krieg gegen Ungläubige oder Abtrünnige, stirbt, wird von der Familie und seinen Anhängern als Märtyrer verehrt.

Der Westen als Inbegriff des Bösen

In den Augen islamistischer Fundamentalisten sind die USA ein „Hort des Satans" und westliche Staaten die „Lakaien" dieser Großmacht, die ihren „schädlichen" Einfluss auf die ganze Welt ausdehnen möchte. Die islamischen Staaten stellen nach Ansicht islamistischer Fundamentalisten das „Bollwerk Allahs" dar, das es zu verteidigen gilt. Bei vielen jungen, in materiell und sozial schwierigen Verhältnissen lebenden Menschen in der arabischen Welt zündet eine solche Argumentation. Sie fühlen sich durch die politische und wirtschaftliche Macht des Westens gedemütigt; gleichzeitig empfinden sie die westliche Kultur als moralisch verwerflich. Diese Stimmung nutzen terroristische Führer für ihre Zwecke. Die neueste Entwicklung zeigt, dass sich auch zum Islam übergetretene Deutsche zu Kämpfern ausbilden lassen. Der fundamentalistisch begründete Terrorismus in seiner gefährlichsten Form setzt auf Selbstmordattentate, gegen die es keinen ausreichenden Schutz gibt. Die Attentäter berufen sich dabei auf den Islam. Der traditionelle Islam kennt jedoch keine Rechtfertigung für Selbstmordattentate, mit denen andere – zumeist Unbeteiligte – in den Tod gerissen werden.

(Aus: Arbeitsgemeinschaft Jugend und Bildung e. V.: Frieden & Sicherheit, 2009/2010, Wiesbaden 2009, S. 5)

1. Erkläre, wie das Terrornetzwerk Al-Kaida funktioniert.
2. Warum verüben islamistische Terroristen Anschläge?

Wie kann man Terrorismus bekämpfen?

Wie führt man einen Krieg gegen einen Feind, der im Verborgenen operiert? Darüber wird in fast allen Ländern der westlichen Welt seit dem Terrorangriff vom 11. September diskutiert.

Was haben westliche Staaten gegen Terrorismus unternommen?
Seit dem 11. September 2001 haben die USA den „Globalen Krieg gegen Terror" ausgerufen. Sie sind mit Unterstützung der Nato in Afghanistan einmarschiert und haben das Taliban-Regime gestürzt. Im Irak haben die USA einen zweiten Krieg angefangen, der mit 9/11 begründet wurde – fälschlicherweise, wie heute alle wissen.
Nicht nur in den USA, sondern fast überall auf der Welt hat ein völlig neues Sicherheitsdenken Einzug gehalten.
Der globale Terrorismus, wie ihn die Al-Kaida praktiziert, kennt keine einfach zu identifizierenden Ziele: eine dänische Botschaft in Pakistan, ein Nachtclub auf Bali, Vorortzüge in London und Madrid, Hochzeitsgesellschaften in Jordanien, eine Synagoge in Tunesien, eine britische Bank in Istanbul.
Um sich zu schützen, haben westliche wie nicht-westliche Staaten neue Gesetze erlassen – zum Teil drakonische. Die USA haben das Gefangenenlager in Guantanamo Bay eingerichtet.
Die CIA hat Terrorverdächtige auf der ganzen Welt entführt – auch solche, die nicht besonders verdächtig waren und längst als unschuldig gelten. [...]
Al-Kaida ist nicht besiegt. Osama bin Laden und Aiman al-Swahiri sind nach wie vor auf freiem Fuß. Es wurde zwar eine Reihe hochrangiger Terroristenführer getötet oder eingesperrt. Aber der Terror wurde nicht gestoppt. Im Irak musste Al-Kaida Rückschläge hinnehmen, in Pakistan aber gewinnt sie an Einfluss und Rückzugsräumen. Ebenso in Nordafrika.

(Nach: Yassin Musharbash: Wie gefährlich al-Qaida wirklich ist, in: Spiegel online vom 11.09.2008, letzter Zugriff 20.07.2009)

Muss der Terror vor allem an den Wurzeln bekämpft werden?
Der Entwicklungsexperte Franz Nuscheler in einem Interview mit der „Zeit":
ZEIT: Professor Nuscheler, können Bomben den Terrorismus ausrotten?
NUSCHELER: Nein, weil sie seine sozialen und politischen Ursachen nicht beseitigen. Sie tragen seinen Nährboden nicht ab.
ZEIT: Woraus besteht dieser Nährboden?
NUSCHELER: Aus Armut, aus Hoffnungslosigkeit, aus dem Gefühl der Ohnmacht. [...] Der strukturelle Hintergrund des Terrorismus ist eine ungerechte Welt. [...] Die Armen selbst rebellieren nicht, das haben sie nie getan. Sie neigen eher zur Selbstanklage und geben sich ihrem Schicksal hin. Die Geschichte zeigt, dass Terroristen meist aus der Mittel- oder Oberschicht kommen und als eine Art Hohepriester fungieren. Oft durchaus im wörtlichen Sinne: Es sind die Mullahs, die Ayatollahs oder auch christliche Priester wie bei den Guerillabewegungen in Lateinamerika. Diese Hohepriester fühlen sich durch die Armut, durch die von ihnen als ungerecht empfundene Welt provoziert. Sie sehen sich als die Sprecher der Sprachlosen. [...]

(In: Die Zeit, 41/2001, Autoren: Wolfgang Uchatius, Fritz Vorholz)

1. Fasst zusammen, welche Schritte westliche Staaten zur Bekämpfung des internationalen Terrorismus unternommen haben.
2. Wie beurteilt ihr den Erfolg der Maßnahmen? Bezieht bei eurer Antwort auch die Aussage der Karikatur mit ein.
3. Erläutert die Auffassung von Franz Nuscheler zur Terrorbekämpfung.
4. Wie man den Terrorismus am besten bekämpfen sollte, ist umstritten. Vielfach herrscht sogar Ratlosigkeit. Wie denkt ihr über die Möglichkeiten?

3 Der Klimawandel – eine Frage von Krieg und Frieden?

Das Foto zeigt eine Kabinettssitzung der maledivischen Regierung, die diese unter Wasser abhielt. Mit der spektakulären Aktion wollte die Regierung des kleinen Inselstaates südwestlich von Indien die Weltöffentlichkeit aufrütteln und auf ihre verzweifelte Situation aufmerksam machen: Infolge des Klimawandels steigt dort der Meeresspiegel unaufhaltsam und die über 1 000 Inseln werden wohl in wenigen Jahrzehnten dauerhaft überflutet und nicht mehr bewohnbar sein. Was soll dann mit den dort lebenden Menschen geschehen? Werden die Nachbarstaaten die Klimaflüchtlinge aufnehmen?

Der Klimawandel als Sicherheitsrisiko

Mit dem Wandel des Klimas verändern sich auch die Lebensbedingungen auf unserem Planeten. Wenn die Umweltexperten Recht behalten, wird sich die Lage für große Teile der Menschheit verschlechtern. Angesichts der bereits jetzt vielerorts zu beobachtenden politischen, ökonomischen, sozialen, ethnischen und religiösen Spannungen befürchten manche Fachleute und Politiker eine Zunahme von gewaltsamen Auseinandersetzungen. Einiges spricht dafür. Kriege werden in der Regel aus einfachen Gründen begonnen: Entweder nimmt eine Gruppe von Menschen das Recht auf etwas in Anspruch, das ihnen verwehrt ist. Das können zum Beispiel natürliche Ressourcen sein, die sich im Besitz einer anderen Gruppe befinden. Oder aber man sieht sich genötigt, seinen Besitz, seinen Wohlstand, seinen Lebensstil zu verteidigen – auch vorbeugend.

Nun sind aber der Zugang zu den Ressourcen dieses Planeten und die Möglichkeit, sie zu nutzen, bereits jetzt extrem ungleich verteilt. Während die Bürger der Industriestaaten in relativ großem Wohlstand leben, mangelt es großen Teilen der Bevölkerung in den Entwicklungsländern an fast allem, was im Westen für selbstverständlich gehalten wird: sauberes Trinkwasser, ausreichende Nahrungsmittel, angemessene Gesundheitsversorgung, Zugang zu Bildung – vom Luxus eines Kühlschranks oder eines Autos ganz zu schweigen.

Für viele Menschen ist die eigene Umwelt lebensfeindlich. Jedes Jahr sterben drei Millionen Menschen an den Folgen von verschmutztem Wasser, berichtet kürzlich die UN-Umweltbehörde Unep. 850 Millionen Menschen sind unterernährt. Ströme von afrikanischen Flüchtlingen suchen bereits jetzt ihr Heil in der europäischen Fremde, in der Hoffnung auf ein besseres Leben oder überhaupt ein Überleben. Fast 40 Millionen Menschen befinden sich derzeit auf der Flucht.

Bislang ist offen, was geschehen wird, wenn aufgrund des Klimawandels mancherorts das Trinkwasser ausgeht – dies droht beispielsweise 500 Millionen Asiaten, weil die Gletscher im Himalaja wegschmelzen.

Was geschieht, wenn sich in Afrika die fruchtbaren Böden zunehmend in Wüsten verwandeln? Wenn etliche Pazifikinseln in den steigenden Fluten versinken? Werden die Nachbarn, die verschont geblieben sind, ihren Lebensraum und ihre Rohstoffe mit den Flüchtlingen teilen, die vielleicht auch noch einer anderen ethnischen oder religiösen Gruppe angehören? Oder werden sie ihren Besitz verteidigen – notfalls mit Waffengewalt?

(Nach: Markus C. Schulte von Drach: Klima als Frage von Krieg und Frieden, www.sueddeutsche.de, letzter Zugriff 16.11.2009, © Süddeutscher Verlag, München)

Die amerikanische unabhängige Forschungsorganisation Worldwatch Institute stuft Umweltveränderungen und soziale Spannungen als besonders gefährliche Sicherheitsrisiken ein. Auch das amerikanische Verteidigungsministerium kam bereits 2003 zu dem Ergebnis, dass der Klimawandel für die USA gefährlicher sei als der internationale Terrorismus.

(Autorentext)

Das Beispiel Darfur: Bürgerkrieg infolge des Klimawandels?

Im Süden des Sudans in der Region Darfur brach 2003 ein Bürgerkrieg aus, den der Generalsekretär der Vereinten Nationen Ban Ki-moon 2007 als ersten gewaltsamen Konflikt infolge des Klimawandels einstufte. Bis 2008 kostete dieser Krieg mindestens 300 000 Menschenleben und trieb rund 2,5 Millionen Menschen in die Flucht.
In Darfur lässt sich schon jetzt beobachten, wie durch Wassermangel tödliche Konflikte entstehen können. Regen ist selten geworden in Darfur: Wo früher noch 400 Millimeter pro Jahr gefallen sind, kommt heute halb so viel Wasser vom Himmel. Aus Weideland ist Wüste geworden – 100 Quadratkilometer mehr als noch vor 40 Jahren. Es gibt immer weniger Raum für Ackerbau und Vieh. Einer der Hauptgründe für den Krieg in Darfur sei die Knappheit der Ressourcen, sagt Mohammed Sidiq, Umweltexperte in Al Fascher, der Hauptstadt der Provinz Norddarfur. „Die Stämme streiten sich um das verbleibende Land, es kommt zum Konflikt zwischen Nomaden und Bauern." […]
Denn während Acker- und Weideland kontinuierlich schrumpfen, wächst die Bevölkerung. In nur zwei Generationen hat sie sich verfünffacht. Die Viehherden sind in der gleichen Zeit von 27 Millionen Tieren auf 135 Millionen angewachsen. Auf der Suche nach Brenn- und Bauholz roden die Menschen die Wälder und machen damit zusätzliche Flächen zur leichten Beute für die wachsende Wüste. […]
Der Klimawandel sorgt dafür, dass die Zyklen der Trockenheiten immer kürzer werden:
Nach Angaben des UN-Umweltprogramms werden in den kommenden 20 Jahren die Durchschnittstemperaturen in einigen Teilen des Sudan um 0,5 bis 1,5 Grad steigen, mit katastrophalen Auswirkungen auf die Landwirtschaft. Wasser wird zur Waffe werden in einem der blutigsten Konflikte unserer Zeit.

(Nach: Esther Saoub: Wasserknappheit als Kriegsgrund in Darfur, www.swr.de, letzter Zugriff 13.12.2009)

Dürre, Wasserknappheit und Hunger werden auch in den völlig überfüllten Flüchtlingslagern zum Problem. Die Menschen dort sind auf ausländische Hilfe angewiesen – trotzdem gehört der Mangel an lebensnotwendigen Dingen zum Alltag der Flüchtlinge.

1. Erklärt mithilfe des Textes, warum die Situation auf den Malediven ein Sicherheitsrisiko für die Region darstellt.
2. Begründet, warum der Bürgerkrieg in Darfur als erster durch den Klimawandel verursachter Krieg bezeichnet wird.
3. Wie kann die Weltgemeinschaft auf neue Sicherheitsrisiken infolge des Klimawandels reagieren? Diskutiert über die Frage und sammelt Ideen.

Klimawandel und Konflikte: Welche Regionen sind besonders gefährdet?

Karibik & Golf von Mexiko
Drohende Folgen des Klimawandels:
Intensität der Hurrikane nimmt zu. Häufige Starkregen, aber abnehmende Niederschlagsmenge, Zunahme von Dürrephasen, Anstieg des Meeresspiegels, Überschwemmungen, Flutwellen, Küstenerosion

Konfliktrisiko: Störungen der Öl- und Gasförderung können globale wirtschaftliche und politische Konsequenzen haben, Flüchtlingsbewegungen etwa in die USA

Amazonien
Drohende Folgen des Klimawandels:
regionale Klimaänderungen durch Entwaldung, Savannenbildung, Artensterben, Verlust nutzbarer Bodenfläche

Konfliktrisiko: Verlust des Expansionsraums für Landwirtschaft, Armutsflüchtlinge

Andenregion
Drohende Folgen des Klimawandels:
Abschmelzen der Gletscher, regionale Veränderung der Niederschläge, Gefährdung der Wasserversorgung, Verlust nutzbarer Bodenfläche

Konfliktrisiko: Verschärfung bereits bestehender politischer und sozialer Spannungen

Südeuropa & Nordafrika
Drohende Folgen des Klimawandels:
zunehmende Trockenheit, Veränderung der Niederschläge, Dürre- und Hitzewellen, Anstieg des Meeresspiegels, Ausbreitung der Wüsten, Verknappung nutzbarer Böden durch Erosion und Flächenverbrauch, Gefährdung der Wasserversorgung

Konfliktrisiko: innerstaatliche, lokale, aber auch zwischenstaatliche Auseinandersetzungen um Wasser und Boden in Nordafrika, Landflucht, Migration in EU-Länder

Zentralasien
Drohende Folgen des Klimawandels:
Zunahme von Dürreperioden, Abschmelzen der Gletscher, Gefährdung der Wasserversorgung, Verlandung von Binnenseen, Wüstenbildung

Konfliktrisiko: Eskalation bereits bestehender politischer und sozialer Spannungen, Bürgerkriege

China
Drohende Folgen des Klimawandels:
Zunahme von Dürrephasen und Starkregen, fortschreitender Verlust an Ackerland, Wüstenbildung, Abschmelzen der Gletscher, Gefährdung der Wasserversorgung im Norden, Flutkatastrophen, Unwetter, Stürme, Erdrutsche im Süden, Verlust von Ernten

Konfliktrisiko: Landflucht, Binnenmigration, Verschärfung ethnischer und sozialer Spannungen

Indischer Subkontinent
Drohende Folgen des Klimawandels:
Anstieg des Meeresspiegels mit verheerenden Folgen insbesondere im Ganges-Delta, Veränderung des Monsunregens, Zunahme von Starkregen und tropischen Wirbelstürmen, Abschmelzen der Gletscher in der Hindukusch-Karakorum-Himalaya-Region, Gefährdung der Wasserversorgung

Konfliktrisiko: Verschärfung bestehender wirtschaftlicher Probleme sowie ethnischer und religiöser Spannungen. Gewaltsame Auseinandersetzungen sind zu befürchten.

Sahelzone
Drohende Folgen des Klimawandels:
Dürren, Wüstenbildung, Nahrungskrisen

Konfliktrisiko: Migration, fortschreitende regionale Destabilisierung, gewaltsame Auseinandersetzungen um schwindende Ressourcen

Südliches Afrika
Drohende Folgen des Klimawandels:
abnehmende Niederschläge, zunehmende Trockenheit, Verlust nutzbarer Böden, geschwächte Nahrungsmittelsicherheit

Konfliktrisiko: Landflucht, Binnenmigration, Eskalation bereits bestehender ethnischer (zwischen verschiedenen Völkern) und sozialer Spannungen

(Karte und Texte nach: www.sueddeutsche.de, letzter Zugriff 16.11.2009)

1. Das Risiko von Konflikten infolge des Klimawandels ist auf der Erde ungleich verteilt. Beschreibt, wo die besonders gefährdeten Regionen liegen und worin die Gefährdung besteht.
2. „In Deutschland besteht keine Konfliktgefahr durch den Klimawandel. Es kann uns doch egal sein, was in anderen Gegenden der Welt passiert." Nehmt Stellung zu dieser Aussage.

Ursachen von Kriegen

1. Sammelt Gründe für die Ursachen von Kriegen zwischen Staaten und innerhalb von Staaten.
2. Welcher Meinung stimmt ihr zu? Begründet eure Ansicht.
„Kriege hat es schon immer gegeben. Damit müssen wir auch in Zukunft leben."
„Menschen können lernen, miteinander in Frieden zu leben. Das zeigt das Beispiel der EU."

Menschliches Verhalten

Warum kämpfen Menschen gegeneinander? Die Suche nach den Ursachen führt zunächst einmal zu den Menschen selbst – zu ihrem Verhalten und Wesen. Gefühle wie Herrschsucht, Neid, Aggressivität, Intoleranz verleiten Menschen immer wieder dazu, ihre Interessen mit Gewalt durchzusetzen und andere Menschen anzugreifen oder sogar zu töten. Das ist schon seit Jahrtausenden so und hat sich bis heute nicht geändert. Allerdings sind sich Wissenschaftler noch nicht einig, ob die Bereitschaft zur Gewalt den Menschen angeboren ist oder ob sie erst im Laufe des Lebens erworben wird.

Kriege zwischen Staaten

Ursachen dafür können sein
- Territorialansprüche: Die Beteiligten streiten sich um den genauen Verlauf von Grenzen.
- Konkurrenz um knappe Rohstoffe: Streitpunkt ist der Zugang zu wichtigen Rohstoffen, wie z. B. Erdöl, oder auch zu Wasser. Die Konkurrenz um Rohstoffe wird sich infolge des Klimawandels in Zukunft verschärfen, vermuten Friedensforscher. Sie rechnen damit, dass vor allem der Kampf um sauberes Trinkwasser zu neuer Gewalt führen wird.
- Herrschaftsansprüche: Staaten kämpfen um eine Vormachtstellung in einer Region.
- Innenpolitische Schwierigkeiten: Ein Staat beginnt einen Krieg, um von seinen innenpolitischen Problemen, wie z. B. Arbeitslosigkeit, Armut, Korruption in der Regierung, abzulenken.
- Anti-Terror-Kriege: Der erste Krieg dieser Art war 2001 in Afghanistan der Krieg einer internationalen Streitmacht unter Führung der USA gegen das fundamentalistische Regime der Taliban. Diese unterstützten das Terrornetzwerk Al Kaida.

Kriege innerhalb von Staaten

Die meisten Kriege sind heute Bürgerkriege. Das heißt, es kämpfen verfeindete Gruppen innerhalb eines Staates miteinander. Die Ursachen für diese Konflikte sind vielfältig; häufig treffen mehrere Ursachen für einen Konflikt zusammen.
Wenn in einem Staat viele Völker zusammenleben, ist es wichtig, dass alle Bevölkerungsgruppen gerecht an der politischen Macht beteiligt werden, dass kein Volk sozial benachteiligt wird. Wird ein Volk über längere Zeit unterdrückt, kann das der Auslöser für ethnische Kriege sein. Die Benachteiligten versuchen, ihre Rechte gewaltsam durchzusetzen. Häufig entstehen in solchen Ländern auch Unabhängigkeitsbewegungen: Angehörige von unterdrückten Minderheiten fordern die Gründung eines eigenen unabhängigen Staates für ihr Volk und kämpfen dafür.
Auch wenn in einem Staat immer wieder Menschenrechte verletzt werden, z. B. wenn die Opposition unterdrückt wird, Menschen willkürlich verhaftet werden, die Pressefreiheit nicht gewährleistet ist, besteht die Gefahr, dass Regierungsgegner ihre Ansprüche gewaltsam durchsetzen wollen und einen Putsch inszenieren. Demokratische Staaten, die sich zu einer rechtsstaatlichen Ordnung bekennen und die Menschenrechte gewährleisten, sind daher sehr viel weniger bürgerkriegsgefährdet.
Natürlich spielen auch in den meisten Bürgerkriegen die Gier nach Macht und Herrschaftsinteressen eine Rolle. Zum Beispiel gibt es in Afrika Staaten, in denen sich die herrschenden Clans seit Jahrzehnten bekriegen. Jede Gruppe erhofft sich von einem Sieg Macht und Reichtum.
Die wichtigsten Ursachen für Bürgerkriege sind jedoch soziale Ungerechtigkeit und Armut. Der soziale Sprengstoff, der sich in den Elendsvierteln in den Entwicklungsländern angehäuft hat, entlädt sich immer wieder in grausamen und blutigen Bürgerkriegen. Wirtschaftliche Entwicklung und die Beseitigung von Unterernährung und Armut zählen daher zu den wirksamsten Instrumenten der Friedenssicherung.

Herausforderungen für den Frieden

Station 1 Internationale Konflikte als Bedrohung für den Frieden

Einmal angenommen: Gerade eben hast du in den Fernsehnachrichten einen Bericht über den Bürgerkrieg in Darfur gesehen. Der Bericht über die Not in der Region hat dich sehr erschüttert – und du möchtest eine Konfliktanalyse vornehmen, um diesen Konflikt besser zu verstehen. Wie kannst du dabei vorgehen?
Welche Fragen kannst du aufgrund der Informationen in diesem Kapitel beantworten, welche Informationen müsstest du dir beschaffen?

Station 2 Internationaler Terrorismus

Der 11. September 2001 – ein Tag, der die Welt veränderte

Verfasse zu dieser Überschrift aus heutiger Sicht einen Kommentar. Berücksichtige dabei folgende Stichwörter:
1. Was geschah am 11. September, welche Bedeutung hat der Anschlag heute?
2. Was ist islamistischer Terror?
3. Wie bekämpfte man bisher internationalen Terrorismus?
4. Warum ist internationaler Terrorismus eine Bedrohung für den Frieden?

Station 3 Der Klimawandel als Sicherheitsrisiko

Auf den ersten Blick haben die Begriffe in den Kästen wenig miteinander zu tun. Stellt einen Zusammenhang innerhalb und zwischen den beiden Regionen her.

Malediven:
Klimaflüchtlinge & steigender Meeresspiegel & unbewohnbare Inseln & Überflutung

↕

Darfur/Sudan:
Verwüstung & Bürgerkrieg & Bauern und Nomaden & Abholzung & Bevölkerungsexplosion & steigende Durchschnittstemperaturen

6 Friedenssicherung durch Organisationen

Was können Bundeswehr und internationale Organisationen für den Frieden tun?

Stellt euch einen Moment lang vor, eure Klasse habe für eine kurze Zeitspanne alle Macht auf Erden und eure Aufgabe bestünde darin, alles zu tun, was den Weltfrieden sichert und den Menschen ein friedliches Leben garantiert. Was würdet ihr tun? Sammelt so viele Vorschläge wie möglich.

Worum geht es?

Jedes Jahr am 6. August läutet in Hiroshima die Friedensglocke. Sie erinnert die Menschen dieser Stadt an das unsägliche Leid, das der Abwurf der ersten Atombombe 1945 über die Stadt brachte. Nahezu 130 000 Menschen verloren in dem flammenden Inferno ihr Leben. Zugleich drückt sie die Sehnsucht vieler Menschen nach Frieden aus. Das Foto zeigt japanische Kinder und Mütter am 6. August in Hiroshima: Sie gedenken der Toten und bitten um Frieden auf der Welt, indem sie kleine Papierlaternen auf dem Wasser schwimmen lassen.
Doch die Menschen haben aus den schlimmen Erfahrungen des Zweiten Weltkrieges gelernt. Bereits 1945 gründeten sie die UNO, die heute wichtigste und größte internationale Organisation zur Sicherung des Friedens. In den folgenden Jahren wurden weitere Organisationen gegründet: 1949 die NATO, 1955 die Bundeswehr. Sie alle setzen sich für die Sicherung des Friedens ein – mit militärischen und nicht militärischen Mitteln. Neben den Regierungsorganisationen leisten auch zahlreiche Menschenrechtsorganisationen einen wichtigen Beitrag zum Frieden. Denn wo Menschenrechte missachtet werden, ist auch kein Frieden möglich.
In diesem Kapitel setzt ihr euch mit den Zielen, Mitteln und Zukunftsperspektiven dieser Organisationen auseinander und könnt euch eine Meinung zu ihrer Arbeit bilden.

Wenn ihr dieses Kapitel bearbeitet, könnt ihr …

- darstellen, welchen Beitrag zum Frieden die Bundeswehr leistet,
- eine Pro-Kontra-Diskussion zur Wehrpflicht führen,
- in Kurzvorträgen erläutern und bewerten, was internationale Organisationen für den Frieden leisten,
- Menschenrechtsverletzungen analysieren,
- ein WebQuest zum Thema Menschenrechtsorganisationen durchführen.

1 Welchen Beitrag leistet die Bundeswehr zum Frieden?

Die Aufgaben der Bundeswehr

Die Bundeswehr wurde 1955 geschaffen, als in Mitteleuropa die Sorge vor einem möglichen Krieg zwischen den West- und Ostmächten immer größer wurde. Nach dem Grundgesetz darf die Armee nur zur Verteidigung eingesetzt werden oder „soweit dies das Grundgesetz ausdrücklich zulässt“ (Artikel 87). Man wollte damit nach den schlimmen Erfahrungen des Zweiten Weltkriegs sicherstellen, dass von deutschem Boden nie wieder ein Krieg ausgehen kann.
Nach dem Ende des Ost-West-Konflikts war die Gefahr eines Atomkriegs in Deutschland praktisch ausgeschaltet. Die Bundeswehr übernahm daher zusätzlich neue Aufgaben. Dazu gehören heute

- eine internationale Konfliktverhütung und Krisenbewältigung – einschließlich des Kampfs gegen den internationalen Terrorismus;
- die Unterstützung von Bündnispartnern bei der Verteidigung ihres Staatsgebiets. Dazu gehört auch die Unterstützung im Kampf gegen Terror sowie der Schutz der Bevölkerung und lebenswichtiger Infrastruktur;
- der Schutz Deutschlands und seiner Bevölkerung;
- die Rettung und Evakuierung von deutschen Staatsbürgern im Ausland (etwa zu Beginn eines Kriegs);
- Hilfeleistungen bei Naturkatastrophen und besonders schweren Unglücksfällen im Inland sowie humanitäre Hilfsaktionen im Ausland.

Auslandseinsätze

Zwar bleibt Landesverteidigung nach wie vor Hauptaufgabe der Bundeswehr, doch sind heute internationale Einsätze zur Konfliktverhütung und Krisenbewältigung immer wichtiger geworden. 1994 entschied das Bundesverfassungsgericht, dass sogenannte „out-of-area“-Einsätze der Bundeswehr (Einsätze außerhalb des NATO-Gebiets) rechtlich zulässig sind,

- wenn die Bundeswehr an friedensschaffenden und -erhaltenden Maßnahmen im Auftrag der UNO oder NATO teilnimmt
- und wenn zuvor der Bundestag einer Teilnahme mehrheitlich zugestimmt hat.

Seither hat die Zahl der Bundeswehreinsätze im Ausland erheblich zugenommen. Sie sind auch gefährlicher für die Soldaten geworden. So wurde 1995 erstmals bei einer Aktion scharf geschossen: Bundeswehrsoldaten evakuierten in Tirana, Albanien, 120 bedrohte Europäer. Große innenpolitische Diskussionen löste 1999 die Beteiligung der Bundeswehr an Luftangriffen der NATO gegen Jugoslawien aus. Kritiker bezweifeln die Rechtmäßigkeit des Einsatzes, weil die NATO erstmals ohne Auftrag der UNO militärische Gewalt anwendete. Seit 2002 beteiligt sich die Bundeswehr in Afghanistan an der ISAF (= International Security Assistance Force), die die NATO im Auftrag der UNO durchführt.

Was leistet die Bundeswehr für Frieden und Sicherheit?

Neben den Einsätzen im Kosovo und in Afghanistan beteiligt sich die Bundeswehr im Auftrag der UNO, NATO und der EU an zahlreichen weiteren Auslandsmissionen. Zwei Beispiele sind auf dieser Seite dargestellt.

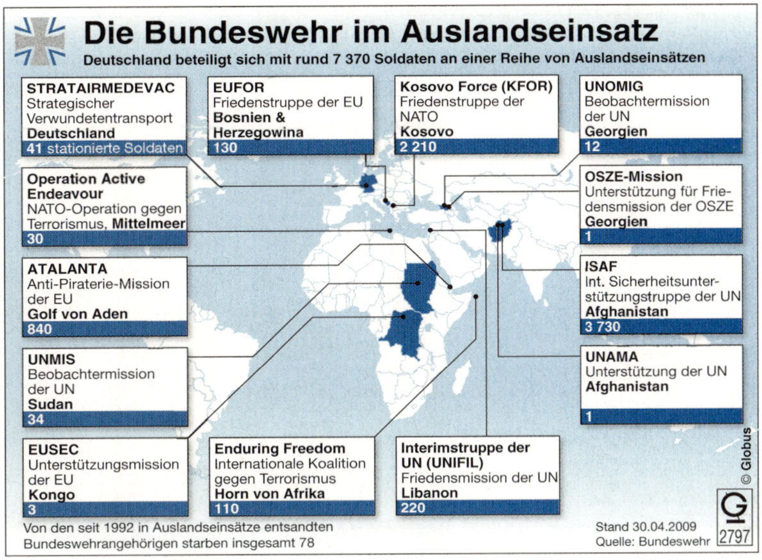

Beispiel 1: Einsatz im Libanon

Bereits seit 1978 sind UN-Truppen im Grenzgebiet zwischen dem Libanon und Israel stationiert, denn immer wieder kommt es zu Spannungen und Gewaltausbrüchen zwischen den beiden Völkern. Die UN-Soldaten haben die Aufgabe, den Waffenstillstand an der 121 km langen Grenze zu überwachen. Seit 2006 wird auch die Küste vor dem Libanon durch die Marine überwacht. Auslöser für diesen Einsatz waren neue Kämpfe zwischen den verfeindeten Ländern: Libanon entführte zwei israelische Soldaten und beschoss Dörfer im Grenzgebiet. Daraufhin marschierte die israelische Armee in den Libanon ein und blockierte die Seewege mit der Begründung, dass auf dem Seeweg neuer Nachschub an Waffen in den Libanon geschmuggelt werde. Der libanesische Präsident bat die UNO um Hilfe.

Die deutsche Marine beteiligt sich seit 2006 an diesem Einsatz – ihrem ersten im Nahen Osten. Die Soldaten haben die Aufgabe, die Seewege zu überwachen und den Schmuggel von Waffen zu unterbinden. Außerdem sollen sie die Sicherheit des UN-Personals und der humanitären Helfer gewährleisten. Damit die libanesische Armee diese Aufgaben bald selbstständig übernehmen kann, berät die Bundeswehr die libanesische Regierung in militärischen Fragen und bei der Ausbildung ihrer Soldaten.

Beispiel 2: Einsatz am Kap Horn

Seit 2008 beteiligt sich die Bundeswehr an der Anti-Piraterie-Mission der EU, „ATALANTA" genannt. Die Aktion richtet sich gegen somalische Piraten, die vor der Küste Somalias internationale Frachtschiffe überfallen und Lösegeld erpressen. Die Piraten, meist ehemalige Fischer, die sich mit ihrem Verdienst nicht mehr ernähren können, bedrohen damit die Sicherheit auf einer der wichtigsten Seefahrtsrouten der Welt. Sie gefährden auch Hilfslieferungen von Lebensmitteln für die vom Hunger bedrohte somalische Bevölkerung. Aufgabe der Bundeswehr ist es, durch die Anwesenheit der Marine Piraten abzuschrecken, aber auch aktiv von Überfällen bedrohte Schiffe bei der Verteidigung zu unterstützen.

Ein Soldat schildert seinen Einsatz: „Wir waren bereits auf dem Heimweg. Weihnachten zu Hause zum Greifen nahe. Da erhielten wir am 19. Dezember durch den Beschluss des Bundestages das Mandat für ATALANTA. […] Wir rechneten mit einem ruhigen Weihnachtsfest auf hoher See. Doch es kam anders. Am 25. Dezember erhielten wir plötzlich einen Notruf. Der Frachter ‚Wabi al Arab' wurde von Piraten angegriffen. Sofort ging unser Bordhubschrauber raus. Ebenso schnell vereitelte er den Überfall. Anschließend wurde ein schwer verletztes Besatzungsmitglied auf die ‚Karlsruhe' geflogen und dort erfolgreich operiert. An diesem Abend waren wir unheimlich stolz auf unsere gute Ausbildung, aber auch auf uns selbst."

(Zitat nach: www.bundeswehr.de, Einsätze und Hilfsaktionen von A bis Z, letzter Zugriff 27.10.2009)

1. Erläutert, welche Aufgaben die Bundeswehr heute wahrnimmt.
2. Das Out-of-area-Urteil des Bundesverfassungsgerichts hat die Entwicklung der Bundeswehr in den letzten Jahren stark beeinflusst. Erklärt, warum das so ist.
3. Interpretiert die Karikatur nach der Drei-Fragen-Methode und formuliert eure persönliche Meinung zu den Auslandseinsätzen der Bundeswehr.

Zur Diskussion: Soll die Wehrpflicht abgeschafft werden?

Die veränderten Aufgaben der Bundeswehr haben die Diskussion um die Beibehaltung der Wehrpflicht neu entfacht. Sie wurde in Deutschland 1955 eingeführt. Dahinter stand die Auffassung, dass in einem demokratischen Staat Bürger nicht nur Rechte, sondern auch Pflichten haben. Dazu zählt die Bereitschaft, die freiheitliche Demokratie notfalls mit Waffen zu verteidigen. Seit 2010 beträgt die Wehrpflicht sechs Monate. Nach Artikel 4 Absatz 3 des Grundgesetzes darf allerdings niemand zum Dienst mit der Waffe gezwungen werden. Deswegen besteht die Möglichkeit, den Wehrdienst aus Gewissensgründen zu verweigern und einen zivilen Ersatzdienst zu leisten. Von dieser Möglichkeit machen sehr viele junge Männer Gebrauch.

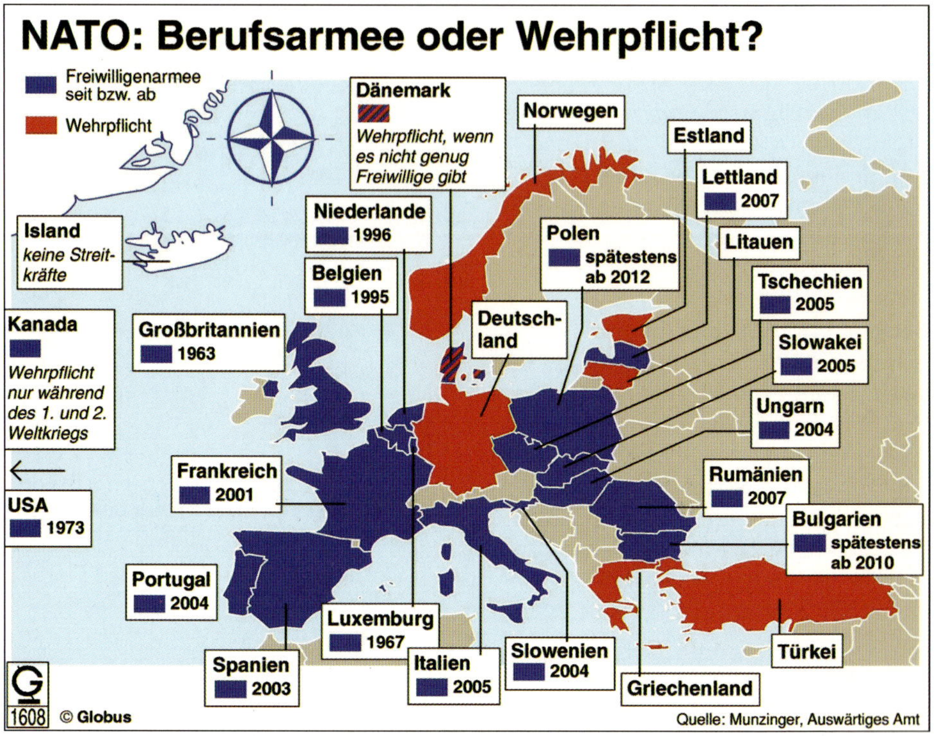

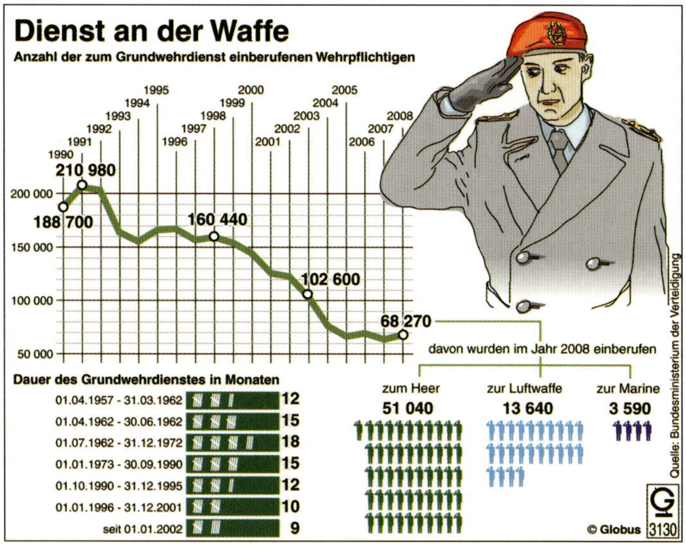

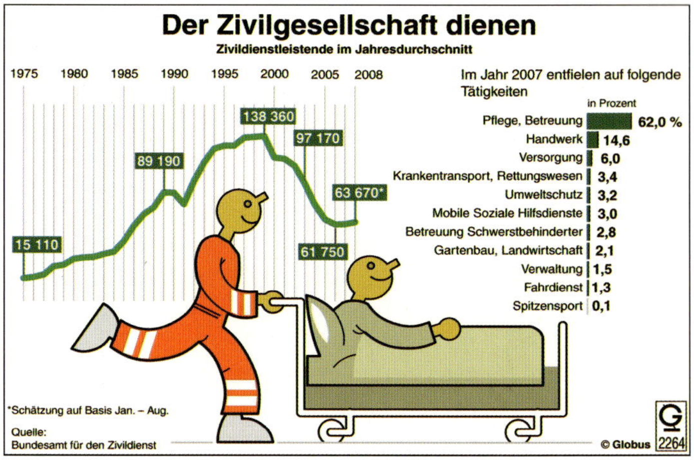

Ja, die Wehrpflicht soll abgeschafft werden!

Die Wehrpflicht ist nur zu rechtfertigen, wenn sie für die Landesverteidigung der Bundesrepublik zwingend erforderlich ist, da sie wichtige Grundrechte wie das Recht auf Freizügigkeit und die freie Berufswahl erheblich einschränkt. Da Deutschland keine Feinde hat, ist diese Voraussetzung nicht erfüllt.
Die Wehrpflicht wurde damals eingeführt, um die Landesverteidigung zu gewährleisten. Das ist heute nicht mehr notwendig, deshalb müssen die Streitkräfte umstrukturiert werden.
Nach Artikel 12a Absatz 1 können junge Männer zum Wehrdienst verpflichtet werden. Das ist lediglich eine Kann-Bestimmung. Die Wehrpflicht könnte deswegen ohne Änderung des Grundgesetzes einfach ruhen. Das bedeutet, dass der Artikel nicht mehr angewendet wird. Falls die Situation sich ändert, könnte man ohne Probleme zur Wehrpflicht zurückkehren.
Die neuen Aufgaben der Bundeswehr sind weitaus anspruchsvoller als früher. Für Auslandseinsätze braucht die Bundeswehr eine professionelle, gut ausgebildete Armee, die flexibel und kurzfristig einsetzbar ist. Diese Aufgabe kann mit Berufssoldaten besser erfüllt werden als mit Wehrdienstleistenden, die in der kurzen Zeit nicht für hoch komplizierte Waffensysteme ausgebildet werden können. Außerdem dürfen diese im Ausland nur unter besonderen Umständen eingesetzt werden.
Heute leistet nur noch ein Drittel der männlichen Jugendlichen Wehrdienst. Von einer allgemeinen Wehrpflicht kann daher nicht mehr die Rede sein. Die Zahl der Soldaten wurde in den letzten Jahren stetig verringert, die Bundeswehr braucht weniger Soldaten. Viele Jugendliche werden daher gar nicht mehr eingezogen. Das führt zu Ungerechtigkeiten. Wenn der Wehrdienst weiter verkürzt wird, hat die Bundeswehr von Wehrdienstleistenden wegen der kurzen Dienstzeit kaum noch Nutzen. Im Gegenteil: Ihre Ausbildung bindet Personal, das für Auslandseinsätze dringend benötigt wird.
Fast alle Staaten der NATO haben in den letzten Jahren die Wehrpflicht abgeschafft. Sogar Russland plant, bis 2012 die Wehrpflicht abzuschaffen.

Nein, die Wehrpflicht muss beibehalten werden!

In einer Demokratie muss jeder Bürger bereit sein, Pflichten zu übernehmen und die Demokratie zu verteidigen. Die Wehrpflicht steht symbolisch für diese Bereitschaft.
Millionen von jungen Menschen haben bisher ihren Grundwehrdienst geleistet. Das wird auch von der Bevölkerung anerkannt. Die Mehrheit ist für die Beibehaltung der Wehrpflicht.
Trotz aller Auslandseinsätze bleibt der Kern des Auftrags der Bundeswehr die Landesverteidigung. Wenn doch einmal der Ernstfall eintreten sollte, kann unsere Armee durch die Einziehung von Reservisten in relativ kurzer Zeit auf doppelte Stärke gebracht werden.
Jeder Auslandseinsatz erfordert Vorbereitung und Unterstützungsleistungen im Inland. Der Grundwehrdienst erleichtert auch erheblich die Nachwuchsgewinnung für längerfristig Dienende und Berufssoldaten. Rund 20 Prozent des Personals bei Auslandseinsätzen sind freiwillig länger Dienende.
Deutschland hat bisher mit der Wehrpflicht gute Erfahrungen gemacht. Warum sollte man etwas ändern, das gut funktioniert? Weil jedes Jahr neue Wehrdienstleistende aus allen sozialen Schichten in die Kasernen strömen, ist die Bundeswehr eng mit der Gesellschaft verbunden und ist auch gezwungen, ihre Aufgaben und Ziele immer wieder vor jungen Menschen zu rechtfertigen. So wird verhindert, dass die Armee zu einem Staat im Staate werden kann, wie das in der Weimarer Republik der Fall war.
Der Wehrdienst bringt außerdem junge Menschen aus Ost und West zusammen und leistet damit auch einen Beitrag für das Zusammenwachsen und den Zusammenhalt in unserer Gesellschaft.
Die Bundeswehr ist bereits fast eine Freiwilligenarmee, da es sehr einfach ist, den Wehrdienst zu verweigern und den Zivildienst anzutreten. Wer also heute seinen Wehrdienst ableistet, tut dies freiwillig. Wenn die Wehrpflicht abgeschafft wird, entfällt auch der Zivildienst. Das würde gravierende Auswirkungen auf unser ohnehin schon stark überlastetes Gesundheitssystem haben. Die Zivildienstleistenden sind zurzeit in Krankenhäusern und Altenheimen unverzichtbar.

Sammelt, notiert und bewertet die Argumente und führt eine Pro-Kontra-Diskussion zu der Frage in der Überschrift.

2 Welchen Beitrag zur Friedenssicherung leisten UNO, NATO und OSZE?

Teil A Die UNO

UNO-Blauhelmsoldaten im Kongo

Teil B NATO und OSZE

Weltweit im Einsatz für den Frieden ... NATO-Soldaten im Kosovo

Im Auftrag internationaler Organisationen sind weltweit Menschen in Krisengebieten für den Frieden tätig und riskieren dafür nicht selten sogar ihr Leben. Welche Aufgaben diese Organisationen haben und was sie für die Friedenssicherung leisten, ist das Thema dieser Einheit. Die Materialien sind so aufgebaut, dass ihr diese Themen selbstständig erarbeiten und in Kurzvorträgen präsentieren könnt.

1. Schritt: Themen aufteilen
Entscheidet euch für eines der beiden Themen. Ihr könnt sie sowohl allein als auch arbeitsteilig in Gruppen bearbeiten. Zu jedem Thema findet ihr im Folgenden vier Seiten mit Materialien. Zunächst sind die Entwicklung und wichtige Aufgaben der Organisation dargestellt. Anschließend findet ihr konkrete Beispiele für die Friedensarbeit dieser Organisation. Auf der letzten Seite geht es um wichtige Zukunftsfragen, die die Organisationen in den nächsten Jahren lösen müssen.

2. Schritt: Den Vortrag vorbereiten
Bereits im letzten Kapitel habt ihr euch damit befasst, wie man einen Vortrag systematisch vorbereitet. Deshalb findet ihr auf den nächsten Seiten keine Arbeitshinweise. Anhand einer Checkliste am Ende des jeweiligen Themas könnt ihr jedoch herausfinden, ob ihr bei euren Notizen die wichtigsten Punkte berücksichtigt habt. Checklisten wurden ursprünglich von Piloten entwickelt: Vor dem Start überprüfen sie mithilfe von Checklisten Punkt für Punkt, ob alle Geräte in Ordnung sind und ob der Flug gut vorbereitet ist. Heute werden Checklisten in vielen Bereichen eingesetzt, wenn man kontrollieren möchte, ob man an alles gedacht hat.

3. Schritt: Die Vorträge halten und auswerten
Ihr könnt eure Themen allein oder in Gruppen präsentieren. Nachdem ihr schon etwas Erfahrung im Präsentieren gesammelt habt, empfehlen wir euch, nun den Schwerpunkt besonders auf die Beurteilung der Kurzvorträge zu legen. Eure Rückmeldungen und Tipps können den Präsentierenden helfen, ihre Kompetenzen auf diesem Bereich zu verbessern. Hinweise, wie ihr dabei vorgehen könnt, gibt euch die Methodenkarte auf der nächsten Seite.

Methodenkarte 6

Kurzvorträge beurteilen | Thema: UNO, NATO und OSZE

A Worum geht es?

Wenn ihr im Politikunterricht einige Routine in der Präsentation von Kurzvorträgen gewonnen habt, könnt ihr darangehen, eure Kurzvorträge zur Friedenssicherung einer genaueren Beurteilung zu unterziehen und den Vortragenden Rückmeldung über die Wirkung ihrer Vorträge geben. Das nennt man Feedback.

B Wie könnt ihr vorgehen?

Den Fragebogen auf dieser Seite könnt ihr für alle Schülerinnen und Schüler kopieren, damit ihr eure Bewertungen eintragen könnt. Ihr vergebt Punkte für die einzelnen Bewertungsmerkmale und zählt am Ende eure Gesamtpunktzahl zusammen.

C Was solltet ihr noch beachten?

Während des Vortrags sollte sich das Publikum auf das Zuhören und Zuschauen konzentrieren. Den Fragebogen könnt ihr im Anschluss daran ausfüllen. In der Phase der Besprechung der Vorträge sollte die gegenseitige Hilfestellung vor der gegenseitigen Kritik im Vordergrund stehen. Später in der Berufsausbildung könnt ihr davon ausgehen, dass solche Beurteilungsbögen als Grundlage für eine Leistungsbewertung herangezogen werden. Der Fragebogen auf dieser Seite wurde von Lehrern und Schülern gemeinsam erarbeitet.

Beurteilungsbogen für Kurzvorträge							
	maximale Punktzahl	erreichte Punktzahl	Vortragende von A bis Z				
A Die Sache			A	B	C	D	E
1. Wurde zu Beginn des Vortrags das Thema deutlich benannt und erklärt?	0–2						
2. War der Vortrag anschaulich und gut gegliedert?	0–4						
3. Wie gut verständlich und wie lehrreich war er für die Zuhörerinnen und Zuhörer?	0–4						
4. Enthielt der Vortrag eine angemessene Menge an Informationen?	0–3						
5. Gab es am Ende eine Zusammenfassung und einen gut nachvollziehbaren Abschluss?	0–2						
	15 Punkte						
B Die Personen							
6. Haben die Vortragenden die Aufmerksamkeit der Klasse abgewartet und in Ruhe eröffnet?	0–2						
7. Wurde Blickkontakt zum Publikum hergestellt und gehalten?	0–1						
8. Wurde klar, laut und deutlich, frei und in angemessenem Tempo gesprochen?	0–2						
9. War erkennbar, dass die Vortragenden sich gut vorbereitet haben?	0–3						
10. War das äußere Erscheinungsbild der Vortragenden der Situation angemessen (Art des Auftretens, Körperhaltung etc.)?	0–2						
	10 Punkte						
C Sonderpunkte							
11. Können ein oder mehrere Zusatzpunkte für besondere Einfälle und Leistungen gegeben werden?	0–2						

A Die UNO

Welche Aufgaben hat sie?

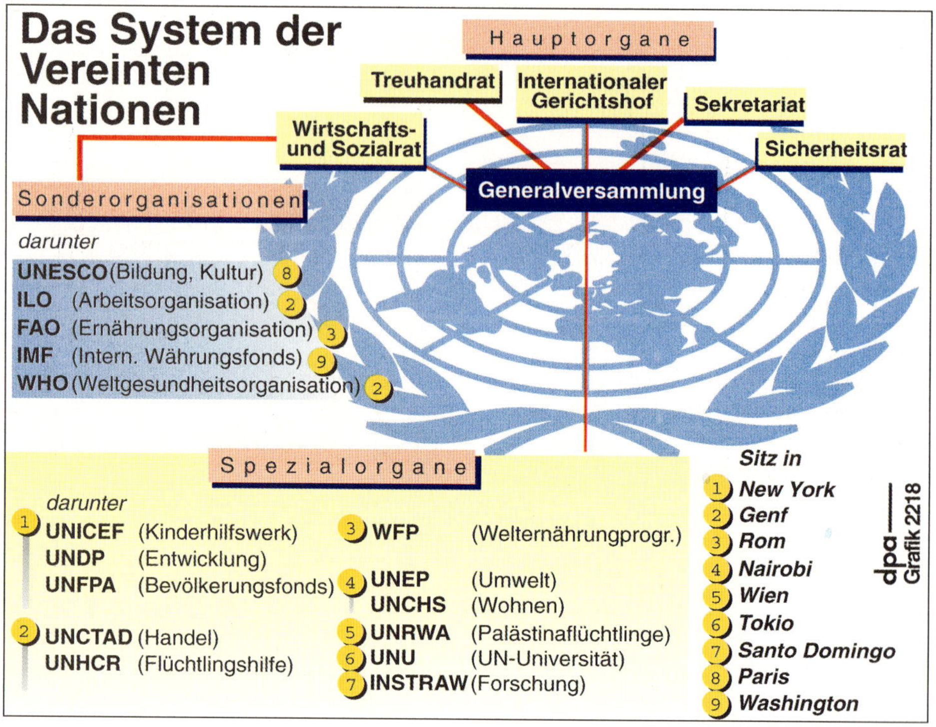

Die UNO ist die größte und wichtigste internationale Organisation zur Sicherung des Friedens in der Welt. Ihr gehören heute 192 Staaten der Welt an, also bis auf wenige Ausnahmen fast alle Staaten der Welt. Sie stellt bereits den zweiten Versuch dar, den Weltfrieden durch eine internationale Organisation zu sichern. Nach den Erfahrungen des Ersten Weltkrieges wurde 1920 der Völkerbund gegründet. Er scheiterte, weil die Mitglieder nicht bereit waren, sich der Organisation unterzuordnen. Nach dem Zweiten Weltkrieg schlossen sich am 26. Juni 1945 51 Staaten zu der „United Nations Organisation (UNO)“ zusammen. Deutschland gehört der UNO seit 1973 an.

Die UNO hat zum Ziel,
- den Weltfrieden und die internationale Sicherheit zu wahren,
- weltweit die Achtung der Menschenrechte durchzusetzen,
- freundschaftliche Beziehungen zwischen den Nationen zu wahren und zu fördern. Es gilt dabei der Grundsatz der Gleichberechtigung.

Alle Mitglieder der UNO haben die „Charta der Vereinten Nationen“ unterschrieben. Darin verpflichten sich diese,
- Streitigkeiten untereinander ausschließlich mit friedlichen Mitteln beizulegen,
- jede Androhung und Anwendung von Gewalt gegen die Unabhängigkeit oder das Territorium eines anderen Staates zu unterlassen,
- die Weltorganisation bei allen Maßnahmen zu unterstützen.

Die UNO mischt sich grundsätzlich nicht in die inneren Angelegenheiten ihrer Mitglieder ein und respektiert die Souveränität ihrer Mitgliedstaaten. Darunter versteht man, dass Staaten frei und unabhängig über alle Fragen ihrer Außen- und Innenpolitik sowie ihrer inneren Gestaltung (Staatsform, Rechtsprechung usw.) entscheiden können.

Im Einsatz für den Frieden

Weltweit sind im Auftrag der UNO Soldaten und zivile Mitarbeiter für den Frieden tätig. UN-Soldaten sorgen zum Beispiel dafür, dass Waffenstillstandsabkommen eingehalten werden, überwachen Abrüstungsmaßnahmen, sichern die Versorgung der Zivilbevölkerung und vieles mehr. Zivile Mitarbeiter verfolgen Kriegsverbrecher, überwachen Wahlen, helfen Kriegsflüchtlingen und versorgen die Bevölkerung in Kriegsgebieten medizinisch. Da die UNO die Auffassung vertritt, dass Frieden mehr ist als nur die Abwesenheit von Krieg, hat sie zahlreiche Unterorganisationen geschaffen, die an der Lösung großer globaler Probleme arbeiten: zum Beispiel an der Verbesserung der Situation für Flüchtlinge (UNHCR), der Kinder (UNICEF). Zahlreiche Organisationen setzen sich auch für die Verbesserung der wirtschaftlichen und sozialen Lage in armen Ländern ein und für die Bekämpfung von Armut.

Begriffe für euer Fachwörterlexikon

Wie werden in der UNO Entscheidungen getroffen?

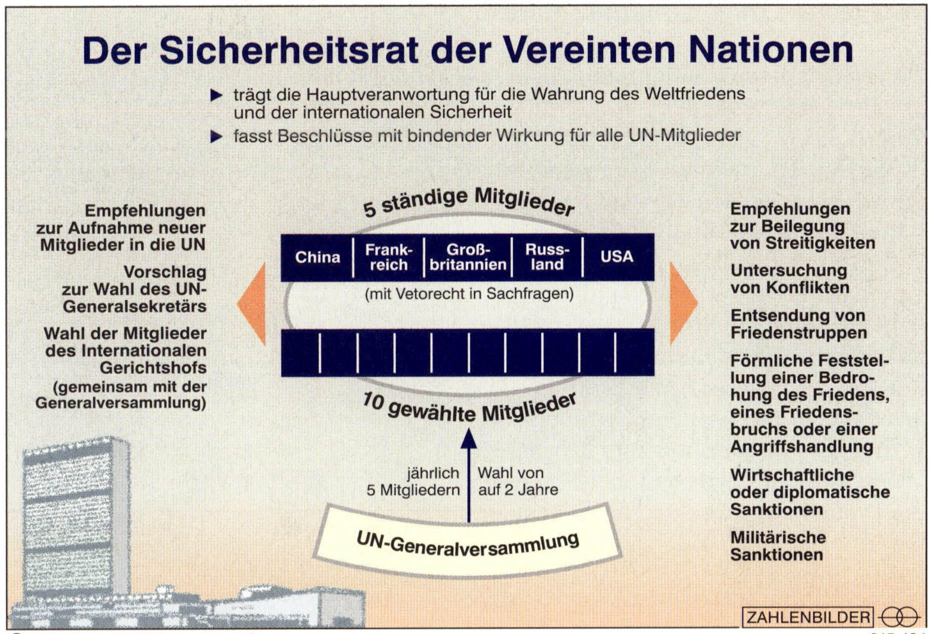

© Bergmoser + Höller Verlag AG 615 124

Die **Generalversammlung** besteht aus allen Mitgliedsländern der UNO. Jedes Land hat eine Stimme. Die Vertreter der einzelnen Staaten in internationalen Organisationen wie der UNO bezeichnet man als Diplomaten. Sie führen im Auftrag ihrer Regierungen Verhandlungen mit dem Ziel, sich auf gemeinsame Absprachen zu einigen, oder betreiben – anders ausgedrückt – **Diplomatie**. Da in der UNO fast alle Staaten der Welt zusammenarbeiten, bezeichnet man diese Form der Zusammenarbeit als **multilateral**. Das bedeutet nichts anderes, dass an Empfehlungen und Absprachen viele (= multi) Parteien (= lateral) beteiligt sind. Bei nur zwei beteiligten Staaten bezeichnet man die Zusammenarbeit als **bilateral**. Handelt ein Staat oder eine Organisation ohne Absprache mit anderen, bezeichnet man dies als **unilateral**.

Auf der jährlichen Vollversammlung in New York, dem Hauptsitz der Weltorganisation, spricht die Generalversammlung Verletzungen der Menschenrechte an, lenkt die Aufmerksamkeit des Sicherheitsrats auf Situationen, die den Weltfrieden gefährden könnten, und diskutiert Fragen der Abrüstung. Die Generalversammlung kann an Krisenherden Untersuchungen beauftragen und Empfehlungen zur Konfliktregelung aussprechen. Alle zwei Jahre wählt sie die zehn nicht ständigen Mitglieder des Sicherheitsrates.

Der **Sicherheitsrat** ist das mächtigste Organ der UNO. Er ist verantwortlich für die Wahrung des Friedens und der internationalen Sicherheit. Ihm gehören fünf ständige Mitglieder (China, Frankreich, Großbritannien, Russland, USA) und zehn nicht ständige Mitglieder an. Diese werden von der Generalversammlung auf zwei Jahre gewählt. In den letzten Jahren gerät die dauerhafte Vertretung der fünf ständigen Mitglieder zunehmend in Kritik. Besonders Entwicklungs- und Schwellenländer fordern eine Reform des Sicherheitsrats, in dem sie ihre Interessen nur unzureichend vertreten sehen. Auch Deutschland strebt einen Sitz in einem erweiterten Sicherheitsrat an.

Der Sicherheitsrat kann Empfehlungen aussprechen, wie die streitenden Länder ihre Konflikte friedlich beilegen können. Als einziges Organ der UNO kann er verbindliche Beschlüsse fassen und auch Zwangsmaßnahmen gegen ein Mitglied anordnen. Gegen die Beschlüsse des Sicherheitsrats können die fünf ständigen Mitglieder von ihrem Vetorecht Gebrauch machen. „Veto" kommt aus dem Lateinischen und bedeutet übersetzt „ich verbiete". Wenn Mitglieder ihr Veto einlegen, können sie mit einer einzigen Stimme einen Beschluss verhindern.

Alle fünf Jahre wählt die Vollversammlung auf Empfehlung des Sicherheitsrats den **Generalsekretär**, den obersten Verwaltungsbeamten der UNO. Er reist in Krisengebiete, führt Gespräche mit Regierungen und macht Vorschläge zur Beilegung von Konflikten. An den Sitzungen des Sicherheitsrats nimmt er teil und lenkt dort die Aufmerksamkeit auf die Probleme der Welt. Jährlich erstattet er der Generalversammlung Bericht. Seit 2007 bekleidet der Südkoreaner Ban Ki-moon dieses Amt.

Begriffe für euer Fachwörterlexikon

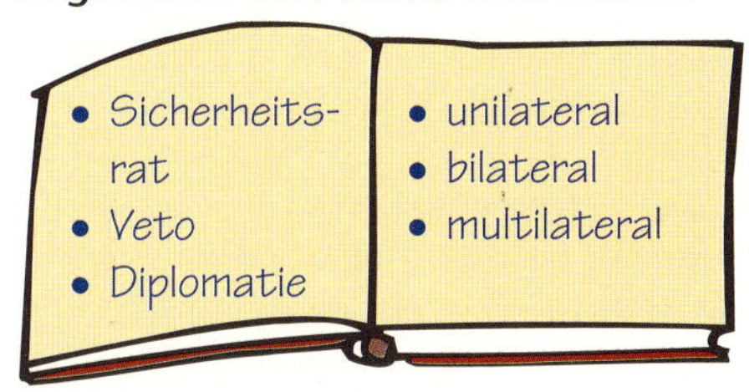

Was leisten die Blauhelmsoldaten?

Der Weltsicherheitsrat entscheidet über Friedensmissionen
Wenn sich ein Konflikt anbahnt oder die Sicherheit in einer Region gefährdet ist, wird der Sicherheitsrat zunächst versuchen, die verfeindeten Parteien mit friedlichen Mitteln, wie Untersuchungen und Verhandlungen, zum Einlenken zu bringen. Wenn diese Versuche erfolglos sind oder sich der Konflikt weiter verschärft, kann er Sanktionen (= Zwangsmaßnahmen) verhängen. Das können zum Beispiel Wirtschaftsembargos sein, bei denen der Handel mit den betroffenen Staaten untersagt wird, oder auch die Unterbrechung von Verkehrs- und Kommunikationswegen. Scheint kein anderer Ausweg möglich, kann der Sicherheitsrat den Einsatz militärischer Mittel anordnen. Dazu stehen ihm mehrere Möglichkeiten zur Verfügung.

Wie sehen UN-Friedenseinsätze aus?
Peacekeeping (Friedenssichernde Einsätze): Diese Form von Friedenssicherungseinsätzen existiert seit dem Kalten Krieg. Im Auftrag der UNO werden leicht bewaffnete Truppen, aber auch zivile Helfer aus verschiedenen Mitgliedstaaten der UNO in Konfliktgebieten eingesetzt. Nach der Farbe ihrer Kopfbedeckung werden die UNO-Soldaten Blauhelme genannt. Peacekeeper wurden zunächst nur eingesetzt, um einen Waffenstillstand zu überwachen und unter der Voraussetzung, dass alle Beteiligten damit einverstanden waren. Sie dürfen nur zur Selbstverteidigung zu den Waffen greifen.
Erweitertes Peacekeeping: Seit dem Ende des Kalten Krieges hat die Zahl der Missionen stark zugenommen, weil der Sicherheitsrat nicht mehr durch Vetos der Großmächte blockiert wurde. Gleichzeitig sind die Missionen schwieriger und umfangreicher geworden. Häufig übernehmen nun UNO-Truppen in den betroffenen Staaten zusätzlich auch zivile Aufgaben. So überwachen sie zum Beispiel Wahlen, sorgen für die Einhaltung von Menschenrechten und helfen beim Wiederaufbau der zerstörten Länder mit.
Peace Enforcement: Die meisten Einsätze werden von der UNO mit Truppen aus den Mitgliedsländern durchgeführt, die direkt unter dem Kommando der UNO stehen. Wenn eine Mission die Möglichkeiten der UNO übersteigt, kann sie auch Mitgliedstaaten oder Organisationen wie die NATO beauftragen. Das war bisher besonders bei friedenserzwingenden Maßnahmen (Peace Enforcement) der Fall. So beauftragte die UNO im Golfkrieg 1991 die USA, irakische Truppen, die Kuwait angegriffen und besetzt hatten, mit Waffengewalt zurückzudrängen.
Robustes Peacekeeping: In den 1990er-Jahren zeigte sich, dass die klassischen Blauhelmtruppen an ihre Grenzen stießen: So konnten Friedenstruppen der UNO 1994 in Ruanda einen Völkermord mit über 800 000 Opfern nicht verhindern. Auch mussten Blauhelmsoldaten hilflos zusehen, wie in Srebrenica Tausende bosnischer Männer niedergemetzelt wurden. Zunehmend wurden auch UN-Soldaten selbst zu Opfern von Gewalttaten. Daher erhielten Blauhelmtruppen in der Folgezeit das Recht, ihren Auftrag notfalls auch mit Waffengewalt zu verfolgen. Das bezeichnet man als robustes Peacekeeping. Diese Aufgaben können auch NATO-Truppen übertragen werden, wie dies zum Beispiel bei der Friedenssicherung und dem Wiederaufbau im Kosovo der Fall ist.

Begriffe für euer Fachwörterlexikon

Die UNO im 21. Jahrhundert: Können Reformen die Krise der Weltorganisation beheben?

Im Irakkrieg 2003 konnte der Sicherheitsrat nicht verhindern, dass die USA und ihre Verbündeten ohne UN-Mandat den Irak bombardierten. Im Libanon-Konflikt 2006 konnte sich das Gremium wegen Meinungsverschiedenheiten nicht zu schnellem Handeln durchringen und sah tatenlos zu, wie zahllose Zivilisten sterben mussten. Vorfälle dieser Art häuften sich in den letzten Jahren. Kein Zweifel, die UNO befindet sich in der ernstesten Krise seit ihrer Gründung. Seit über zehn Jahren wird über Reformen diskutiert – doch scheiterten fast alle Reformversuche an der Uneinigkeit der Mitglieder. Wie kann es weitergehen?

„Wir, die Völker der Vereinten Nationen" – mit diesen Worten beginnt die Präambel der UN-Charta. Das klingt schön, ist aber nach Meinung vieler Beobachter pure Schönfärberei. Denn tatsächlich bestimmen Regierungen das Wohl und Wehe der Weltorganisation, Regierungen, von denen nur ein Teil auf demokratischem Weg gewählt ist. Diktatorische Regime fanden und finden sich selbst unter den Mächtigsten – den fünf ständigen Sicherheitsratsmitgliedern, die mit ihrem Vetorecht die UNO zur Untätigkeit verdammen können. [...] Der erste Satz der Präambel ist symptomatisch für die Widersprüche, unter denen die UNO seit ihrer Gründung vor 60 Jahren leidet. Während des Kalten Krieges hat der Sicherheitsrat selten die Aufgabe erfüllen können, die ihm zugedacht ist, nämlich für Frieden und Sicherheit in der Welt zu sorgen. Zwar haben Blauhelme sehr oft bei der Befriedung von Regionen nach einem bewaffneten Konflikt eine positive Rolle gespielt. Aber eben erst nachdem Konflikte bereits eskaliert waren. Den Ausbruch von Kriegen konnte die UNO in den meisten Fällen nicht verhindern, weder in Korea noch in Vietnam. [...] Das jüngste Beispiel Irak zeigt, dass das höchste UN-Gremium nur dann einen Waffengang verhindern kann, wenn das alle ständigen Mitglieder wirklich wollen. Daran wird auch die Reform, die Generalsekretär Kofi Annan [Vorgänger von Ban Ki-moon] anstrebt, nichts ändern. Der Sicherheitsrat wird durch die geplante Erweiterung – egal, ob nun ständige Sitze hinzukommen oder nicht – keineswegs handlungsfähiger. Im Gegenteil: Beschlüsse zu fassen, ist mit den derzeitigen 15 Mitgliedern sicher weitaus einfacher als, wie anvisiert, mit 24 oder 25. Denn das eigentlich entscheidende Problem ist das Vetorecht – und selbst die größten Reform-Optimisten glauben nicht, dass daran nur ein Komma geändert wird. [...] Eine bescheidenere Sicht der Dinge käme der Wirklichkeit näher: Die UNO dient in Fragen des Weltfriedens in erster Linie als Forum zum Meinungsaustausch; in bestimmten Fällen werden dort konkrete Friedensmaßnahmen beschlossen; aber letztlich ist nicht die UNO dafür verantwortlich, dass Frieden in der Welt herrscht, sondern alle 192 Mitgliedstaaten.

(Aus: Klaus Dahmann: 60 Jahre UNO: Organisation der Widersprüche, www.dw-world.de vom 26.05.2005 © 2006 Deutsche Welle; letzter Zugriff 29.11.06)

Checkliste Vorbereitung des Kurzvortrags

- ☑ Wir beschreiben die Ziele der UNO, die Pflichten ihrer Mitglieder und stellen anhand des Schaubildes die wichtigsten Organe vor.
- ☑ Wir erläutern, welche Auswirkungen das Vetorecht auf die Handlungsfähigkeit des Sicherheitsrats hat.
- ☑ Wir stellen dar, was der Weltsicherheitsrat in Krisensituationen tun kann.
- ☑ Wir grenzen die Instrumente zur militärischen Friedenssicherung voneinander ab und erklären, warum und wozu sie geschaffen wurden.
- ☑ Wir erklären anhand der Karikatur, warum sich die UNO zurzeit in einer schweren Krise befindet.
- ☑ Wir stellen dar, wie die künftige Rolle der UNO aussehen könnte, und nehmen Stellung dazu.

B NATO und OSZE

Welche Aufgaben hat die NATO?

Die NATO im Ost-West-Konflikt

Die NATO ist ein Militärbündnis: Ihr gehören heute 28 Staaten an. Gegründet wurde das Bündnis im Jahr 1949 – wenige Jahre nach dem Zweiten Weltkrieg. Im NATO-Vertrag verpflichteten sich alle Mitglieder, einander im Verteidigungsfall militärisch beizustehen. 1955 entstand der Warschauer Pakt als östliches Militärbündnis.
Damit waren innerhalb weniger Jahre nach dem Zweiten Weltkrieg aus ehemaligen Verbündeten Gegner geworden, die zwar nicht direkt gegeneinander kämpften, sich aber mit ihren riesigen Waffenarsenalen bedrohten.

Die NATO vergrößert sich

Nach dem Zerfall der kommunistischen Regime im Osten löste sich 1991 der Warschauer Pakt auf. Der ehemalige Feind existierte damit nicht mehr, doch entstanden in Ost- und Südosteuropa neue Sicherheitsrisiken durch wirtschaftlichen Niedergang, Korruption und politische Unsicherheit in diesen Staaten. Viele der ehemaligen Warschauer-Pakt-Staaten wollten sich militärisch an den Westen binden – auch aus Angst vor der russischen Übermacht. Die NATO war bereit, neue Mitglieder aus den ehemaligen Ostblockstaaten aufzunehmen. Zwischen 1999 und 2009 wurden insgesamt zwölf ehemalige Ostblock-Staaten in das Bündnis aufgenommen.

Neue Herausforderungen – neue Aufgaben

In den Neunzigerjahren nahm die NATO nicht nur neue Mitglieder auf, sie ging auch militärisch neue Wege. Als im Kosovo 1998/1999 infolge des Bürgerkriegs furchtbare Massaker begangen wurden und sich Hunderttausende Menschen auf der Flucht befanden, griff die NATO erstmals ohne Auftrag der UNO in einen Konflikt ein. Sie bombardierte serbische Einrichtungen, um die Menschenrechtsverletzungen zu stoppen und weitere Katastrophen zu verhindern. Einen Einsatz aus solchen Gründen bezeichnet man als humanitäre Intervention. Der Kampfeinsatz der NATO, an dem sich auch die Bundeswehr beteiligte, war in Deutschland umstritten: Hatte die NATO das Recht, in einen Konflikt einzugreifen, obwohl kein Bündnispartner angegriffen wurde? Heute gehören weltweite Kriseneinsätze mit und ohne Auftrag der UNO zu den neuen Aufgaben des Bündnisses. In Europa soll die NATO Frieden und Stabilität garantieren. Um dieses Ziel zu erreichen, wollen die europäischen NATO-Partner künftig verstärkt eine eigenständige, von den USA unabhängige Sicherheitspolitik innerhalb der EU betreiben. So hat die EU eine eigene Eingreiftruppe aufgebaut, die dann eingesetzt werden soll, wenn die NATO als Ganzes nicht aktiv werden will. Das neue strategische Konzept der NATO nahm außerdem die Bekämpfung von Terrorismus als weitere Aufgabe des Bündnisses auf: „Akte des Terrorismus“ berühren die Sicherheitsinteressen des Bündnisses, heißt es dort.

Begriffe für euer Fachwörterlexikon

Was leistet die NATO für den Frieden?

Zahlreiche Nationen sind an dem Einsatz der KFOR im Kosovo beteiligt

Die Streitkräfte der NATO sind für den Einsatz mit Waffen ausgebildet und bereit, zu kämpfen, wenn keine andere Möglichkeit bleibt. Doch in den letzten Jahren kamen neue Aufgaben in der Friedenssicherung und -erhaltung hinzu. Zwei Beispiele sind auf dieser Seite dargestellt.

Beispiel 1: Die NATO-Sicherheitstruppe KFOR im Kosovo

Seit 1999 ist die internationale KFOR-Truppe der NATO im Kosovo stationiert. Ihr gehören auch Bundeswehrsoldaten an. Obwohl der Bürgerkrieg beendet ist, kam es immer wieder zu Zwischenfällen zwischen Serben und Kosovo-Albanern, zuletzt bei den März-Unruhen 2004. Seit 2008 ist der Kosovo ein unabhängiger Staat.
Der jüngste Staat Europas muss zwar wirtschaftlich und politisch noch viel aufholen. Doch anders als die serbische Bevölkerung hält die NATO die Sicherheitslage im Kosovo inzwischen für so stabil, dass sie an einer Art „Ausstiegsszenario" arbeitet.
Natürlich hat der Schutz von Minderheiten weiter Priorität – aber mit weit weniger Aufwand als bisher. Von derzeit knapp 14 000 auf 2 200 Soldatinnen und Soldaten will die KFOR abspecken. […]
Die KFOR fährt nach den Märzunruhen eine zweigleisige Strategie: Seit der Kosovo-Unabhängigkeit hilft sie aktiv mit bei der Ausbildung einer multiethnischen eigenen kosovarischen Armee. Daneben zeigen Soldaten nicht nur Präsenz, sondern sie machen sich nützlich bei vielen Entwicklungshilfeprojekten. […] Sogenannte „vertrauensbildende Maßnahmen", erläutert ein Bundeswehrsoldat. „Es ist ruhig, weil wir hier sind. Es ist aber nicht so, dass sich die Lage nicht schnell ändern könnte. Und deshalb ist es wichtig, mit den Menschen hier auf der Straße und mit allen Behörden in Verbindung zu bleiben. Das ist der entscheidende Faktor, wenn man überhaupt eine Chance haben will, diese Stimmungsumschwünge rechtzeitig zu erkennen, um dann darauf reagieren zu können."
[…] Dass der Einsatz angenehmer geworden ist, erläutert ein Soldat: „Ich war ein paar Monate nach Kriegsende im Land, damals war noch fast alles zerstört. Die Minenverdachtsflächen waren enorm. Man hat nichts Heiles mehr gesehen, nur Schrott, viel Müll. Als ich jetzt wiederkam, war ich erfreut überrascht, dass sich doch schon einiges verändert hat. Müll ist zwar immer noch da, aber das Gesamtbild hat sich verbessert."

(Nach: Andrea Mühlberger: „Wir machen hier vor allem Polizeiaufgaben", 12.06.2008, www.tagesschau.de, letzter Zugriff 30.7.2009)

Beispiel 2: Partnership for Peace (PfP)

Die Partnership for Peace wurde 1994 gegründet. Sie soll zum einen ehemalige Ostblockstaaten auf die Aufnahme in die NATO vorbereiten, zum anderen Staaten, für die eine Mitgliedschaft in der NATO nicht infrage kommt, eine Zusammenarbeit mit der NATO in sicherheitspolitischen Fragen ermöglichen. Zurzeit gehören 23 Staaten der Partnerschaft an, darunter auch Russland, Tadschikistan, Turkmenistan und Usbekistan. Zwölf frühere Unterzeichnerstaaten aus dem früheren Ostblock sind inzwischen der NATO beigetreten. Der Vertrag sieht eine enge militärische Zusammenarbeit bei der Ausbildung der Streitkräfte, gemeinsame Manöver und die Teilnahme an friedenssichernden Einsätzen der NATO vor. So beteiligen sich Streitkräfte dieser Staaten auch am KFOR-Einsatz im Kosovo oder an humanitären Minenräumeinsätzen. Auch auf anderen Gebieten hat sich in den letzten Jahren die Zusammenarbeit intensiviert, zum Beispiel im Katastrophenschutz und bei der Terrorismus-Bekämpfung.

Zukunftsfrage: Wird die NATO zum globalen Sicherheitsdienstleister?

Wann die NATO tätig werden kann, regelt der Nordatlantikvertrag in Artikel 5: Das Bündnis darf in einen bewaffneten Konflikt nur eingreifen, wenn eines seiner Mitglieder angegriffen wird. Der sogenannte „Bündnisfall" wurde erstmals nach dem Terroranschlag vom 11. September 2001 erklärt. Doch wird in letzter Zeit angesichts der veränderten globalen Sicherheitslage diskutiert, ob die NATO zum weltweit tätigen Militärbündnis ausgebaut werden soll. Die beiden folgenden Texte stellen die unterschiedlichen Positionen dar.

Position 1: Die NATO soll ein globales Militärbündnis werden

Diese Position vertreten vor allem die USA. Sie wollen neben den europäischen Partnern weitere Mitglieder in das Bündnis aufnehmen, zum Beispiel Australien, Neuseeland, Japan und Israel.
Die USA verweisen darauf, dass die NATO bereits mit ihren Einsätzen im Kosovo und Bosnien-Herzegowina ihr Bündnisgebiet überschritten habe, weil diese Einsätze aus humanitären Gründen notwendig wurden.
Im Zeitalter der Globalisierung lassen sich Sicherheitsrisiken nicht regional eingrenzen. Die USA verweist darauf, dass sie seit dem 11. September über 70 000 Soldaten außerhalb der Bündnisgrenzen im Einsatz hat. Sie führt in Afghanistan Krieg, hat im Irak Truppen stationiert, schützt die Seeverbindungen im Indischen Ozean. Von diesen Einsätzen profitieren auch die NATO-Mitglieder. Deshalb wünscht sie sich bei solchen Einsätzen vermehrt Unterstützung.

Position 2: Die NATO soll ein regionales Militärbündnis bleiben

Vor allem die osteuropäischen Mitglieder des Bündnisses beobachten mit Sorge, dass seit 1999 die Konflikte mit Russland zugenommen haben. Das Bündnis soll sich vor allem darauf konzentrieren, die Sicherheit seiner Mitglieder zu gewährleisten.
So fordern sie unter anderem, dass die NATO endlich für die neu aufgenommenen osteuropäischen Staaten Verteidigungspläne ausarbeitet, wie sie für die Altmitglieder bereits bestehen. Mit diesen Aufgaben wäre die NATO bereits voll ausgelastet, sie dürfe sich nicht überfordern.
Auch die Bundesregierung hat Bedenken gegen ein globales Bündnis. Sie verweist darauf, dass das Bundesverfassungsgericht Auslandseinsätzen enge Grenzen setzt.

Die OSZE – Sicherheitspolitik ohne Waffen

Die Präsidentenwahlen in Weißrussland waren weder „fair" noch „frei"; die Wahlen zum ukrainischen Parlament entsprachen vereinbarten Standards. Mit diesen Urteilen ist die Organisation für Sicherheit und Zusammenarbeit in Europa (OSZE) im März 2006 an die Öffentlichkeit getreten und hat sich ihr damit zugleich eindrücklich in Erinnerung gebracht. [...] Die Wahlbeobachtungsmissionen der OSZE sind ein typisches Beispiel für den Einsatz einer Organisation, die Sicherheitspolitik betreibt, ohne über Waffen zu verfügen. Spezialisiert ist sie in erster Linie auf die Verhältnisse in Staaten. Seit einigen Jahren stehen auch internationale Probleme, wie zum Beispiel terroristische Gefahren, auf ihrer Tagesordnung.
Gegründet wurde die OSZE 1975 unter dem Namen Konferenz für Sicherheit und Zusammenarbeit in Europa (KSZE – seit 1995 OSZE) von damals 35 Staaten im finnischen Helsinki. Ausschlaggebend für den Handlungsspielraum der OSZE war der Ost-West-Konflikt. Damit sowohl die Sowjetunion mit ihren Verbündeten im Warschauer Pakt als auch die USA und die übrigen NATO-Staaten mitten im Kalten Krieg der Schlussakte von Helsinki zustimmen konnten, mussten Regelungen gefunden werden, die für beide Seiten annehmbar waren. Entsprechend eingeschränkt sind die Handlungsmög-

Artikel 5 Nordatlantikvertrag
Die Parteien vereinbaren, dass ein bewaffneter Angriff gegen eine oder mehrere von ihnen in Europa oder Nordamerika als ein Angriff gegen alle angesehen wird; sie vereinbaren daher, dass im Falle eines solchen bewaffneten Angriffs jede von ihnen [...] Beistand leistet, indem jede von ihnen [...] die Maßnahmen, einschließlich der Anwendung von Waffengewalt, trifft, die sie für erforderlich erachtet, um die Sicherheit des nordatlantischen Gebiets wiederherzustellen und zu erhalten.

lichkeiten der OSZE. Entscheidungen können nur getroffen werden, wenn alle Teilnehmerstaaten zustimmen (Konsensprinzip). Auch ist die OSZE – anders als der UN-Sicherheitsrat – nicht berechtigt, die Anwendung von Gewalt wie auch den Einsatz von Waffen zu genehmigen. […]. Heute gehören ihr 56 Staaten an: alle europäischen Staaten sowie die USA und Kanada.
Von Beginn an war für die OSZE die Gewährleistung der Menschenrechte und der bürgerlichen Grundfreiheiten ein sicherheitspolitisches Thema. Daran konnte sie nach dem Ende des Ost-West-Konflikts nahtlos anknüpfen. Zunächst wurden die Verhältnisse in Staaten zu einem Schwerpunkt ihrer Arbeit. Eine Vielzahl weiterer Themen – Bekämpfung des Menschenschmuggels, Abwehr von Rassismus und Antisemitismus sowie Maßnahmen gegen die Diskriminierung von Sinti und Roma – kamen hinzu.
Seit den Terroranschlägen auf die USA am 11. September ist zudem die Terrorismusbekämpfung ein wichtiges Anliegen der OSZE. […] In all diesen Bereichen geht es darum, für alle Teilnehmerstaaten der OSZE verpflichtende Normen und Standards zu entwickeln. Auf einen sehr allgemeinen Nenner gebracht, ist die OSZE eine Dienstleistungsorganisation zur Verhütung von Konflikten, zur Konfliktnachsorge und zur Unterstützung beim Aufbau staatlicher Organe.

Beispiel Kosovo-Mission

Seit dem Ende des Kosovokrieges (1999) ist die OSZE mit einer Mission am Wiederaufbau und an der Neuordnung des Kosovo beteiligt. Zu ihren Aufgaben gehört:

- die Ausbildung von Polizeieinheiten, Justizpersonal und Angestellten für alle Verwaltungsebenen;
- die Entwicklung demokratischer Institutionen, politischer Parteien sowie der Aufbau von Nichtregierungsorganisationen und lokalen Medien;
- die Organisation und Aufsicht von Wahlen sowie
- die Überwachung, der Schutz und die Förderung von Menschenrechten.

(Nach: Bernard von Plate: Sicherheitspolitik ohne Waffen, OSZE und Europarat, in: Informationen zur politischen Bildung, Sicherheitspolitik im 21. Jahrhundert, Heft 291/2006, Bundeszentrale für politische Bildung, Bonn 2006, S. 62f.)

Checkliste Vorbereitung des Kurzvortrags

☑ Wir erläutern, wie sich die Aufgaben der NATO von der Zeit des Ost-West-Konflikts bis heute gewandelt haben.

☑ Wir stellen Ziele und Maßnahmen von KFOR und PfP vor und bewerten deren Erfolg.

☑ Wir beschreiben zwei Möglichkeiten, wie sich die NATO in Zukunft entwickeln könnte, und nehmen dazu Stellung.

☑ Wir interpretieren die Karikatur und stellen einen Bezug zur aktuellen Situation der NATO her.

☑ Wir stellen Aufgaben und Ziele der OSZE dar und erklären die Unterschiede zur NATO.

3 Die Durchsetzung von Menschenrechten – ein Weg zu mehr Frieden?

Eine wichtige Voraussetzung für Frieden ist, dass in einem Staat die Menschenrechte beachtet werden. Wo Menschen willkürlich verfolgt werden, wo gefoltert wird, wo keine Meinungsfreiheit garantiert wird, ist auch kein Frieden möglich. Demokratische Staaten, in denen die Menschenrechte beachtet werden, sind seltener von Bürgerkriegen betroffen und führen auch weniger Kriege mit anderen Staaten. Das hat die Geschichte gezeigt.
Doch werden in vielen Staaten nach wie vor die Menschenrechte mit Füßen getreten. Stellvertretend für die unzähligen Menschenrechtsverletzungen, die täglich auf der Welt geschehen, werden in diesem Unterkapitel zwei Beispiele vorgestellt. Ihr könnt sie arbeitsteilig untersuchen. Dazu empfehlen wir euch folgende Vorgehensweise:

1. Welche Menschenrechte werden verletzt? Lest den Fall und formuliert eure Antwort auf die Frage. Ihr könnt dabei arbeitsteilig vorgehen. ■ **Tipp:** Partnerarbeit
2. Stellt euch gegenseitig euren Fall vor.
3. Sucht zusammen nach Gründen für Menschenrechtsverletzungen.
4. Präsentiert die Fälle und eure Erklärungen dazu vor der Klasse.

A Burma: Kinder werden als Kindersoldaten zwangsrekrutiert

„Ich bin so traurig, er ist doch mein jüngster Sohn. Die Soldaten haben ihn einfach mitgenommen und in ein Militärlager gesteckt", berichtet eine Frau verzweifelt. Alltag in Burma: Fast täglich werden Kinder auf dem Weg zur Schule oder auf dem Heimweg von „Sicherheitskräften" abgegriffen und in militärische Ausbildungscamps verschleppt. Seit der Niederschlagung der Demokratiebewegung im Jahr 1988 wird Burma von einem der brutalsten Militärregime der Welt beherrscht. Etwa eine Million intern Vertriebene leben seit vielen Jahren in Flüchtlingscamps im Lande oder im Grenzgebiet zu Thailand. Die Brutalität des Regimes bekommen auch die Kinder zu spüren: Nach Angaben von Menschenrechtsorganisationen gehören der 350 000 Mann zählenden Armee auch 70 000 Kindersoldaten an. Neben dem Militär zwingen auch die anderen bewaffneten Gruppen Kinder zum Kriegsdienst. Und so hält Burma weltweit einen traurigen Rekord: Es ist das Land mit der größten Zahl an Kindersoldaten. Weltweit sind internationalen Schätzungen zufolge circa 250 000 bis 300 000 Kindersoldaten im Einsatz. Sie sind meist in offiziellen Armeen oder Rebellenverbänden zwangsrekrutiert und werden zum Kämpfen gezwungen. Kindersoldaten sind in vielen bewaffneten Kriegsparteien fester Bestandteil der militärischen Infrastruktur. Auf die kindlichen Bedürfnisse der Kindersoldaten wird keine Rücksicht genommen. Die Kinder werden oft geschlagen, misshandelt und gezwungen, Grausamkeiten zu begehen. Sie müssen zum Beispiel andere Kinder töten, wenn diese fliehen wollten. Diese Behandlung hat nur ein Ziel: Einschüchterung, Erzwingung absoluten Gehorsams und Abstumpfung gegen Grausamkeit. Das Leben als Soldat ist hart: Sie müssen schwere Lasten (Waffen, Verwundete, Lebensmittel, Hausrat, Zelte) über weite Strecken schleppen. Essen, sauberes Wasser und sonstige Versorgungsgüter (Medikamente) sind knapp. Kinder, die diesen Anforderungen nicht gewachsen sind, werden von ihren Vorgesetzten schikaniert oder getötet. Die Rekrutierung von Kindern und ihr Kriegseinsatz ist Kindesmissbrauch! Dagegen wendet sich die „International Coalition to Stop the Use of Child Soldiers", in der terre des hommes seit Jahren aktiv mitarbeitet. Die „Coalition" hat inzwischen ein internationales Netzwerk aufgebaut. Ein wichtiger Meilenstein im Kampf gegen die Rekrutierung von Kindern ist das Zusatzprotokoll zur UN-Kinderrechtskonvention, in dem sich die Unterzeichnerstaaten verpflichten, keine Kinder und Jugendlichen unter 18 Jahren zu rekrutieren. Ebenso wichtig ist der neue Internationale Strafgerichtshof in Den Haag, denn wer Kinder unter 15 Jahre rekrutiert, kann zukünftig nach dem Statut des Gerichtshofes als Kriegsverbrecher verurteilt werden.

(Aus: terre des hommes Deutschland e. V.: Kindersoldaten – Daten und Fakten, www.tdh.de, letzter Zugriff 04.08.2009)

B Usbekistan: Politisch Andersdenkende werden verfolgt

Fast drei Jahre lang saß Saidschachon Sainabitdinow im Gefängnis. Und das nur, weil er die Wahrheit gesagt hatte. Doch in Usbekistan reicht das oft schon aus, um ins Visier der Behörden zu geraten.
Sainabitdinow hatte in eine TV-Kamera blutverschmierte Frauen- und Kinderschuhe gehalten, die er auf den Straßen seiner Heimatstadt Andischan gefunden hatte. Mehrere Hundert Menschen waren hier am Tag zuvor von Sicherheitskräften getötet worden. Der Vorsitzende der in Andischan ansässigen Menschenrechtsorganisation „Apelliatsia" (Appell) war Augenzeuge des Massakers. Nun zeigte er die Schuhe einem Fernsehteam – damit die Welt sehen konnte, was in dieser abgelegenen 320 000-Einwohner-Stadt im Osten Usbekistans passiert war.
Im Mai 2005 demonstrierten bis zu 1000 Menschen gegen ein als unfair empfundenes Gerichtsverfahren gegen Geschäftsleute aus der Region. Bewaffnete Aufständische besetzten in den Morgenstunden des 13. Mai mehrere öffentliche Gebäude, stürmten ein Gefängnis und befreiten Hunderte Gefangene.
Am selben Tag versammelten sich Zehntausende überwiegend friedliche Demonstranten im Stadtzentrum. Sie forderten bessere Lebensbedingungen, mehr Demokratie und den Rücktritt von Staatspräsident Islam Karimo, der das Land seit 1991 autoritär regiert. Ohne Vorwarnung eröffneten Militär und Polizeieinheiten das Feuer auf die Menschenmenge. Die Behörden sprachen von 187 Toten. Doch „Appelliatsia" und andere Organisationen meldeten bis zu 500 Tote.
Laufend informierte Sainabitdinow internationale Medien über die Ereignisse, zeigte großkalibrige Patronenhülsen und eben jene Schuhe, die bewiesen, dass unter den Opfern viele Frauen und Kinder waren. Damit widersprach er der Version der Behörden, nach der es sich bei den Toten ausschließlich um religiöse Extremisten handelte.
Sainabitdinow ahnte, dass das Massaker noch nicht alles war: „Man kann jetzt eine Verhaftungswelle und die Ausschaltung der Opposition erwarten." Er sollte Recht behalten. Die Behörden erzeugten ein Klima der Angst, schüchterten Zeugen ein und nahmen sie fest. Eine Woche nach dem Massaker traf es auch Sainabitdinow. Im Januar 2006 wurde er in einem Geheimprozess zu sieben Jahren Haft verurteilt.
Auch seine Familie geriet ins Visier der Behörden. Regelmäßig mussten sie zu Verhören erscheinen, bei denen sie Sicherheitsbeamte massiv bedrohten: „Ihr seid Insekten, wenn wir wollen, zerdrücken wir euch wie Baumwolle." Monatelang erfuhr seine Familie nicht, wo er festgehalten wurde. Nach zwei Jahren, acht Monaten und zwölf Tagen hatte das Leiden ein Ende. Aufgrund einer alle zwei Jahre ausgesprochenen Präsidentenamnestie wurde der Menschenrechtsverteidiger am 4. Februar freigelassen. Zu Hause erwarteten ihn 10 000 Solidaritätsschreiben von Amnesty-Mitgliedern aus der ganzen Welt. Sainabitdinow hat mittlerweile seine Menschenrechtsarbeit wieder aufgenommen, um denen zu helfen, die verfolgt werden. Er hat die Hoffnung nicht aufgegeben, dass irgendwann auch in Usbekistan Freiheit und Demokratie respektiert werden.

(Aus: Daniel Kreuz: Der Preis der Wahrheit, in: ai-journal vom April 2009, www.amnesty.de, letzter Zugriff 12.10.2009)

Nach Angaben der Menschenrechtsorganisation amnesty international wird in 77 Ländern das Recht auf Meinungsfreiheit missachtet. So zum Beispiel auch in Weißrussland, wo die Polizei oppositionelle Demonstranten verfolgt.

Wir diskutieren Ansichten über die Bedeutung der Menschenrechte

- Den folgenden Fragebogen sollte zunächst jede Schülerin und jeder Schüler für sich beantworten. Wenn ihr einer These voll zustimmt, könnt ihr sie mit +2 Punkten bewerten, bei voller Ablehnung mit –2 Punkten.
- Danach solltet ihr euch in Gruppen zusammensetzen und euch die Bewertungen gegenseitig vortragen und begründen.
- Diskutiert dann in den Gruppen über die Thesen, bei denen eure Meinungen am stärksten auseinandergehen.
- Einigt euch am Ende der vereinbarten Gruppenarbeitszeit auf eine These, die euch besonders interessant erscheint.
- Stellt eure Gruppenergebnisse in der Klasse zur Diskussion.

Zum Abschluss dieser Phase könnt ihr ein vorbereitetes Plakat mit farbigen Klebepunkten bewerten lassen.

		+2	+1	–1	–2
1.	Die Durchsetzung der Menschenrechte ist ein Thema, das Jugendliche kaum interessiert. In Wirklichkeit haben junge Leute ganz andere Sorgen.				
2.	Weil Menschenrechte für alle gelten, dürfen sie auch den Menschen nicht vorenthalten werden, die mit dem Gesetz in Konflikt geraten oder die kriminell geworden sind.				
3.	Wenn wir uns in unserer persönlichen Umgebung umschauen, können wir tagtäglich erleben, wie Menschenrechte verletzt werden.				
4.	Für mich ist es eine Selbstverständlichkeit, dass Inländer und Ausländer in gleicher Weise Anspruch auf den Schutz der Menschenrechte haben.				
5.	Die Massenmedien – insbesondere das Fernsehen – bringen Menschenrechtsverletzungen an die Öffentlichkeit. Das hat zur Folge, dass die Menschen besser informiert sind und sich stärker empören und engagieren.				
6.	Jeder Staat muss selbst dafür sorgen, dass die Menschenrechte eingehalten werden. Von außen soll sich da niemand einmischen.				
7.	Ich kann mir gut vorstellen, dass ich einmal Mitglied in einer Organisation werde, die für die Durchsetzung der Menschenrechte kämpft.				
8.	Wer keinen Arbeitsplatz findet, dem nützen die Menschenrechte gar nichts.				
9.	Ich glaube, dass sich die Situation der Menschenrechte auf der Erde in Zukunft eher verbessern als verschlechtern wird.				
10.	Wer die Menschenrechte schützen will, muss bereit sein, Pflichten gegenüber anderen Menschen zu übernehmen.				

Haben Menschenrechte weltweit den gleichen Anspruch auf Geltung?

Eine der zentralen Aussagen der Allgemeinen Erklärung der Menschenrechte war das Bekenntnis zur weltweiten Gültigkeit und Unteilbarkeit. In den letzten Jahren stellen einige Regierungen in Asien und Afrika diesen Anspruch infrage. Die Jugendzeitschrift „fluter" führte dazu ein Interview mit der in China lebenden Politologin Anja Mihr.

Frau Mihr, haben Menschenrechte und Coca-Cola etwas gemeinsam?
Auf den ersten Blick natürlich nicht. Aber beides wird ähnlich wahrgenommen. Das erlebe ich häufig, wenn ich mit Studenten aus nicht europäischen Ländern spreche. Die Menschenrechte werden als westliches Produkt angesehen, das ähnlich wie Coca-Cola für einen westlichen Lebensstil steht und an alle Orte der Welt exportiert wird. Einen Satz höre ich immer wieder: Es ist schön, dass es die Menschenrechte gibt, aber bei uns würden sie nicht funktionieren.
Sind Menschenrechte demnach eine Erfindung des Westens?
Das ist ein Mythos. Die Geschichte der Menschenrechte fängt vor mehr als sechstausend Jahren in Mesopotamien und Indien an. Allerdings ist das gegenwärtige Menschenrechtssystem eindeutig westlich dominiert. Was wir heute unter Menschenrechten verstehen, ist seit 1945 und mit der Gründung der Vereinten Nationen unter Interpretationshoheit des Westens entstanden. Das schürt diesen Mythos.
Die Menschenrechte sind universell und unteilbar. Sie gelten also für jeden und lassen sich nicht gegeneinander aufwiegen. Warum tun sich Länder wie China so schwer mit diesem Anspruch?

Die Universalität der Menschenrechte ist seit 2004 in der chinesischen Verfassung verankert. Dennoch werden in China täglich Menschen- und Freiheitsrechte verletzt. Die allgemeine Argumentation hier ist: Menschenrechte sind zwar wichtig, aber Sicherheit und Wohlergehen des Staates sind wichtiger und stehen an erster Stelle. Kurz gesagt: Das Individuum steht hinter dem Kollektiv zurück.
Kritiker weisen immer wieder auf kulturelle Besonderheiten hin. Ihre Argumentation lautet: Kulturen sind unvergleichlich. Muss der Westen auch bei den Menschenrechten mehr Rücksicht auf kulturelle Unterschiede nehmen?
Die Unveräußerlichkeit der Menschenrechte liegt genau darin begründet, dass sie vor allen kulturellen Eigenarten stehen. Die Annahme dahinter lautet: In allen Kulturen gibt es ein universelles und vorkulturelles Verständnis für Recht und Unrecht. Keine Kultur belohnt Diebstahl, Mord oder Lüge – alle verurteilen das. Wenn der Einzelne zum Wohle der Gesamtheit diskriminiert, misshandelt oder mundtot gemacht wird, widerspricht das der Universalität der Menschenrechte. Dieser Ansicht haben inzwischen alle 192 UN-Mitgliedstaaten zugestimmt.

(Aus: Andreas Braun: Als hätten wir sie mit der Muttermilch aufgesogen, in: fluter, Thema Menschenrechte. Dafür lohnt es sich zu kämpfen, Nr. 29/2008, Bundeszentrale für politische Bildung, Bonn 2008, S. 44)

1. Wie begründet Anja Mihr den Anspruch auf weltweite Geltung der Menschenrechte?
2. Erläutert, wie in China Menschenrechtsverletzungen begründet werden. Nehmt zu den Argumenten Stellung.
3. Sollten sich westliche Länder für die weltweite Einhaltung der Menschenrechte einsetzen? Begründet eure Meinung.

Menschenrechte

1. Menschenrechte kann man in Freiheitsrechte, soziale und politische Rechte unterteilen. Nenne dafür jeweils einige Beispiele und erkläre, in welcher Zeit sie entstanden sind.
2. Fast alle Staaten der Erde haben die Allgemeine Erklärung der Menschenrechte unterzeichnet und doch werden Tag für Tag Menschenrechte verletzt. Wie ist das zu erklären?
3. Erläutert, welchen Beitrag zur Durchsetzung von Menschenrechten internationale Organisationen leisten.

Definition

Menschenrechte sind Rechte, die jedem Menschen von Geburt an zustehen – egal, wo er lebt. Dazu gehören zum Beispiel

- das Recht auf Leben und körperliche Unversehrtheit. Das bedeutet, dass die Todesstrafe, Folter oder auch Formen von Misshandlung verboten sind.
- das Recht auf freie Entfaltung der Persönlichkeit. Jeder Mensch hat die Freiheit, so zu leben, wie er möchte, solange er anderen nicht schadet.
- das Recht auf freie Meinungsäußerung.
- das Recht auf Gleichheit. Alle Menschen müssen vor dem Gesetz gleich behandelt werden, ungeachtet ihrer Hautfarbe, ihrer Religion und ihres Geschlechts.

All diese Rechte und Freiheiten sollen Menschen ein menschenwürdiges Leben ermöglichen und die Würde des Menschen schützen.

Entwicklung

Die heutige Idee der Menschenrechte geht auf die Zeit der Aufklärung im 17. und 18. Jahrhundert zurück. Die Aufklärung verfolgte das Ziel, die Freiheit des Einzelnen gegenüber dem Staat zu sichern. Sie forderte für jeden Menschen die Garantie natürlicher Rechte, die der Staat nicht antasten oder verweigern darf. Die klassische Lehre von den Menschenrechten entwickelte der Engländer John Locke (1632–1704). Er ging in seiner Theorie davon aus, dass jeder Mensch von Geburt an natürliche Rechte habe, die kein Staat einschränken oder ihm nehmen dürfe. Zu den natürlichen Rechten gehöre das Recht auf Leben, Freiheit und Eigentum. Danach sei der Staat erst dazu eingerichtet worden, um die natürlichen Rechte der Menschen zu schützen. Er kann ihnen diese Rechte nicht nehmen, denn er hat sie ihnen nicht gegeben.

In den englischen Kolonien haben die Siedler intensiv um die Menschenrechte gekämpft. In der Virginia Bill of Rights und in der amerikanischen Unabhängigkeitserklärung von 1776 wurde zum ersten Mal ein Katalog der Menschenrechte schriftlich niedergelegt. Ein Dokument von ähnlicher historischer Bedeutung ist die Erklärung der Menschen- und Bürgerrechte, die in der Französischen Revolution 1789 verkündet wurde.

Soziale und politische Menschenrechte

Während es im 18. Jahrhundert im Kampf um die Menschenrechte vor allem darum ging, die Freiheit jedes Menschen vor staatlichen Eingriffen zu schützen, rückte im 19. und 20. Jahrhundert der Kampf um soziale und politische Rechte in den Vordergrund. In der Weimarer Verfassung von 1919 wurden erstmals auch soziale und politische Rechte aufgenommen und damit die Interessen aller Volksschichten, auch der Arbeiterschaft, berücksichtigt. Dazu gehörte unter anderem das allgemeine Wahlrecht, Versammlungsfreiheit, Pressefreiheit, das Recht auf Arbeit, gerechter Lohn, Urlaub, Streikrecht und das Recht auf Bildung. Wichtigste Rechtsgrundlage zur Sicherung der Menschenrechte in Deutschland ist heute das Grundgesetz, das im Mai 1949 in Kraft trat.

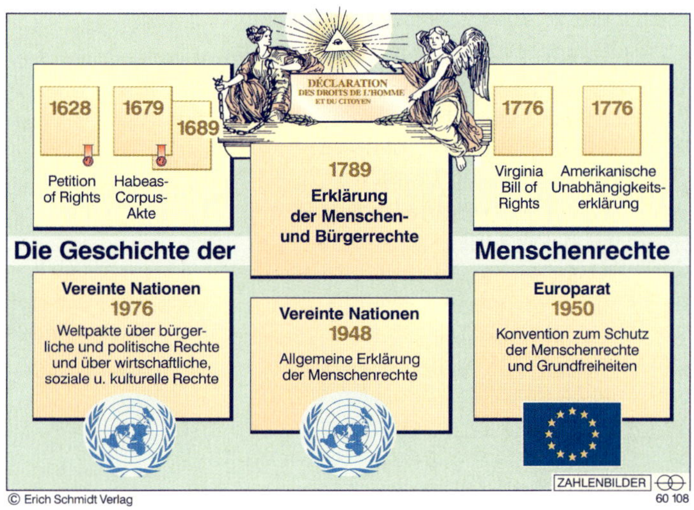

© Erich Schmidt Verlag

Opfer von Menschenrechtsverletzungen

„Schlagen Sie Ihre Zeitung an irgendeinem beliebigen Tag auf", schrieb 1961 Peter Benenson, der Gründer der Menschenrechtsorganisation amnesty international, „und Sie werden eine Meldung aus irgendeinem Teil der Welt lesen." Daran hat sich bis heute nichts geändert. Die Opfer sind entweder die Schwachen der Gesellschaft, besonders Frauen und Kinder, oder Minderheiten, die den Regierungen nicht ins Konzept passen. Millionen Kinder werden unter sklavischen Bedingungen zur Arbeit oder als Kindersoldaten zum Kriegsdienst gezwungen. Frauen werden unterdrückt, misshandelt, verschleppt oder vergewaltigt. Politisch Andersdenkende werden verfolgt, gefoltert und mit und ohne Gerichtsurteil hingerichtet. Rassische, religiöse oder andere Minderheiten werden systematisch unterdrückt und verfolgt. Ganze Völker werden als Opfer sogenannter „ethnischer Säuberungen" vertrieben oder getötet.

Menschenrechtsorganisationen

Nach dem Ende des Zweiten Weltkriegs kam der Gedanke auf, dass die Durchsetzung der Menschenrechte zur zentralen Aufgabe internationaler Zusammenarbeit werden müsse. Das sollte eine der wichtigsten Aufgaben der neu gegründeten UNO sein. Die Weltorganisation verabschiedete eine Reihe von Deklarationen (= Erklärungen) und Konventionen (= Übereinkommen), mit deren Hilfe die Mitgliedstaaten zu einer aktiven Menschenrechtspolitik verpflichtet werden sollten. Dazu gehören zum Beispiel die Allgemeine Erklärung der Menschenrechte von 1948, die Konvention gegen die Folter von 1984, die Konvention zum Schutz der Rechte des Kindes von 1989 und die Erklärung zur Beseitigung der Gewalt gegen Frauen.
Mehrfach haben sich fast alle Länder der Welt feierlich dazu verpflichtet, die Menschenrechtserklärung zu achten, aber eine Unterschrift auf einem Blatt Papier und das, was in einem Land tatsächlich passiert, sind oft zweierlei Dinge. Nach dem geltenden Völkerrecht ist es Aufgabe jedes einzelnen Staates, für die Durchsetzung der Menschenrechte im eigenen Staatsgebiet zu sorgen. Das Problem dabei ist, dass gerade die Staatsregierungen in den zahlreichen unfreien Staaten der Erde zu den Hauptverursachern von Menschenrechtsverletzungen zählen. Es gibt zudem keine Weltpolizei, die überall gegen Menschenrechtsverletzungen eintreten könnte. Doch in den letzten Jahren wurden erste Erfolge bei der Bekämpfung von schweren Menschenrechtsverletzungen erzielt: Die von der UNO eingesetzten Kriegsverbrechertribunale (seit 1993/1994) sind internationale Strafgerichtshöfe, die Kriegsverbrechen und Völkermord während des Balkan-Konflikts und des Bürgerkriegs in Ruanda verfolgen und die Täter zu Freiheitsstrafen verurteilen können. Unabhängig von der UNO nahm 2002 in der niederländischen Stadt Den Haag der ständige Internationale Strafgerichtshof (ICC) seine Arbeit auf. Er kann Kriegsverbrecher, die schwere Verbrechen gegen die Menschlichkeit begangen haben, anklagen und zu Freiheitsstrafen von bis zu 30 Jahren verurteilen. Die Richter sind allerdings machtlos, wenn ein Staat nicht bereit ist, Beschuldigte auszuliefern oder das Gericht anzuerkennen. Dazu zählen zurzeit unter anderem noch die USA, Russland und China.
Zahlreiche Nichtregierungsorganisationen beobachten weltweit die Situation der Menschenrechte, decken Menschenrechtsverletzungen auf und setzen sich für den Schutz der Menschenrechte ein. Diese Organisationen versuchen, in der Weltöffentlichkeit Druck auf die betreffenden Regierungen auszuüben. So veröffentlicht Amnesty International jedes Jahr einen viel beachteten Bericht zur Situation der Menschenrechte.

Begriffe für euer Fachwörterlexikon

- Menschenrechtserklärungen
- Menschenrechtskonventionen
- Internationaler Strafgerichtshof
- Kriegsverbrechertribunal

WebQuest: Wie setzen sich Nichtregierungsorganisationen für die Einhaltung der Menschenrechte ein?

Wie in vielen Ländern der Welt, kämpfen auch in Deutschland zahlreiche Nichtregierungsorganisationen gegen Menschenrechtsverletzungen.

Einmal angenommen, ...

in Kürze soll eine Menschenrechtsorganisation mit einem Preis für ihr Engagement gegen Menschenrechtsverletzungen ausgezeichnet werden. Ihr seid Mitglieder der Jury und sollt eine Organisation auswählen, deren Arbeit ihr für besonders preiswürdig haltet. Fünf Organisationen sind für den Preis vorgeschlagen worden. Mithilfe der WebQuest-Methode könnt ihr Ziele und Aufgaben dieser Organisationen recherchieren und euch ein Urteil bilden.

REPORTER OHNE GRENZEN
FÜR PRESSEFREIHEIT

terre des hommes
Hilfe für Kinder in Not

Internetadressen

www.amnesty.de – Amnesty International
www.igfm.de – Internationale Gesellschaft für Menschenrechte
www.tdh.de – Terre des Hommes
www.reporter-ohne-grenzen.de
www.gfbv.de – Gesellschaft für bedrohte Völker

WebQuest | Thema: Menschenrechtsorganisationen

A Was ist die WebQuest-Methode?

WebQuest ist eine besondere Methode zur Recherche im Internet. Der Name setzt sich aus zwei Bestandteilen zusammen. „Web" steht für das World Wide Web, also für das Internet, und „Quest" steht für Frage. Der Name bedeutet, dass man mit dieser Methode gezielt im Internet nach Informationen sucht. WebQuests werden in Teamarbeit durchgeführt. Das Besondere an dieser Methode ist, dass man bei der Recherche nach einem Plan vorgeht und sich verpflichtet, nur eine begrenzte Zahl von Internetadressen zu benutzen. So vermeidet man das ziel- und ergebnislose Surfen im Netz.

B Wie macht man das?

Für die WebQuest-Methode braucht man
- einen klaren Rechercheauftrag,
- eine Auswahl an vorbereiteten Intenetadressen,
- ein Ziel,
- ein Rechercheteam,
- eine vereinbarte Zeit zum Recherchieren,
- eine Vereinbarung darüber, wie der Unterricht nach der Recherche weitergehen soll.

C Auswertung

Eure Ergebnisse könnt ihr entweder in einer computergestützten Präsentation zusammenfassen oder auf einem Protokollblatt festhalten, das ihr kopiert und allen Schülerinnen und Schülern zur Verfügung stellt. Eine Vorlage für das Protokollblatt findet ihr auf dieser Seite.

Euer Rechercheauftrag lautet:

1. Sucht mithilfe der auf der folgenden Seite angegebenen Internetadressen nach Organisationen, die sich für die Menschenrechte einsetzen.
2. Wählt aus den Beispielen eine Organisation aus, die ihr für einen Menschenrechtspreis vorschlagt.
3. Stellt im Anschluss an die Recherche diese Organisation der Klasse vor.
4. Begründet eure Entscheidung.

Protokollblatt	
Name der Organisation	
Ländervertretungen	
Ziele	
Schwerpunkte ihrer Arbeit	
Beispiele für Projekte	
Erfolge	
Gründe für unsere Entscheidung	

Memorystationen

Friedenssicherung durch Organisationen

Station 1 Friedenssicherung durch die Bundeswehr

3-mal richtig – 3-mal falsch

Entscheide, welche Sätze richtig sind. Formuliere die falschen Sätze um und übertrage sie richtig in dein Heft.

	richtig	falsch
1. Die Bundeswehr darf an Auslandseinsätzen teilnehmen, wenn der Bundestag zugestimmt hat.		
2. Weil Auslandseinsätze sehr viel Personal erfordern, hat die Bundeswehr die Zahl der Soldaten aufgestockt.		
3. Da Deutschland keine Feinde mehr hat, gehört die Landesverteidigung nicht mehr zu den Aufgaben der Bundeswehr.		
4. Die Bundeswehr leistet Hilfe bei schweren Naturkatastrophen.		
5. Die Wehrpflicht wurde eingeführt, weil Deutschland dringend Soldaten für Auslandseinsätze benötigte.		
6. Die Wehrpflicht beträgt zurzeit sechs Monate.		

Station 2 Friedenssicherung durch UNO, NATO und OSZE

Ersetzt in dem folgenden Text die Punkte durch passende Begriffe und übertragt den kompletten Text in euer Heft.

Die UNO ist heute mit ● die größte internationale Organisation. Sie wurde 1945 gegründet mit dem Ziel, den ● zu wahren, weltweit die Achtung der Menschenrechte durchzusetzen und ● zwischen den Völkern der Welt zu fördern. Alle Mitglieder verpflichten sich in der ●, jede Androhung von Gewalt zu unterlassen und die Weltorganisation bei allen Maßnahmen zu unterstützen. Für die Sicherung des Friedens ist der ● zuständig.
Die NATO wurde ● gegründet und hat heute 28 Mitglieder. Nach Artikel 5 des Nordatlantikvertrages verpflichten sich alle Mitglieder, einander ● zu leisten, wenn eines von ihnen angegriffen wird. Nach dem Zerfall der kommunistischen Regime im Osten übernahm die NATO neue Aufgaben. Im Kosovo-Krieg bombardierte sie serbische Einrichtungen, um schwere Menschenrechtsverletzungen zu stoppen. Das bezeichnet man als ●. Eine neue Aufgabe des Bündnisses ist auch die Bekämpfung des ●.
Anders als UNO und NATO ist die OSZE nicht berechtigt, den Einsatz von ● zu genehmigen. Sie wurde 1975 gegründet. Zu ihren Aufgaben zählen unter anderem die Sicherung von Menschenrechten, die Beobachtung von Wahlen, Beteiligung am Wiederaufbau nach Kriegen, Bekämpfung des Menschenschmuggels. Alle Entscheidungen in der OSZE werden nach dem ● getroffen. Das bedeutet, dass alle Mitgliedstaaten zustimmen müssen.

Konsensprinzip, Weltfrieden, militärischen Beistand, UN-Charta, internationalen Terrorismus, Waffen, 1949, humanitäre Intervention, Sicherheitsrat, 192 Mitglieder, freundschaftliche Beziehungen

Station 3 Die Durchsetzung von Menschenrechten als Beitrag zum Frieden

Zum Thema Menschenrechte hat eine Schülerin aus dem Unterkapitel folgende Fotos für eine computergestützte Präsentation ausgewählt. Nun fehlen noch erklärende Bildunterschriften. Verfasse für die Fotos und das Schaubild einen erklärenden Text. Dabei sollst du dich an folgenden Fragen orientieren:
- Was ist auf dem Foto/Schaubild dargestellt?
- Welchen Bezug zum Thema Menschenrechte hat es?
- Welche Informationen in diesem Zusammenhang sollte man sich langfristig merken?

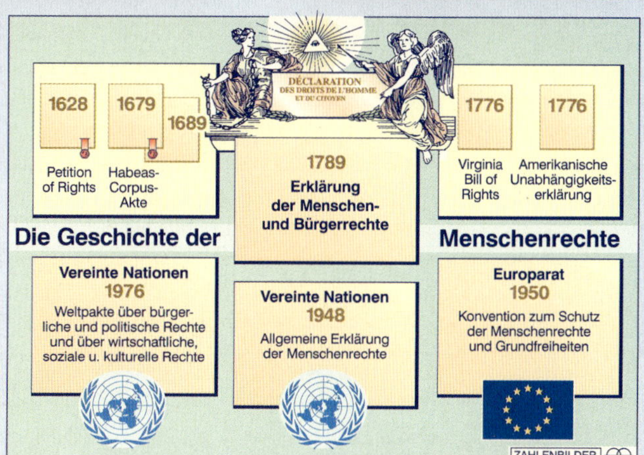

© Erich Schmidt Verlag

Register für das Fachwörterlexikon

Im Laufe der Arbeit mit diesem Buch könnt ihr das Fachwörterlexikon fortsetzen, das ihr bereits bei der Arbeit mit dem ersten Band von TEAM erstellt habt. Hier findet ihr eine Liste aller Fachbegriffe, die in den sechs Kapiteln für euer Fachwörterlexikon empfohlen werden. Wenn euch einzelne Definitionen fehlen, könnt ihr noch einmal auf den hinter den Begriffen angegebenen Seiten nachschauen.

bilateral 123
Binnenmarkt 40
Blauhelme 124
Diplomatie 123
Europarat 26f.
Freiheitskampf 105
G20 82
G8 82
GASP 58f.
Global Player 86f.
Globalisierung 71
Humanitäre Intervention 126
Imperialismus 10f.
Internationale Arbeitsteilung 87
Internationaler Strafgerichtshof 135
Kriegsverbrechertribunal 135
Menschenrechtserklärungen 135
Menschenrechtskonventionen 135
Migration 94f.
multilateral 123
Nationalismus 10f.
Richtlinie 45
Sicherheitsrat 123
Souveränität 122
Subsidiarität 38
Terrorismus 105
unilateral 123
Verordnung 45
Veto 123
Währungsunion 41
Weltbank 82
Weltbinnenmarkt 71
Widerstand 105
WTO 82

Bildquellenverzeichnis

© AFP/Getty Images: 89 u.r. – Aus: Rhein-Neckar-Zeitung vom 6.5.2002, Foto: Alex: 83 u. – amnesty international: 136 r., 139 r. – AP Photo/The Oregonian, Paul Kitagaki Jr.: 74 – AP Photo/Kudret Topcu: 104 u. – Archiv für Kunst und Geschichte, Berlin: 12, 17 (1), 18, 22 – Yavuz Arslan/Das Fotoarchiv: 6 – Astrofoto: 61 r. – © Avenue Images GmbH: 68 u. – © Bergmoser + Höller Verlag AG: 123, 134, 139 u.r. – BILDERBERG/Hans-Jürgen Burkhard: 86 – Bilderdienst Süddeutscher Verlag: 17 (3) – Bundesministerium für wirtschaftliche Zusammenarbeit und Entwicklung (BMZ): 71, 83 l. – © Bundesregierung: 101 – © CARO/A. Bastian: 29 u. – © Das Fotoarchiv/Knut Mueller: 116 o. – © Das Fotoarchiv/Benja Weller: 80 – Das Internationale Jugendprogramm in Deutschland e.V.: 16 – dpa, Frankfurt: 11 u., 17 (4+6), 19 u. – © dpa-Fotoreport/epa afp Yamanaka: 4 u., 114 – E-Lance: 97 l. – epd/Stefan Trappe: 100 – Erl/CCC, www.c5.net: 107 – EU-EUFOR TCHAD/RCA: 58 – Euro Informationen: 40 – Aus: Marc Fritzler, Günther Unser: Die Europäische Union, hrsg. von der Bundeszentrale der politischen Bildung, Bonn 1998, S. 7, Foto: Europäische Kommission: 43 r. – Copyright Geospace/Science Photo Library/FOCUS: 20 – Gesellschaft für bedrohte Völker: 136 o.l. – Erol Gurian: 19 o. – Haitzinger/CCC, www.c5.net: 87, 116 u. – Hanel/CCC, www.c5.net: 28 (2) – imu: 41 – Gerhard Mester/CCC, www.c5.net: 23 (beide), 53, 79 o.l.+u.r. – Mitropoulos/CCC, www.c5.net: 128 – Felix Mussil/CCC, www.c5.net: 78 – © picture-alliance/akg-images: 10 – © picture-alliance/Augenklick/KUNZ: 72 l. – © picture-alliance/chromorange: 64 – © picture-alliance/dieKLEINERT.de/Thomas Steyer: 4 o., 84 – © picture-alliance/dpa: 3 o.+u., 8, 11 o., 44, 46 (alle), 51 (beide), 52, 54, 61 (3 Bilder), 62, 66 (beide), 67, 72 r., 89 o.+u.l., 92, 102, 104 o., 106, 108, 109, 120 l., 124, 127, 133, 135, 139 u.l. – © picture-alliance/dpa-infografik: 27, 36, 39, 65, 76, 93, 95, 103, 117, 118 (alle), 122, 126, 129 – © picture-alliance/Vintage: 3 o., 8 – © picture-alliance/ZB: 3 m., 30, 120 r. – picture-alliance/ZB-Fotoreport/Stefan Sauer: 38 – Thomas Plaßmann/CCC, www.C5.net: 79 o.r. – Reporter ohne Grenzen: 136 m.l. – © REUTERS/Christian Charisius: 105, 113 u. – © REUTERS/Vasily Fedosenko: 131, 139 o.l. – © REUTERS/Ibraheem Abu Mustafa: 4 m., 98 – © REUTERS/Ho New: 113 o. – Schwalme/CCC, www.c5.net: 29 o. – Klaus Stuttmann/CCC, www.c5.net: 79 u.l., 83 o.r., 125 – Quelle: www.sueddeutsche.de: 110f. – SÜDWIND Institut für Ökonomie und Ökumene: 75 – terre des hommes: 136 u.l. – © The World Café: 68 o. – Jan Tomaschoff/CCC, www.c5.net: 97 r. – ullstein bild: 17 (2) – © vario images: 90 – Verlagsarchiv Schöningh/Wolfgang Mattes: 14, 15, 42 – Verlagsarchiv Schöningh/Günter Schlottmann: 132, 137 – Volksbund Deutsche Kriegsgräberfürsorge: 17 (5) – weitere: Verlagsarchiv Schöningh

Sollte trotz aller Bemühungen um korrekte Urheberangaben ein Irrtum unterlaufen sein, bitten wir darum, sich mit dem Verlag in Verbindung zu setzen, damit wir eventuell notwendige Korrekturen vornehmen können.

Lösungen für die Memorystationen

1. Europa: Von der Feindschaft zum Frieden S. 28f.

Station 1: A passt zu 2, B zu 4, C zu 1, D zu 3.

Station 2: Karikatur 1: Das Verhältnis zwischen Deutschland und Frankreich ist durch eine leidvolle Geschichte geprägt. Drei schreckliche Kriege sind Ausdruck der gegenseitigen Feindschaft: der Krieg 1870/71 sowie der Erste und Zweite Weltkrieg. Die Verbitterung löste sich nach 1945 auf, als Europa in Trümmern lag. Mit der 1952 gegründeten Europäischen Gemeinschaft für Kohle und Stahl begann ein Annäherungs- und Aussöhnungsprozess, der in relativ kurzer Zeit aus ehemaligen Feinden Freunde werden ließ.
Karikatur 2: Am 1. September 1939 marschierten deutsche Truppen in Polen ein und lösten damit den Zweiten Weltkrieg aus. Der Krieg brachte großes Leid über die polnische Nation und die Menschen. Insgesamt kamen zwischen 1939 und 1945 sechs Millionen Polen ums Leben. Den Höhepunkt der Grausamkeiten stellt die Vernichtung der polnischen Juden dar. Sie wurden zunächst in Gettos eingepfercht und dann in den Konzentrationslagern hingerichtet. Nach dem Ende des Zweiten Weltkrieges wurde Polen nach Westen verschoben. Neun Millionen Deutsche lebten von da an auf polnischem Staatsgebiet. Auf der Konferenz der Siegermächte in Potsdam 1945 beschlossen diese die Vertreibung dieser Deutschen. Die aufgestaute Wut der polnischen Bevölkerung zwang sie zur Flucht. Die Karikatur symbolisiert den schwierigen Prozess der Annäherung zwischen den beiden Völkern. Während über eine der Brücken der Autoverkehr fließt, haben die Politiker auf der zweiten, noch nicht geschlossenen Brücke eine große Lücke zu überwinden.

Station 3: Hier muss die Sage von der Prinzessin Europa erzählt werden, die vom Göttervater Zeus in der Gestalt eines Stieres auf die Mittelmeerinsel Kreta entführt wurde und so dem Kontinent seinen Namen gab. Der Anfang der Sage findet sich auf der Seite 22 in diesem Buch.

Station 4: Zahl der Mitgliedstaaten: 47 (Stand 2010); Aufgaben: Schutz der Menschenrechte und Weiterentwicklung der Demokratie; dem Ministerkomitee gehören alle Außenminister der Mitgliedstaaten an. Er ist das oberste Beschlussorgan des Europarates. Der Generalsekretär wird von der Parlamentarischen Versammlung für die Dauer von fünf Jahren gewählt.

2. Die Europäische Union S. 60f.

Station 1: Sein Glühbirnenlicht muss europäischen Standards entsprechen, ebenso die Qualität seines Trinkwassers. Auch was mit seinem Abwasser geschieht, ist EU-weit einheitlich geregelt. Die Angabe der E-Stoffe auf Lebensmitteln ist eine Maßnahme zum Verbraucherschutz in der EU. Er profitiert von der Warenvielfalt im europäischen Binnenmarkt und von den vergleichbar niedrigen Lebensmittelpreisen. Er kann aus dem Ausland billiger telefonieren. Er kann sein Altauto überall in der EU recyceln lassen. Er profitiert von den offenen Grenzen und genießt Reise- und Aufenthaltsfreiheit im gesamten Gebiet der Europäischen Union.

Station 2: A + 4 + 7; B + 1 + 6; C + 3 + 8; D + 2 + 5.

Station 3: Richtig sind 1, 4, 6, 8, 10.

Station 4: Drei Neuerungen im Vertrag von Lissabon: Charta gemeinsamer Grundrechte, Einführung eines europäischen Volksbegehrens, Stärkung des Europäischen Parlaments. Drei Aufnahmekriterien in die EU: Stabile Demokratie, Wahrung der Menschenrechte (Schutz von Minderheiten), funktionsfähige Marktwirtschaft. Drei Antworten zum Schicksal von Armutsflüchtlingen: Die Flüchtlinge hoffen auf ein besseres Leben (sie halten Europa für das Paradies), die EU ist mit der Aufnahme der Flüchtlinge überfordert, eine mögliche Lösung muss individuell formuliert werden. Drei Herausforderungen für die EU: Gestaltung der Globalisierung, Abwehr des Klimawandels, Bekämpfung des Terrorismus u. a.

3. Die Globalisierung und wir S. 83

Station 1: (1) Waren- und Kapitalströme: internationale Arbeitsteilung – die einzelnen Produktionsschritte bei der Herstellung von Produkten werden auf verschiedene Länder verteilt. Produziert wird dort, wo die Kosten am niedrigsten sind. Umweltveränderungen: Globalisierung belastet die Umwelt und verschärft zum Beispiel durch den zunehmenden Verbrauch von Energie und Wasser bestehende Umweltprobleme. Kunst und Literatur: Konsumgewohnheiten gleichen sich weltweit an, dadurch werden auch Filme und Bücher weltweit verbreitet und gelesen, zum Beispiel Harry-Potter-Bände. Verkehr, Nachrichten und Datennetze: Über das Internet können Menschen weltweit und kostengünstig miteinander kommunizieren. (2) Waren- und Kapitalströme: Durch die weltweite Konkurrenz sind viele Produkte billiger geworden, sie kostet jedoch auch Arbeitsplätze in den Industrieländern. Umweltveränderungen: Umweltprobleme erfordern internationale Lösungen, die Bereitschaft zu internationalen Umweltabkommen ist gestiegen; von den Umweltveränderungen sind besonders die ärmsten Staaten betroffen, die dafür nicht verantwortlich sind. Kunst und Literatur: Die Menschen haben die Chance, auch andere Kulturen besser kennenzulernen; die Kulturen gleichen sich immer mehr, regionale Gebräuche verschwinden immer mehr. Verkehr, Nachrichten, Datennetze: Menschen können global miteinander kommunizieren, neue Freundschaften entstehen. Allerdings wird die Kommunikation manchmal oberflächlich. (3) Individuell.

Station 2: (1) Die Menschen auf dem Foto demonstrieren gegen die Ausbeutung von Arbeitskräften in den Fabrikhallen von Entwicklungsländern, wo diese unter sehr schlechten Bedingungen und zu

Niedriglöhnen arbeiten. (2) Die Organisation „Saubere Kleidung" fordert ein Verbot von Kinderarbeit, die Reduzierung von Arbeitszeiten und Bezahlung angemessener Löhne in der Textilindustrie. (3) Die Politik kann das Los der Textilarbeiterinnen verbessern, indem sie Mindestlöhne durchsetzt, die Bildung von Gewerkschaften fördert und die wöchentliche Arbeitszeit senkt. Denkbar ist auch der Einsatz staatlicher Kontrolleure zur Überwachungen der Gesetze. (4) Auch die Verbraucher tragen zur Ausbeutung von Arbeitskräften bei, weil sie beim Kauf von Textilien fast ausschließlich auf den Preis der Ware schauen und sich nicht dafür interessieren, unter welchen Bedingungen diese produziert werden. (5) Ich selbst kann auch etwas zur Verbesserung der Arbeitsbedingungen beitragen, indem ich Waren mit Gütesiegeln verstärkt kaufe.

Station 3: 1. Dargestellt werden Verhandlungen zwischen Entwicklungsländern und Industrieländern. Die Vertreter sitzen an einem Tisch zusammen und versuchen sich im Armdrücken. Der Vertreter der Entwicklungsländer ist mager und trägt zerlumpte, geflickte Kleidung. Der Vertreter der Industrieländer ist wohlgenährt und trägt einen Nadelstreifenanzug. 2. Die Karikatur thematisiert die unterschiedlichen Kräfteverhältnisse zwischen Industrie- und Entwicklungsländern. Zwar fließt auf beiden Seiten der Schweiß, doch ist aufgrund der physischen Überlegenheit des Vertreters der Industrieländer absehbar, dass dieser wohl den Kampf gewinnt. Globalisierungskritiker bemängeln immer wieder, dass Industrieländer ihre Interessen auf Kosten der Entwicklungsländer durchsetzen, und fordern eine gerechtere Welthandelsordnung, in der die Entwicklungsländer Zugang zu den Märkten der Industrieländer erhalten. 3. Man könnte aus der Kritik die Forderung ableiten, Entwicklungsländern endlich im Welthandel faire Chancen einzuräumen und ihre Interessen zu respektieren.

4. Folgen der Globalisierung S. 97

Station 1: Durch die weltweite Konkurrenz sind die Unternehmen gezwungen, kostengünstig zu produzieren. Dadurch sind viele Produkte billiger geworden und auch immer mehr ausländische Produkte in Deutschland erhältlich. Das führt allerdings dazu, dass große Unternehmen wie Siemens ihre Produktion ins Ausland verlagern, sodass sie, wie im Fall Siemens, inzwischen sogar mehr ausals inländische Beschäftigte haben. Dadurch haben in den letzten Jahren viele Menschen in der deutschen Industrie ihre Arbeit verloren. Verlagert wurden vor allem Arbeiten, die für gering Qualifizierte geeignet sind. Wer eine gute Ausbildung hat, ist weniger von den Verlagerungen betroffen.

Station 2: Mögliche Argumente: Zwar haben sich weltweit Konsumgewohnheiten angeglichen. Das lässt sich aus der zunehmenden Verbreitung von Modeketten und Fastfood-Ketten ablesen. Doch daraus kann man nicht automatisch schließen, dass regionale Kulturen zum Untergang verurteilt sind. Es gibt durchaus noch regionale Ess-, Musik- und andere Kulturen, die gepflegt werden. Hier hat sich zur Globalisierung bereits eine Gegenbewegung der Regionalisierung gebildet (Beispiel: Slow Food). Im Gegenteil, manchmal entwickeln sich unter dem Einfluss und unter der Verschmelzung der Kulturen neue Musikstile, neue Küchen usw., die die regionalen Kulturen ergänzen und bereichern.

Station 3: Die Karikatur zeigt ein großes Schiff, das Deutschland darstellt, mit einem Kapitän, der einen Rettungsring in der Hand hält. Um das Schiff schwimmen im Meer auf kleinen Booten Schiffbrüchige, die um Aufnahme bitten. Der Spruch des Kapitäns verweist darauf, dass sich dieser nicht für das Schicksal der Hilfesuchenden interessiert, sondern lediglich für die Frage, ob Akademiker darunter sind. Die Karikatur übt damit Kritik an der Migrationspolitik der deutschen Regierung, die vor allem gut ausgebildete Menschen in Deutschland aufnehmen und den Rettungsring nur wenigen, ausgewählten Flüchtlingen reichen will.
1. Motive: Sicherheit vor Armut, Bürgerkrieg, Unterdrückung, Familienzusammenführung aufgrund deutscher Vorfahren. 2. Hier ist eine persönliche Stellungnahme gefordert. Zurzeit haben nur politisch Verfolgte das Recht, einen Asylantrag zu stellen.

5. Herausforderungen für den Frieden S. 113

Station 1: Bei der Konfliktanalyse zerlegt man einen Konflikt in einzelne Aspekte und untersucht diese unter bestimmten Leitfragen. Die Aspekte sind: Ausgangslage, Ursachen, Ziele und Mittel, Konfliktverlauf, Konfliktlösung. Dem Unterkapitel kann man lediglich Informationen über Ursachen und Ansatzpunkte für mögliche Konfliktlösungen entnehmen. Zu den übrigen Aspekten müsste man sich weitere Informationen beschaffen.

Station 2: (1) Am 11. September verübte die islamistische Terrororganisation Al Kaida Selbstmordattentate auf das World Trade Center und das Pentagon. Über 3000 Menschen starben. Die Anschläge markierten den Beginn des Krieges gegen Terror, der bis heute andauert. (2) Als Terrorismus bezeichnet man Gewaltaktionen, die das Ziel verfolgen, einen politischen Wandel herbeizuführen, zum Beispiel den Sturz einer Regierung oder auch einen Wechsel des politischen Systems. Islamistischer Terrorismus erhebt keine konkreten Forderungen und will hauptsächlich Angst und Unsicherheit bei der Zivilbevölkerung verbreiten sowie neue Anhänger für die Bewegung gewinnen. Er richtet sich gegen den Westen und sog. Abtrünnige. (3) Mit militärischen Mitteln: Irak-Krieg, Afghanistan, Operation „Enduring Freedom". Außerdem wurden in vielen demokratischen Staaten die Sicherheitsgesetze drastisch verschärft: Videoüberwachung an öffentlichen Plätzen, strenge Kontrollen der Flugpassagiere etc. (4) Internationaler Terrorismus bedroht den Frieden, weil Terroristen jederzeit und an jedem Ort der Welt Attentate durchführen können. Er kann nur sehr schwer bekämpft werden, weil der Feind im Verborgenen operiert und mit traditionellen Methoden schwer zu fassen ist.

Station 3: Beide Staaten sind besonders stark vom Klimawandel betroffen. Während in Darfur bereits ein Bürgerkrieg ausgebrochen ist, herrscht auf den Malediven noch Frieden. Malediven: Der Klimawandel lässt den Meeresspiegel ansteigen und die Insel unbewohnbar werden. Als Folge müssen die Bewohner flüchten und eine neue Heimat finden. In den Zielorten könnte die Flut von Flüchtlingen zu Spannungen führen. Darfur: Die steigenden Durchschnittstemperaturen in Kombination mit dem rasanten Bevölkerungswachstum führten zu Wassermangel, Verwüstung sowie Abholzung von Wäldern und lösten einen Bürgerkrieg zwischen Bauern und Nomaden aus.

6. Friedenssicherung durch Organisationen S. 138f.

Station 1: Richtig sind 1, 4, 6, falsch sind 2, 3, 5.

Station 2: Die UNO ist heute mit *192 Mitgliedern* die größte internationale Organisation. Sie wurde 1945 gegründet mit dem Ziel, den *Weltfrieden* zu wahren, weltweit die Achtung der Menschenrechte durchzusetzen und *freundschaftliche Beziehungen* zwischen den Völkern der Welt zu fördern. Alle Mitglieder verpflichten sich in der *UN-Charta*, jede Androhung von Gewalt zu unterlassen und die Weltorganisation bei allen Maßnahmen zu unterstützen. Für die Sicherung des Friedens ist der *Sicherheitsrat* zuständig. Die NATO wurde *1949* gegründet und hat heute 28 Mitglieder. Nach Artikel 5 des Nordatlantikvertrages verpflichten sich alle Mitglieder, einander *Beistand* zu leisten, wenn eines von ihnen angegriffen wird. Nach dem Zerfall der kommunistischen Regime im Osten übernahm die NATO neue Aufgaben. Im Kosovo-Krieg bombardierte sie serbische Einrichtungen, um schwere Menschenrechtsverletzungen zu stoppen. Das bezeichnet man als *humanitäre Intervention*. Eine neue Aufgabe des Bündnisses ist auch die Bekämpfung des *internationalen Terrorismus*. Anders als UNO und NATO ist die OSZE nicht berechtigt, den Einsatz von *Waffen* zu genehmigen. Sie wurde 1975 gegründet. Zu ihren Aufgaben zählen unter anderem die Sicherung von Menschenrechten, die Beobachtung von Wahlen, die Beteiligung am Wiederaufbau nach Kriegen, die Bekämpfung des Menschenschmuggels. Alle Entscheidungen in der OSZE werden nach dem *Konsensprinzip* getroffen. Das bedeutet, dass alle Mitgliedstaaten zustimmen müssen.

Station 3: Foto links oben: Es zeigt Demonstranten in Weißrussland, die von der Polizei verfolgt werden. In 77 Ländern der Welt wird das Recht auf Meinungsfreiheit nicht beachtet. Foto links unten: Hier demonstrieren Menschenrechtler für die Universalität der Menschenrechte. Zwar haben fast alle Staaten der Welt die Menschenrechtserklärungen der Vereinten Nationen unterschrieben, trotzdem missachten viele Staaten Menschenrechte, berufen sich dabei auf „kulturelle Besonderheiten" und wollen die angeblichen „westlichen Werte" nicht anerkennen. Menschenrechtler fordern die uneingeschränkte weltweite Gültigkeit der Menschenrechte. Foto rechts oben: Das Foto zeigt ein Plakat der Menschenrechtsorganisation Amnesty International. Neben ihr setzen sich zahlreiche Nichtregierungsorganisationen weltweit für die Durchsetzung der Menschenrechte ein, indem sie vor allem versuchen, Menschenrechtsverletzungen öffentlich zu machen und Druck auf die Regierungen auszuüben. Schaubild rechts unten: Das Schaubild stellt Meilensteine in der Geschichte der Menschenrechte dar. Die Entwicklung begann 1628 in England, erlebte einen ersten Höhepunkt mit der Erklärung der Menschen- und Bürgerrechte in der Französischen Revolution. Nach dem Zweiten Weltkrieg wurde die UNO gegründet und 1948 die „Allgemeine Erklärung der Menschenrechte" verabschiedet, zu der sich fast alle Länder der Erde bekennen.